Ulrich Tietze

Gesund und schlank länger leben

Herbert Kallinich

Wichtiger Hinweis

Die Informationen und Empfehlungen in diesem Buch sind nach bestem Wissen und Gewissen geprüft, dennoch übernehmen Autor und Verlag keinerlei Haftung für Schäden irgendeiner Art die sich direkt oder indirekt aus der Anwendung des HEKA-Rathgebers ergeben.

Bitte nehmen Sie bei allen ernsthaften Beschwerden ärztliche Hilfe in Anspruch.

HEKA Verlag Freiburg
Schwarzwaldstraße 42
D-79117 Freiburg

1.Auflage 2007

Umschlag:

Grafik Design Eric Laurin

Fotos Marc Laurin www.marclaurin.net

Satz und Gestaltung: Stefan Kallinich, Freiburg

Bildnachweis:

Herbert Kallinich

Pixelquelle.de: Seite 4 Eis/Wurst, 12 Eis/Wurst, 20 Wurst, 24 Eis, 28 Notarztwagen, 29 Koffer, 146 Spritzen, 156, 160-165,170, 180, 181, 196, 197, 199

Tibor Göröcs: Seite 61, 188, 189, 191, 200-205

James Hardy: Seite 6 Landschaft, Hintergründe 14, 88-89, 90,132-133 und 135, 185, 186, 208

Stefan Kallinich: Seite 33, 42, 177, 193-194

Druck: Gutenbergdruckerei Freiburg

ISBN: 978-3-00-020573-6

www.hekaverlag.com

Inhalt

1. Der große Ernährungs-Irrtum des 21. Jahrhunderts

2. So gelingt die Nahrungsumstellung

3. Wir essen uns schlank und gesund

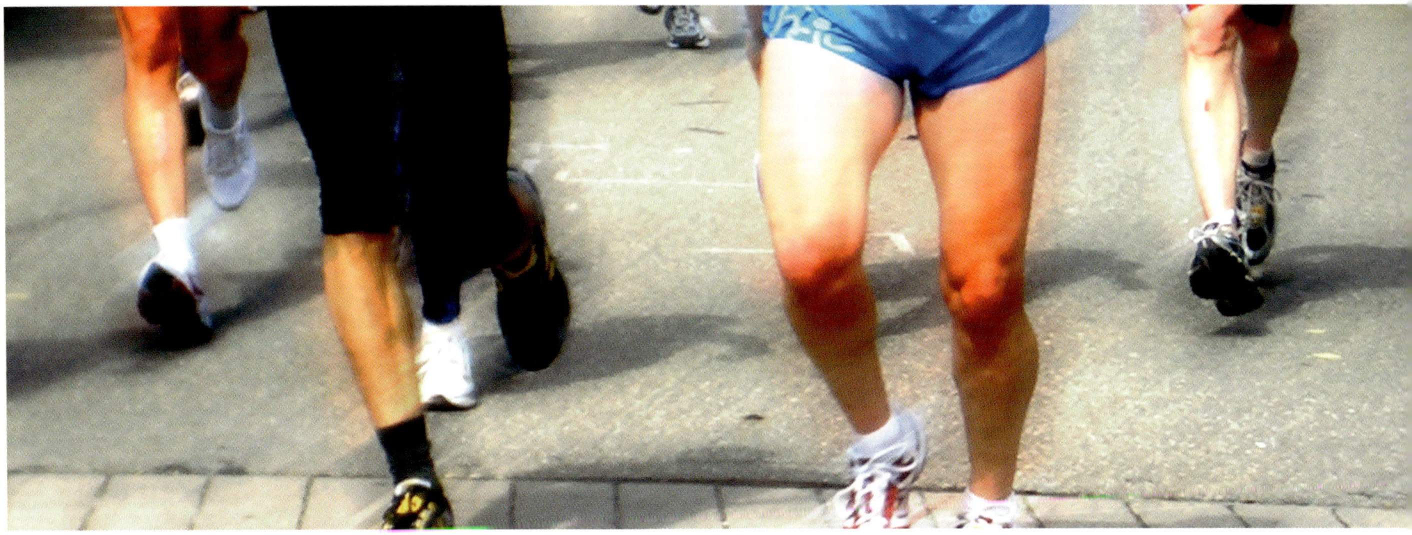

Inhalt

4. Nie wieder dick und krank

5. Bewegung verlängert Leben

6. Körper, Geist und Seele

MEINE LEIDENSCHAFT IST FLIEGEN

1971 habe ich mir meinen Traum vom Fliegen erfüllt. Der Flugschein war die Krönung meines Kindheitstraums, scheinbar unerfüllbar und dann doch geschafft.

Allein, sich vom Erdboden lösen, schweben; alles wird immer kleiner da unten, wie Spielzeug. Die Schönheit der Landschaften, spielen mit den Wolken im unendlichen Blau des Himmels. 1976 das erste eigene Flugzeug und 1989 die professionelle Instrumentenfluglizenz mit einer neuen Dimension des Fliegens über dem Wetter.

Für mich, das Zweitschönste Vergnügen und ebenso positiv, man wird regelmäßig über die Jahre fliegerärztlich untersucht. Erst, als mich 1992 der Fliegerarzt aus meinen Träumen reißt und sich das Ende meiner Pilotenkarriere ankündigt, werde ich sehr wach. Das soll's gewesen sein? Meine Antwort: Nein!

Ab sofort begann ich ein intensives Studium aller gesundheitlichen Zusammenhänge.

Nach und nach setzte ich die gewonnen Erkenntnisse am eigenen Körper um.

Seit mehr als 20 Jahren plagten mich Übergewicht (25 kg), starke Rückenschmerzen und erhöhter Blutdruck.

Ich fand einen Weg, diese Probleme ganz einfach und natürlich zu lösen.

Am meisten staunte mein Fliegerarzt. Das Leistungs-EKG wurde immer besser.

Seit 10 Jahren halte ich nun mein Traumgewicht von 71 kg bei 1,78 cm Körpergröße und esse mit Genuss und Freude.

Mit Hilfe der eigenen Firmenmaschine zum Bestsellerproduzenten

Mein Blutdruck ist völlig normal, Rückenschmerzen habe ich längst nicht mehr und dies gänzlich ohne Medikamente.

Potenzprobleme kenne ich nicht und meine Freude an Erotik und erfüllter Sexualität ist die eines jungen Mannes.

Heute, mit 65 Jahren, erfreue ich mich am Fliegen wie ein kleiner Junge und wünsche mir, einmal der älteste Pilot Deutschlands zu sein.

Lieber Leser, gehen Sie jetzt gemeinsam mit mir, Schritt für Schritt Ihren ganz persönlichen Weg, Ihrer Gesundheit, Ihres Wohlbefindens und somit Ihres Erfolgs.

Herzlichst

Ihr Herbert Kallinich

Mein drittes Flugzeug Cessna 421

Mit Alleinflugberechtigung eine interessante Herausforderung

1. Der große Ernährungs-Irrtum des 21. Jahrhunderts

KURZE WEGE GARANTIEREN FRISCHE WAREN

MODERNE NAHRUNGSMITTEL SIND BESTOHLENE LEBENSMITTEL

Bei Fabriknahrung kann man grundsätzlich sagen:

Je schöner und aufwändiger die Verpackung umso gefährlicher der Inhalt. Denn was sich darin befindet hat mit dem ursprünglichen Lebensmittel so gut wie nichts mehr zu tun.

Zum einen wird den Lebensmitteln das eigene Fruchtwasser entzogen. Noch schwerwiegender ist, dass die natürlichen Aromastoffe, Fermente, Spurenelemente sowie viele Vitamine bei der industriellen Verarbeitung für immer verloren gehen.

Biologisch betrachtet ist diese Industrienahrung nicht nur wertlos, sondern wie Sie später erfahren werden auch höchst ungesund für unseren Körper. Die Herstellungsverfahren ähneln sogar oftmals der Kunststoffproduktion.

Letztlich enthalten diese Fabrik-Nahrungsmittel Fette und Kohlenhydrate in derart hohen Konzentrationen, wie sie in der Natur niemals vorkommen.

Chemische Zusatzstoffe machen aus dieser bereits toten Nahrung schließlich einen nicht ungefährlichen „Cocktail“.

Für Transporte quer durch Europa und Lagerzeiten von mitunter mehreren Jahren (werfen Sie ruhig mal einen Blick auf das Mindesthaltbarkeitsdatum!) bis ins Regal des Händlers braucht es:

Konservierungsstoffe verschiedenster Art, teilweise sogar Antibiotika als Konservierungsmittel (Nisin oder Natamycin).

Für Verarbeitung und Zubereitung folgen:

Antioxidantien, Emulgatoren, Verdickungsmittel, Stabilisatoren und Feuchthaltemittel.

Um den Geschmack der auf der Verpackung abgebildeten Lebensmittel vorzutäuschen, bedienen sich die Hersteller einer Mischung von Geschmacksstoffen.

Das fertige „Menü“ darf letztlich natürlich nicht so tot aussehen, wie es in Wahrheit ist, also wird es noch schön bunt gemacht durch Farbstoffe.In aller Regel sind diese hinzugefügten Zusatzstoffe gesundheitsschädlich. Zwar sind alle Chemikalien – einzeln für sich betrachtet – beispielsweise in Deutschland zugelassen, doch die Wechselwirkungen der unterschiedlichsten Kombinationen sind so zahlreich, dass selbst die Wissenschaft nicht immer durchschaut.

Aber: Das ist ja angeblich „kein“ Problem, da schließlich der Verbraucher auf den „E...“-Inhalt hingewiesen wurde...

Mononatriumglutamat ist ein oft eingesetzter Geschmacksverstärker. Die schädliche Wirkung dieses Zusatzes wird in Dr. Baltes Lebensmittelchemie Januar 2000, beschrieben wie folgt:

Übermäßiger Genuss dieses Geschmacksverstärkers soll kurz nach der Mahlzeit zu Störungen des Wohlbefindens wie beispielsweise Kopfschmerzen bis hin zu einem Taubheitsgefühl im Nacken führen, welches nach 1 bis 2 Stunden wieder abklingt.

IN NUR 20 TAGEN VERSPEISEN WIR UNSER KOMPLETTES KÖRPER-GEWICHT...

als Nahrung in flüssiger und fester Form. Das entspricht auf ein Jahr gerechnet etwa dem 18-fachen unseres Lebendgewichts – und bei manchen Menschen, besonders den Beleibten, sogar noch mehr! Demnach scheint einleuchtend, dass unsere Ernährung die größte Bedeutung für unseren Körper, unser Befinden und somit auch unser gesundheitliches Schicksal hat.

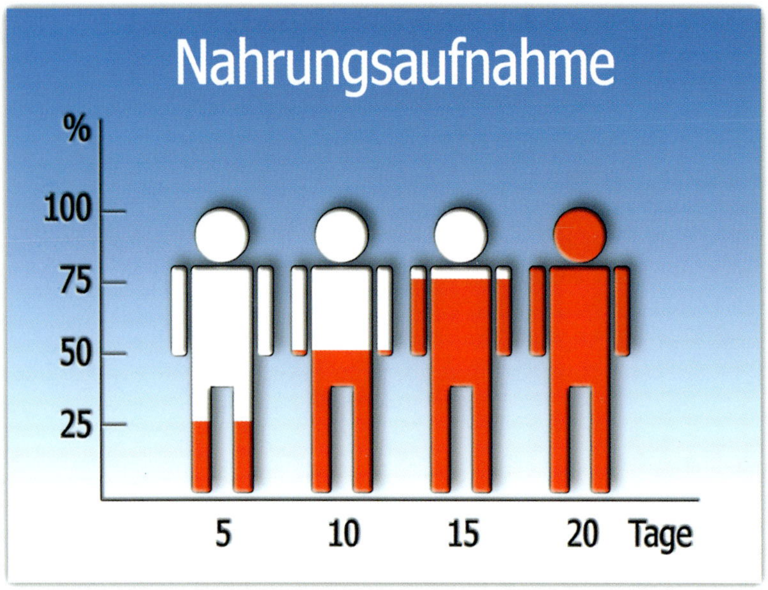

Übergewicht ist weder die Folge von fehlender Disziplin noch eine Krankheit!

Ursache ist vielmehr falsche, synthetische und konzentrierte Kunstnahrung! Diese macht nicht nur dick, sondern auch krank!

Künstliche Nahrungs-Präparate rufen durch ihren Verzehr nur noch mehr Hunger hervor, und zugesetzte Suchtmacher erzeugen weiteren Appetit. Selbst frische Früchte können in diesem Teufelskreis oft keinen Segen bringen, wenn sie zum falschen Zeitpunkt gegessen werden und somit unwirksam sind.

Allein die in der modernen Nahrung fehlenden Faserstoffe – tragischerweise als „Ballaststoffe" bezeichnet – haben für die menschliche Verdauung fatale Folgen. Es ist als ob Sie ein Auto ohne Bremspedal fahren würden. Beim Auto ist die Bremse für jeden von uns selbstverständlich, ihre Funktion wird sogar regelmäßig vom TÜV geprüft. Doch bei unserem schnellen Futter („Fast Food") haben Wahnsinnige die Ess-Bremse zuvor ausgebaut.

Der Unterschied zum Auto besteht einzig darin, dass die lebensbedrohlichen Folgen nicht sofort auftreten. So wird Ursache und Wirkung nicht mehr in Verbindung gebracht.

Dass bei der Ernährung in unserer überinformierten „Zivilisation" extreme Fehler vorkommen, wird offensichtlich, wenn man sich nur einmal umschaut.

Dabei ist der so genannte „Wohlstandsbauch" allerdings nur ein äußeres Zeichen – schlimmer ist noch, was sich bei genauerer Betrachtung in mancher Arztpraxis offenbart.

Die Zunahme schwerwiegender Erkrankungen mit tragischen Einzelschicksalen und nicht absehbaren Folgen für unser Sozialgefüge ist enorm.

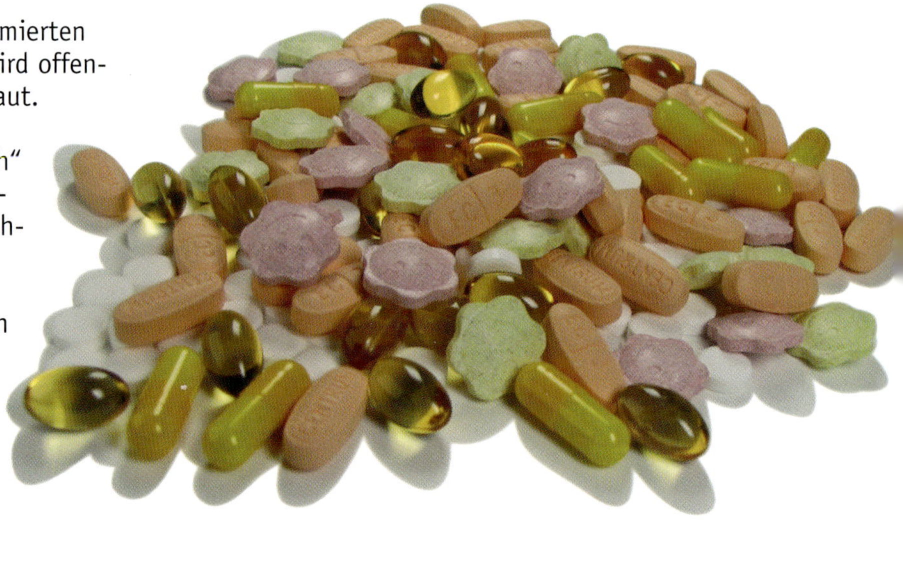

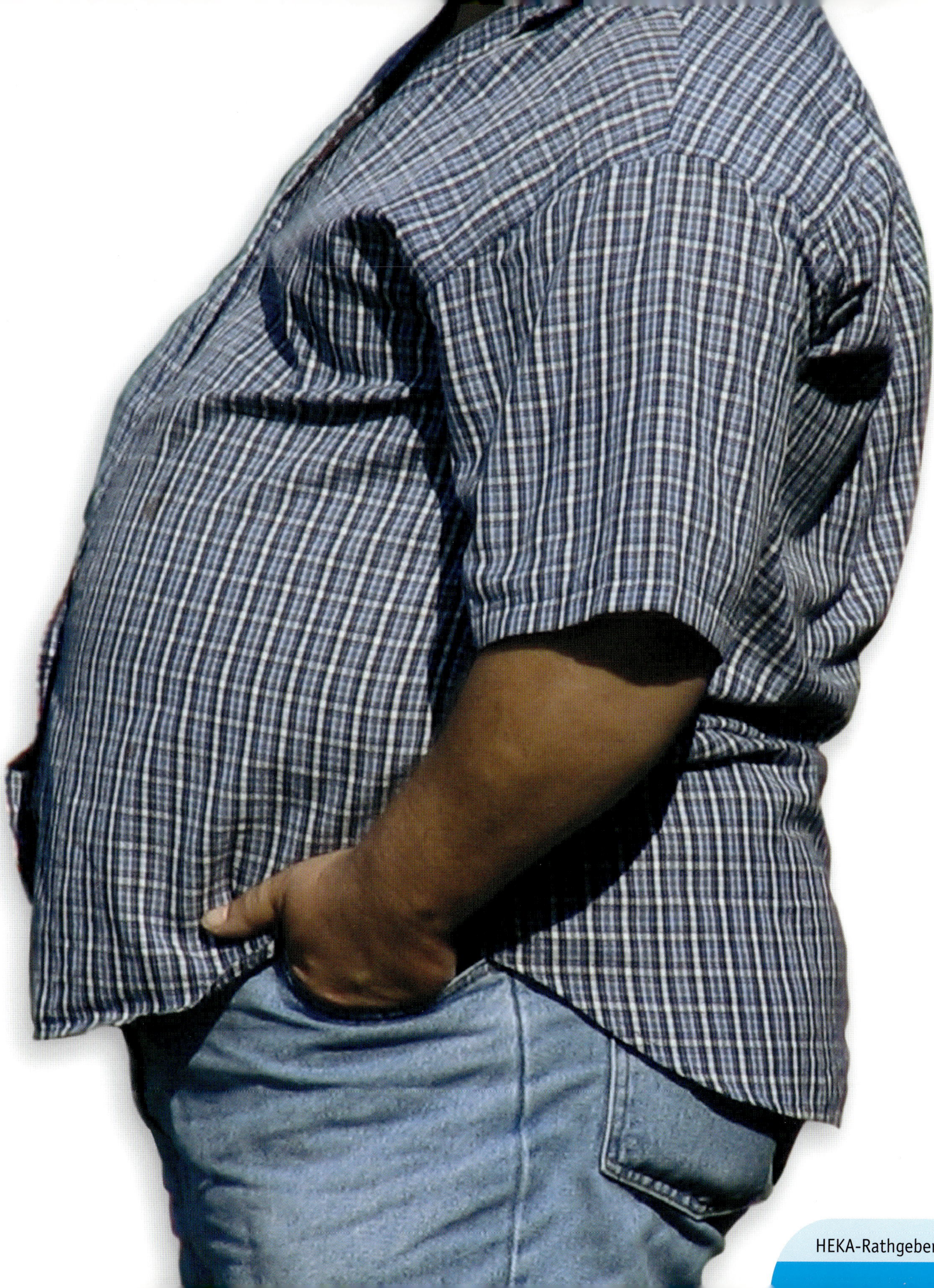

ÜBERGEWICHT UND ERKRANKUNG WEGEN MANGEL AN LEBENSSTOFFEN

Haben Sie schon einmal darüber nachgedacht, warum wild lebende Tiere kein Übergewicht kennen? Rehe in der freien Natur sind so schlank, dass wir neidisch werden könnten.

Bei unseren natürlich lebenden Mitgeschöpfen funktioniert noch der Ur-Instinkt, der sie nur so viel essen lässt wie es notwendig ist. Zudem führt dieser Instinkt zu der richtigen Auswahl jener Blätter, Kräuter oder Rinden, die sie für ihr biologisches Gleichgewicht brauchen.

Die Tiere erreichen ohne Vitamin- oder Aminosäurentabellen einen Gesundheitsstand, von dem wir nur träumen können.

Ihre Zähne behalten sie auch bis ins hohe Alter, obwohl sie diese gar nicht putzen.

Im Übrigen könnten wir Menschen ebenso auf das Zähneputzen verzichten, wir müssten allerdings unter anderem auch den Zucker weglassen und öfter am Tag einen Apfel essen.

Gegen Erkältungen sind die wild lebenden Tiere ebenfalls immun, obwohl sie in der freien Natur den unterschiedlichsten Wetterbedingungen ausgesetzt sind.

Sie kennen weder Diabetes noch Herz- und Kreislauferkrankungen oder Krebs.

Warum funktioniert dies bei den Tieren?

An erster Stelle ist es die Ernährung, die den größten Einfluss auf unsere Gesundheit ausübt.

Es sei an dieser Stelle nochmals daran erinnert, dass wir innerhalb von 20 Tagen unser Körpergewicht als Nahrung aufnehmen. Die kapitalen Fehler, die bei der Nahrungsauswahl gemacht werden, sind die Ursache für die stetig steigende Zahl von Übergewichtigen.

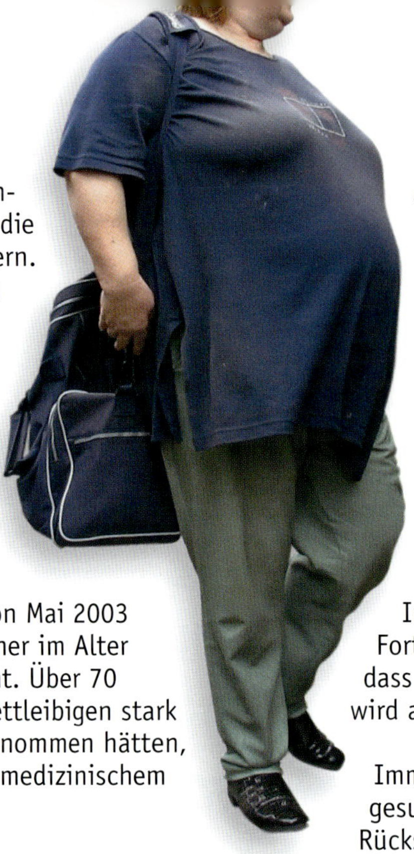

Schon vor Jahren erschrak ich, anlässlich eines USA-Besuchs, über die Masse von fettleibigen Amerikanern. Diese Nation erforscht längst den Weltraum, aber der Gesundheitszustand ihrer Menschen wird immer katastrophaler.

Nun schwappt, parallel mit der Ausbreitungsgeschwindigkeit des „Fast Food", die Welle der Überfettung zu uns.

Laut Statistischem Bundesamt von Mai 2003 hatten 71% aller deutschen Männer im Alter von 50 bis 70 Jahren Übergewicht. Über 70 Jahre hinaus geht die Zahl der Fettleibigen stark zurück – nicht aber weil sie abgenommen hätten, sondern vielmehr, weil sie (trotz medizinischem Aufwand) sterben.

Noch erschreckender ist die Zahl der dicken Kinder, denn sie nimmt stetig zu.

Obwohl all dies bekannt ist, essen alle weiter so falsch wie zuvor. Die Medizin wird's schon richten – oder?

Fettsucht wird bereits als Krankheit angesehen, der medizinisch korrekte Begriff „Adipositas" klingt kompliziert genug, um zu verschleiern, dass diese Störung einfach vom Essen kommt. Unter Anderem spricht man heute von „psychogenen Essstörungen", aber das ist keine Ursache, das ist die Folge! Und dass Fettsucht seelische (psychogene) Auswirkungen hat, ist verständlich, wenn man zum Gespött Anderer im Schwimmbad auftaucht.

Auf wen oder was wird da Rücksicht genommen, wenn nicht die tatsächlichen Ursachen beim Namen genannt werden? Die Nahrungsmittelindustrie ersinnt immer neue synthetische Produkte, die Geschmacksknospen müssen nur mit der richtigen chemischen Kombination getäuscht werden.

Sowohl die chemische als auch die Pharmaindustrie leben ebenfalls vom herrschenden Irrtum.

In der Medizin werden ohne Zweifel große Fortschritte gemacht, doch niemand merkt, dass lediglich an den Symptomen „operiert" wird anstatt die Ursachen anzugehen.

Immer wieder wird in den Medien eine wirklich gesunde Ernährung erwähnt. Die dabei waltende Rücksicht auf die Werbung treibende Industrie aber ist unverkennbar.
Wissenschaftlich längst bewiesen – ob von Sebastian Kneipp, Prof. Dr. med. Kollath, Dr. M. O. Bruker oder weiteren Praktikern, Wissenschaftlern und Ärzten deutlich gemacht – ist:

Die meisten Erkrankungen kommen von veränderter, denaturierter, künstlicher Nahrung. Je natürlicher die Lebensmittel belassen sind, umso gesünder ist der Mensch.

Die Ursache für Übergewicht ist eindeutig: Tote Nahrung sättigt nicht, sondern ruft im Gegenteil immer weiteren Essbedarf hervor.

Warum aber reagiert der menschliche Körper auf diese Weise? Produkte aus konzentrierten Kohlenhydraten, wie z. B. Zucker, Auszugsmehl oder Stärke, werden zwar zugeführt, es fehlen aber die zahlreichen, lebenswichtigen Bestandteile, wie sie im natürlichen, frischen Lebensmittel vorhanden sind.

WICHTIG ZU WISSEN:

Für die Verstoffwechselung der nahezu reinen Kohlenhydrate werden die fehlenden Lebensstoffe zwingend benötigt!

Bald nach Beginn der Mahlzeit spürt der Körper, was ihm fehlt. Leider kann er uns nicht genau sagen, was das ist, also braucht er dringend „irgend etwas“ und meldet sich mit dem simplen Gefühl „Hunger“. Doch wieder erhält er nur leere Konzentrate und das Spiel geht weiter...

Gleichzeitig wird natürlich Eiweiß und Fett in Form von Fleisch gegessen.

Der noch nicht gestillte Hunger führt schlussendlich zu einer abnormalen Gesamtmenge. Irgendwann hat man viel zu viel in sich hineingestopft, es passt nichts mehr rein, man fühlt sich unwohl, klagt über Verdauungsbeschwerden – nimmt unter Umständen sogar Medikamente – und ist weder satt noch froh. Die Energie, zu was auch immer, hat man in dieser Situation nicht. Denn der Körper benötigt seine gesamte Leistung allein, um mit dem „Essen“ klar zu kommen.

Was macht der „vergewaltigte“ Körper nun mit der Industrienahrung?

Er polstert die Fettreserven auf, denn da passt ja noch was hin. Und Kleidung kann man ja heutzutage schließlich schon in kleinen Übergrößen von der Stange kaufen.

Doch noch schlimmer wirken sich fehlende Vitamine, Mineralien und vergleichbare Stoffe aus. Diese werden, so weit möglich, für den bereits gestörten Stoffwechsel aus den Knochen, Zähnen oder anderen Bereichen „gestohlen“.

Ergebnis: Wir haben zu viel gegessen, in den Arterien wird der Restmüll abgelagert, der Mangel an Vitalstoffen ist größer geworden und unsere Abwehrkräfte sind weiter geschwächt.

Ablagerungen (Arteriosklerose) an der Innenwand unserer Adern (Gefäße) führen zur Verhärtung (Kalk) und engen den Durchfluss ein. Tierisches Fett verbleibt in den großen Adern, in den kleinen (Kapillaren) wird das überschüssige tierische Eiweiß entsorgt. Sich von der Innenwand der Gefäße ablösende Ablagerungen wie beispielsweise Cholesterin, verstopfen den Durchfluss von Blut an allen möglichen Verengungen.

Wird eine der Adern, die das Herz kranzförmig versorgen, verschlossen, so bedeutet dies nichts anderes als ein Herzinfarkt. Der nicht mehr versorgte Teil stirbt ab. Wird die Arterie völlig verstopft, entspricht dies einem Herzschlag. Kleine Aderverschlüsse zum Gehirn werden als Schlaganfall bezeichnet und große als Hirnschlag.

Eine gestörte Versorgung der Nieren verursacht unter anderem hohen Blutdruck, dadurch steigt aber wiederum das Schlaganfallrisiko... Die Nieren wollen aber gerade mit einem höheren Druck zumindest ein lebensnotwendiges Minimum an Entgiftung ermöglichen.

Die, gerade für Männer wohl „wichtigste“ Blutversorgung, nämlich die des Penis’, ist natürlich ebenso von einer ungestörten Blutversorgung abhängig. Diese Reihe ließe sich beliebig fortsetzen über Haut, Haare, Augen bis zu Durchblutungsstörungen der Zehen.

Grundsätzlich liegt die wahre Ursache bei toter Nahrung, mit der unser Stoffwechsel nicht funktioniert.

Diese wenigen Beispiele sollen nur ansatzweise das furchtbare Dilemma erklären, in das wir durch tote Speisen geraten.

Die Lösung dieser zwangsläufig aufkommenden Ernährungsfrage ist allerdings viel einfacher, als Sie es für möglich halten, doch vor dem Handeln kommt das Verstehen.

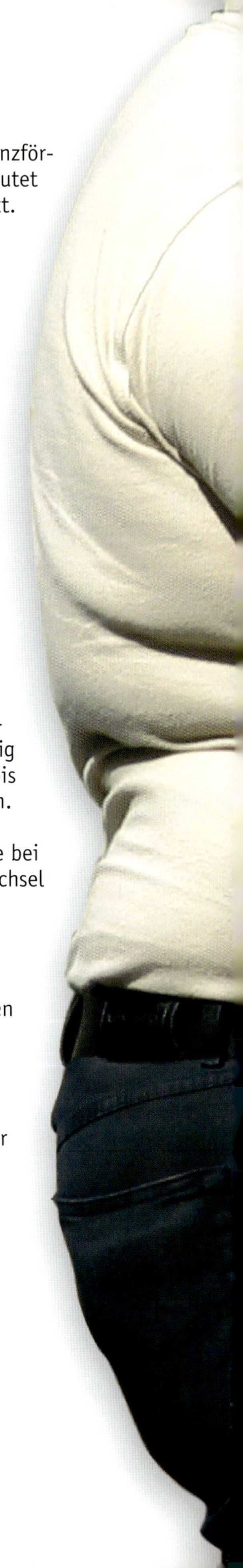

16 STUNDEN ACHTERBAHN FÜR UNSERE BAUCHSPEICHELDRÜSE

Kohlehydrate sind als Energielieferanten für den Menschen notwendig.

Zucker und Stärke sind zwar Kohlehydrate, allerdings muss unterschieden werden, zwischen:

Zucker und Stärke in natürlicher Form, also durch Aufnahme eines frischen Lebensmittels – wir nennen diese Naturzucker und Naturstärke – und isolierten Zucker- und Stärkekonzentraten, die bereits völlig denaturiert sind – das sind Isolierzucker und Auszugsmehle.

Auf den Isolier-Zucker müssen wir dabei ganz besonders Acht geben!

Haushaltszucker ist als Isolierzucker ein chemisches Konzentrat. Aufgrund seiner riesigen Verbrauchsmenge kann man ihn heute als den Krankmacher Nummer Eins bezeichnen.

Ein paar Worte zur Historie des Zuckers: Isolier-Zucker kam zur Zeit der Kreuzzüge nach Mitteleuropa, bis dahin kannte man nur Honig als Süßungsmittel.

Anfang des vergangenen Jahrhunderts wurde Isolier-Zucker noch als das verstanden, was er ursprünglich einmal war, nämlich ein sparsam einzusetzendes Gewürz.

Zumeist bewahrte man ihn verschlossen auf, wofür es im Wesentlichen zwei Gründe gab:

Erstens war Zucker damals noch sehr teuer, und zweitens wussten die meisten Menschen, dass er krank macht, wenn man ihn in größerer „Menge" naschte.

1950 wurde ich schon als Kind von meiner Großmutter Alwine gewarnt, sie sagte oft: „Iss nicht soviel Süßes, du bekommst noch Zucker!"

Seit damals hat sich der Isolier-Zucker-Konsum vervielfacht und analog dazu die Anzahl der Zucker-Neuerkrankungen. Zuckerkrankheit wird medizinisch längst als Diabetes bezeichnet. Man wählte also die griechische Übersetzung, somit wurde der wahre Zusammenhang verschleiert.

Diabetes ist eine schwere, als chronisch anerkannte Erkrankung, die in der Regel mehrmals täglich Blutzucker-Kontrollen und Medikamente erfordert. Sie ist unheilbar.

Fachleute gehen bei der Zahl der Zucker-Kranken obendrein von einer hohen Dunkelziffer aus.

In Ihrer Apotheke können Sie für sich und Ihre Familienmitglieder einen kostenlosen Zucker-Test durchführen lassen.

Oftmals werden bei einer solchen Gelegenheit durchaus lebensbedrohliche Werte aufgedeckt, von denen der Betroffene bis dato keine Ahnung hatte – vielleicht war er nur oft durstig (ein ernst zu nehmendes Zeichen bei eventuell vorhandenem Diabetes!).

Mehr über die Zuckerkrankheit erfahren Sie in Kapitel 4.b. „Timm hat Zucker".

ZUCKER-TEST

1. Blutstropfen gewinnen

Lanzettengerät fest seitlich an den Finger halten.
Drücken Sie dann den Auslöser.

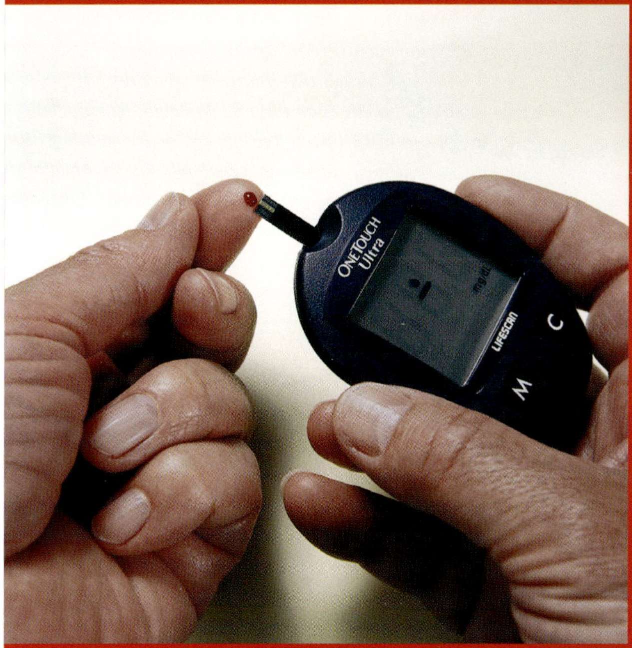

2. Blut auf den Teststreifen auftragen.

Nur 1 Mikroliter Blut ist notwendig um eine korrekte Messung durchzuführen.

3. Auswertung

5 Sekunden später können Sie
die Blutzucker- und Kontrolllösungs- Messergebnisse zusammen mit Datum und Uhrzeit ablesen.

Messmethode: elektrosensorisch

WIE WIRKT ISOLIER-ZUCKER AUF DEN MENSCHEN?

Essen wir zum Beispiel ein Stück Zucker, dann lässt sich bereits nach wenigen Minuten ein steiler Anstieg unseres Blutzuckerwertes messen, der den Normalbereich übersteigt. Etwa eine halbe Stunde später beginnt der Wert wieder zu fallen und führt nach einer Stunde bis in die Unterzuckerung! Grund: Die Bauchspeicheldrüse hat eine überschießende Menge Insulin ausgeschüttet, weil der zu hohe Zuckerspiegel „Alarm geschlagen“ hatte.

Der Unterzucker-Zustand seinerseits löst aber gleich wieder Hunger aus, also kann das Spiel wieder von vorn beginnen. Für unsere Bauchspeicheldrüse ist das wie eine Achterbahnfahrt. Eine gewisse Zeit mag sie das ja noch unbeschadet überstehen, doch irgendwann findet dieses Organ das ständige Auf und Ab gar nicht mehr lustig...

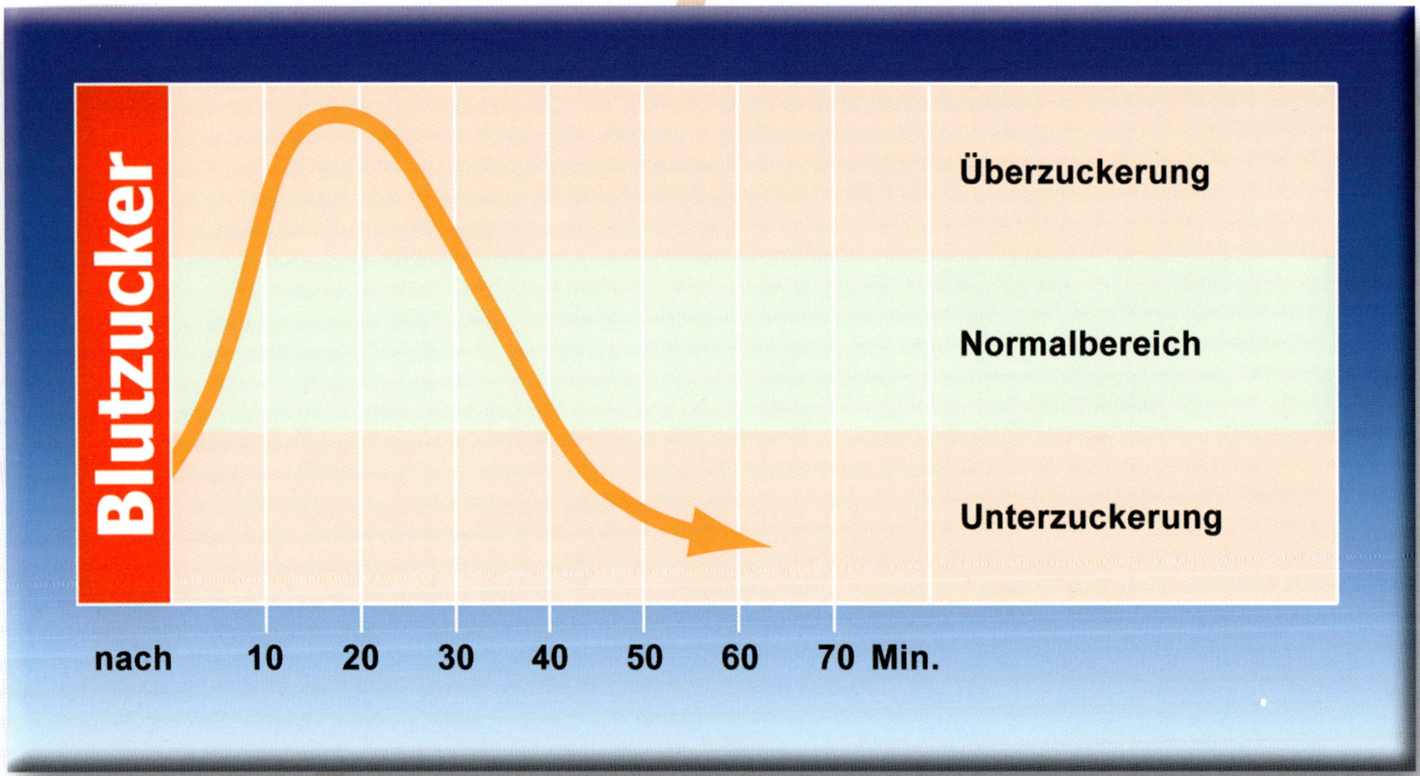

Mit Natur-Zucker tritt eine solche Überreaktion niemals auf, denn die Bauchspeicheldrüse reagiert auf alle natürlichen Lebensmittel normal: Die Blutzucker-Kurve verläuft flach und verbleibt innerhalb des Normalbereichs.

Übrigens: Unsere Leistungskurve stimmt mit der des Blutzuckerspiegels überein! Wir können unsere körperliche und geistige Leistungsfähigkeit also direkt mit einer entsprechenden Ernährung steuern!

Mehr darüber lesen Sie in Kapitel 3.c. und d.

Isolier-Zucker, Zucker-Konzentrate oder Fabrikzucker und seine Namen:

Rohrzucker (gewöhnlicher weißer oder brauner Zucker);
Traubenzucker, Fruchtzucker;
Milchzucker, Malzzucker;
so genannter Vollrohrzucker, Sucanat;
Rübensirup, Ahornsirup, Birnendicksaft;
Ur-Süße, Ur-Zucker, Melasse, Maltodextrin, Frutilose;
Gerstenmalz und anders mehr.

„Im natürlichen Lebensmittel ist der Zucker als Teilbestandteil in ein Ganzes gebettet, während der Fabrikzucker aus diesem Gefüge herausgenommen ist und in seiner hundertprozentigen Konzentration und Isolierung noch nicht einmal Spuren von Vitalstoffen enthält." Bruker schreibt übrigens auf jeder Seite seines Buchs „Zucker – Zucker..." den Satz „... essen und trinken Sie nichts, wofür Werbung gemacht wird...".

Isolier-Zucker, weitere Hintergründe und seine Folgen finden Sie in Kapitel 4.a., b., c.

DIE MEISTEN MENSCHEN RAUCHEN AUFGRUND FALSCHER ERNÄHRUNG

Langjährige Beobachtungen und Recherchen des Verfassers beweisen: Rauchen wird in erster Linie durch falsche Ernährung verursacht!

Lesen Sie die Geschichte von Nina, einem Beispiel von vielen, aus dem Jahr 2005:

Nina ist 16 Jahre jung, schlank und hat lange blonde Haare, oft zu einem Pferdeschwanz gebunden. Unter dem Ponyschnitt schauen glückliche, muntere Augen hervor.

Natürlich trägt Nina enge Jeans, die ihre langen Beine besonders gut zur Geltung bringen. Als sich der erste warme Frühlingstag ankündigt wird flugs das tolle leuchtend blaue Top, genau zur Augenfarbe passend, hervorgesucht – natürlich nabelfrei! Vor dem Spiegel folgt die Katastrophe: Die Lieblingsjeans erzeugt Wülste... Nein, so geht Nina nicht unter die Leute, niemals!

Sofort müssen legere Jeans her.

Doch egal, welche sie auch anprobiert, die Speckwülste entstehen immer wieder sobald der Gürtel geschlossen wird. Aber Nina kann ja wohl doch schlecht mit Hosenträgern gehen, so wie ihr Vater. Die 16-Jährige ist immer weniger gut drauf, das Heitere aus ihren Augen ist verschwunden.

Doch Halt – das wär's doch, denkt sich Nina und so beginnt sie, wenn Mama wieder gut gekocht hat, oder sie mit der Clique Burger essen war, unauffällig auf der Toilette zu verschwinden... Den Finger tief in den Mund und den ganzen Mist wieder raus, so hatte das Mama schließlich auch mit ihr gemacht, wenn sie als Kind etwas Schlechtes gegessen hatte. Die anschließende Blässe muss sie zwar immer etwas aufpeppen, aber das ist okay für Nina.

Rauchen – darüber hatte Nina auch schon nachgedacht, aber nein, das kommt für sie nicht in Frage, da saß der Schock, was mit ihrem Papa vor zwei Jahren passiert war, noch zu tief. Ihre beiden Eltern waren starke Raucher, schlank und erfolgreich. Und obwohl sie oft an Geschäftsessen teilnahmen, konnten sie ihre Konfektionsgrößen, Mama 38 und Papa 50, problemlos halten.

Allerdings nur bis, ja, es war die Nacht nach der Feier anlässlich des 10. Geburtstags ihres Bruders Luca. Nina hört einen Schrei der Mutter aus dem Schlafzimmer. Schnell stürzt sie aus ihrem Zimmer, der kleinere Bruder war fast schneller. „Einen Arzt, oder Notarzt, schnell... Papa...!" Mama schreit, bittet Nina zu rufen, die „110" oder die „112"...

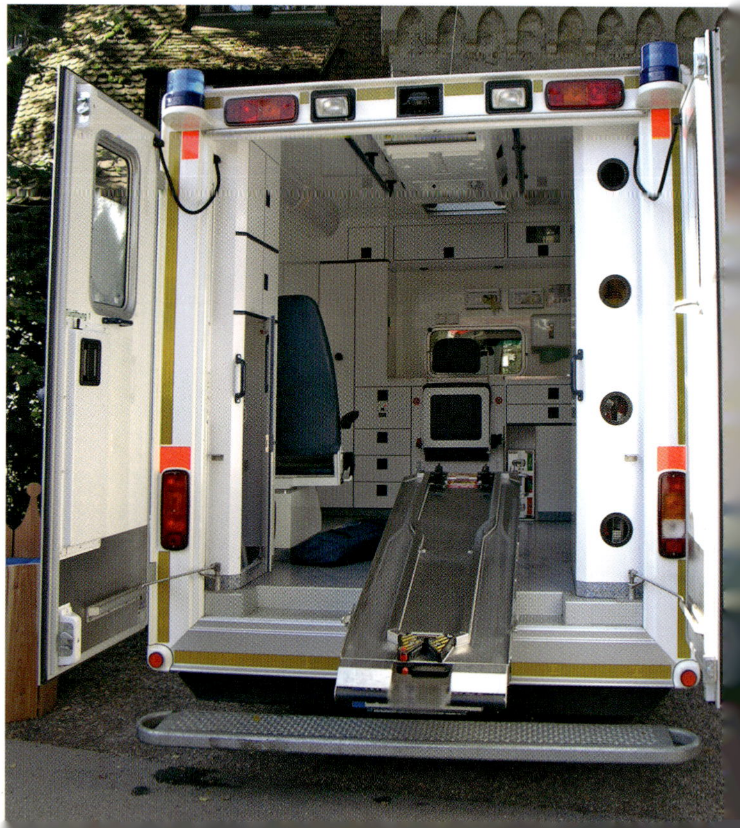

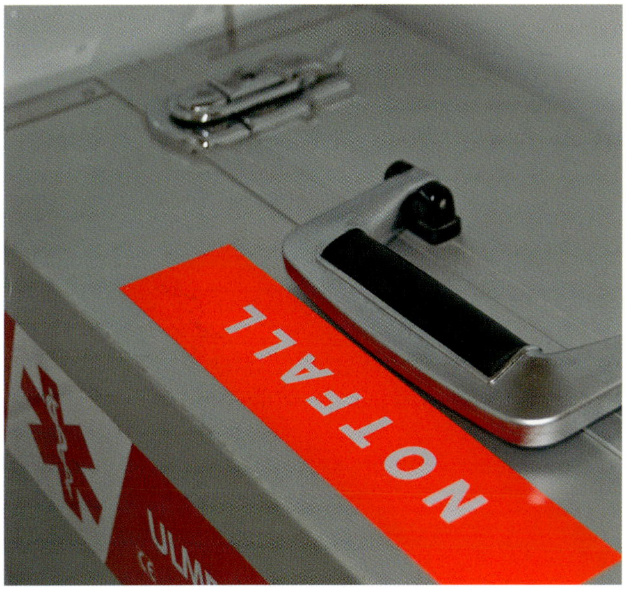

Die Tochter findet vor Aufregung fast die Tasten nicht, sie zittert am ganzen Körper. Endlich hat sie es geschafft, und fast hätte sie wieder aufgelegt, noch bevor sie die Adresse hervorstammeln konnte. Alles ging viel zu schnell, für Nina war es, als ob es nur ein böser Traum wäre. Ihr geliebter Papa, nein, das durfte einfach nicht sein, es war furchtbar! Das Schlimmste war die Ungewissheit, Mama war im Rettungswagen mit gefahren. Und sie, die Kinder zu Hause, wussten nichts, ins Bett konnten sie auch nicht mehr, sie hatten einfach nur Angst.

Ist Papa schon tot? Müssen wir dann aus dem Haus? Werden wir nie mehr einen so schönen, gemeinsamen Urlaub an der Ostsee erleben, so wie im letzten August?

Die Kinder saßen eng beieinander, bis Luca auf die Idee kam zu beten. Es war irgendetwas aus dem Religionsunterricht, es war ganz egal, aber es half: Das Zittern ließ langsam nach. „Lieber Gott, hilf uns, dass Papa nicht sterben muss!" Endlich kam Opa und fuhr mit Nina und Luca in die Klinik...

Ihr Vater erzählt Nina später, es sei so gewesen, als ob ein Elefant mit einem Fuß auf seiner Brust gestanden hätte. Eine der Kranzadern war verstopft, ein schwerer Herzinfarkt also, und für die anderen wurden vorsorglich Ersatzleitungen, so genannte Bypässe gelegt. Eines aber hatte der behandelnde Professor ihrem Vater sehr deutlich gemacht: Wenn er nicht sofort mit dem Rauchen aufhören würde, hätte er nicht mehr lange zu leben.

Die Rückkehr in seine geliebte Anwaltspraxis erfolgte für das Familienoberhaupt erst nach längerer Pause. Er hat etwas Gewicht zugelegt und war auch nicht mehr der Alte. Leider hat es Mama noch nicht geschafft, mit dem Rauchen aufzuhören. Beim ihrem letzten Versuch passten mit einem Mal die Kleider nicht mehr. Also: Das schlimme Laster ging weiter...

Nina bleibt also ratlos, denn natürlich darf niemand wissen wie sie ihre tadellose Figur hält. Mit wem kann sie darüber sprechen?

Wer könnte ihr sagen, wie sie durch eine Ernährungsumstellung auf natürlich belassene Kost ihr Problem ganz einfach lösen könnte?

Und was würde das erst für Mama und Papa bedeuten! Mama könnte mit dem Rauchen aufhören und trotzdem ihr Traumgewicht halten und Papa könnte die Anzüge von früher wieder tragen... Dann kann Nina wieder mit ihrem schlanken Papa vor den Freundinnen angeben!

Selbst herbei geführtes Erbrechen (Bulimie):

Pschyrembel schreibt: Essbrechsucht; psychogene Essstörung, bei der exzessive, meist hochkalorische Nahrungsmengen in kurzer Zeit zugeführt (Essanfall) und anschließend Maßnahmen ergriffen werden, um das Körpergewicht in einem (sub-)normalen Rahmen zu halten...

Der Zusammenhang zwischen Rauchen und einer falschen Nahrungsmittelauswahl hat eine große Bedeutung. Die Gesundheitsminister der EU können sich noch so sehr mühen, die Auswirkungen des Rauchens deutlich zu machen. Bei den Rauchern, die schlank sein wollen oder den bereits Vollschlanken, die nicht noch breiter werden möchten, verpuffen ihre Bemühungen.

Raucherentwöhnungskurse, Nikotinpflaster, Akupunktur und Hokuspokus, helfen nicht darüber hinweg, dass Menschen durch das Rauchen ihr Gewicht beeinflussen wollen. Dabei ist Rauchen selbstverständlich eine Sucht, von der man nur schwer loskommt.

Im Jahr 2004 wurden gerade bei jungen Mädchen die größten Raucher-Zuwachsraten verzeichnet!

Die Folgen sind dramatisch.

Als Beispiel sei erwähnt, was passiert, wenn diese jungen Frauen schwanger werden, das Rauchen aber nicht aufgeben während sie das Baby unter dem Herzen tragen. Oftmals durchlebt das Neugeborene in seinen ersten Tagen auf dieser Welt einen harten Nikotin-Entzug mit all seinen Begleiterscheinungen – und tagelangem Schreien!

Die gesundheitsschädlichen Auswirkungen des Rauchens sind hinlänglich bekannt, so dass ich dieses Thema nicht weiter vertiefen möchte. Eines sollte allerdings noch erwähnt werden:

Tabak enthält schon in seinen grünen Blättern eine nicht unerhebliche Menge Zucker. Durch Trocknung wird diese Menge konzentriert. Beim Anzünden der Zigarette kommt es zur Karamelisierung dieses Zuckers. Baltes, Lebensmittelchemie 2000, S. 384 schreibt:

„Zur Bereitung von Pfeifen- und Zigarettentabaken werden die Blätter entrippt und meist mit speziell gemischten Saucen versetzt, die ihnen honig- bzw. fruchtähnliche Aromaten verleihen..."

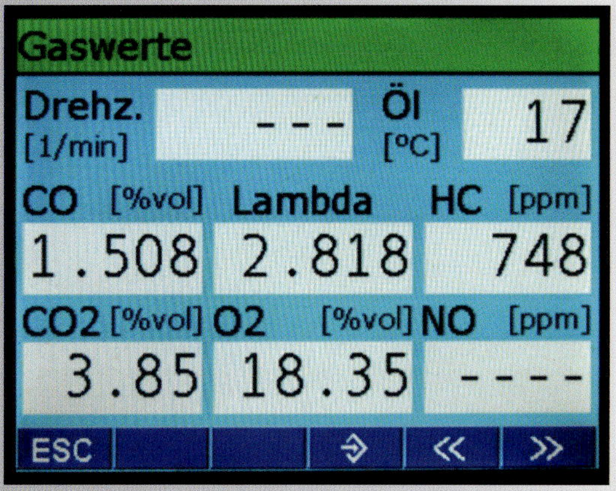

Giftiges Kohlenmonoxid

Messungen mit einem Auto-Abgastester ergaben einen CO-Wert von bis zu 1,508 %/vol, das ist die 5fache Menge gegenüber dem zulässigen Grenzwert eines KAT-Fahrzeugs von 0,3 %/vol.

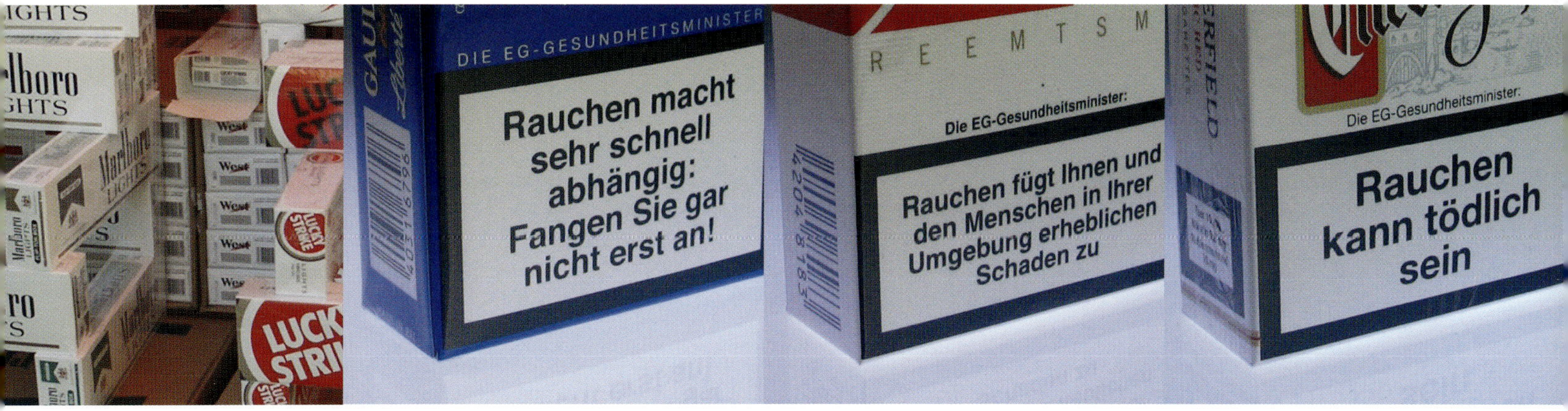

NATÜRLICHES ESSEN BRAUCHT KEINEN ALKOHOL

Nach einem guten Essen braucht der Magen – für die Verdauung – einen Schnaps.

Wer kennt diese Tradition nicht? Sie gehört seit langen Jahren zum Ritual vieler Familienfeiern.

Allerdings waren große Familienfeiern früher seltener. Heute feiern wir immer öfter. Nahrungsmittel sind sehr viel billiger geworden: Sie kosten uns oftmals nur noch einen Bruchteil dessen, was wir noch vor 25 Jahren dafür aufwenden mussten. Anlässe gibt es also genug, das „Verdauerle" ist obligatorisch, vielleicht auch noch ein zweites und ein drittes... Denn die Schnäpse nach dem Essen sind ja zweifellos „Medizin".

Dass der überfüllte Magen mit ein paar „Harten" – vielleicht sogar mit Kräutern – besser zurechtkommt, meinen wir tatsächlich zu spüren.

Obgleich Dr. med. M.O. Bruker (1909 – 2001) dazu schreibt:

„Es gibt keinen Schnaps, der die Verdauung fördert. Der Begriff „Verdauungs-Schnäpschen" ist lediglich geschaffen, um den Genuss des Schnapses vor sich selbst und den anderen zu rechtfertigen. Für den Verdauungsvorgang sind Enzyme notwendig. Schnaps hat jedoch keine enzymatische Wirkung und er fördert auch keine Enzymbildung." Soweit also der Arzt, der sich wie kaum ein Anderer um die praktische Erforschung gesund- oder krankmachender Ernährung verdient gemacht hat.

Was aber genau war passiert? Wir hatten ein üppiges Mahl genossen und ein paar Geschmacksknospen über deren Stiftchen (Mikrovilli) mit ausgefallenen Genüssen befriedigt. Die Sinneszellen auf der Zunge und am hinteren Gaumen haben ihre Lust-Information über die Geschmacksnerven (Papillen) an unser Gehirn weitergegeben.

Ein Sättigungsgefühl stellt sich nicht sogleich ein. Ein Umstand, den wir bereits im Zusammenhang mit toter Nahrung kennen gelernt haben.

Aber die Gaumenfreuden sollen am Besten gar nicht aufhören! So essen wir weiter bis wirklich nichts mehr rein passt.

Die Ersatzbefriedigung einer handvoll Papillen verursacht nunmehr einen ernstzunehmenden Störfall für Millionen unserer Nerven. Nur das perfekte Krisenmanagement unseres Körpers „rettet" uns vor diesem selbst verübten Angriff auf unsere Gesundheit.

Das gemeinsame Essen in der Familie oder mit Freunden hat selbstverständlich eine große persönliche und soziale Bedeutung. Daher ist es wichtig, auch hier eine gesunde und ausgewogene Ernährung anzustreben.

Denn es ist wohl sehr gut möglich, mit vielen herrlichen frischen Lebensmitteln und köstlichen vollwertigen Speisen, seine Gäste zu verwöhnen. Keiner hat ein Völlegefühl oder fühlt sich überladen.

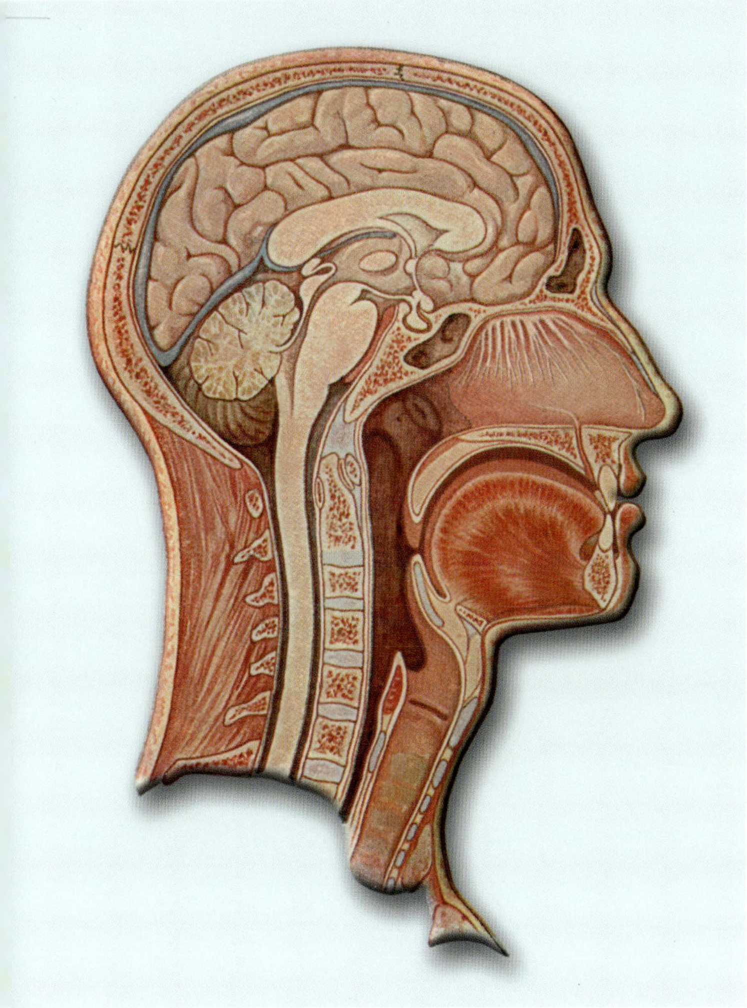

Der Lebensmittelchemiker Werner Baltes beschreibt alkoholische Genussmittel wie folgt (S. 365):

„In diesem Zusammenhang seien Folgen ständigen und überhöhten Alkoholkonsums nicht verschwiegen:

Bluthochdruck, Schädigungen des Nerven- und Immunsystems, der Leber und Bauchspeicheldrüse, Verdauungsorgane und des Herzmuskels. Sogar als krebserregend wurde Alkohol schon eingestuft, nachdem epidemiologische Studien Zusammenhänge mit Brust-, Rachen- und Speiseröhrenkrebs erkennen ließen.

Der Pro-Kopf-Verbrauch an Alkohol betrug in der Bundesrepublik Deutschland im Jahre 1987 immerhin 11,5 Liter (reiner Alkohol, d. Verf.); damit liegt Deutschland international hinter Frankreich (13,2 Liter) an 2. Stelle."

Die bei großen Anlässen und Feiern oft praktizierten „Späße", wie zum Beispiel heimlich ins Bierglas geschüttete Schnäpse, sind nicht lustig! Auf diese Gesellschaften können Sie getrost verzichten!

Nicht zu vergessen: Der Jugend-Alkoholismus. Die mit Zucker-Konzentraten „verfeinerten" Gifte (Alcopops) verführen jetzt auch noch Kinder, denen Bier oft zu bitter war.

Hersteller sollten bei ihren Verführungstricks bestimmte Grenzen nie überschreiten!

Alkohol ist eine ernstzunehmende Droge. Wo ist die Grenze zwischen Spaß und Sucht? In feucht-fröhlicher Geselligkeit steigt die Stimmung mit dem Promillegehalt im Blut. Fällt aber einer später durch den großmaschigen Rost (Alkoholismus), dann kennt ihn keiner seiner „Freunde" mehr...

Wie Alkohol ein Leben zerstören kann

In einem meiner Unternehmen beschäftigte ich vor Jahren einen Verkäufer, der ohne Zweifel der beste und erfolgreichste war.

Dieser Mitarbeiter hatte alles was man sich wünschen kann, eine wundervolle Frau, zwei gesunde Kinder und ein schönes Eigenheim.

Die Autowerkstätten kauften die von uns vertriebenen Prüfstrassen wie warme Semmeln. Seiner kompetenten und freundlichen Art konnte kaum ein Werkstattinhaber widerstehen.

Es war eine Freude diesen Topverkäufer auf unseren großen Messen dabei zu haben. Alle konnten wir von ihm lernen.

Bis der Alkohol ihn zu zerstören begann... Totalausfall, monatelange Entziehung, familiäre Probleme... Dann wieder Hoffnung...

Und gerne gaben wir ihm eine weitere Chance... Schlussendlich war sein Leben und seine Gesundheit ruiniert.

Ich bin meiner Mutter Else heute noch dankbar, dass sie es geschafft hat, meinen Bruder und mich vor den Gefahren des Alkohols zu bewahren.

OPTIMALE LEISTUNGSKURVE OHNE KOFFEIN

Wir glauben, dass wir unsere Leistungsfähigkeit mit Kaffee beeinflussen können.

Das ist leider ein Trugschluss.

Eine Tasse enthält durchschnittlich etwa 100 mg Koffein. Dadurch wird unser Zentralnervensystem, das Herz, der Stoffwechsel und die Atmung angeregt und der Blutdruck gesteigert.

In den Eingeweiden verengen sich die Adern, während sie sich im Gehirn weiten. Dies hat zur Folge, dass die Müdigkeit verschwindet – allerdings einzig wegen der besseren Durchblutung des Großhirns.

Unsere tatsächliche Leistung wird durch Kaffee allerdings nicht erhöht, es ist lediglich eine Euphorie, die uns mehr Leistung vortäuscht.

Allerdings: Die Wirkung des Koffeins hält nicht zu lange an, also braucht man bald nach Einsetzen der nächsten Müdigkeitswelle eine weitere Tasse. Auf diese Weise macht Kaffee abhängig.

Ich selbst habe bis zu 5 Tassen täglich getrunken – bis zu dem entscheidenden Zeitpunkt im Jahre 1996, ab dem ich mich intensiv mit gesunder Ernährung und Lebensweise beschäftigte.

Komme ich heute in einen meiner Betriebe und bereitet sich einer meiner Mitarbeiter einen Kaffee, dann bitte ich ihn manchmal, daran riechen zu dürfen – der Duft betört mich immer noch.

Aber trinken? Nein. Das hatte ich ein Jahr nach dem Aufhören noch einmal versucht, doch er bekam mir überhaupt nicht mehr. So befriedigt mich der Duft von Zeit zu Zeit vollkommen.

Kaffee und gesunde Lebensweise passen nun mal nicht zusammen.

Die Leistungskurve, die ich Ihnen im Kapitel 3, Abschnitt C näher bringen möchte, beeinflussen wir mit Kaffee überhaupt nicht. Die Leistung steigernde Wirkung eines einzigen frischen Apfels erreichen wir nie, auch nicht mit noch so vielen Tassen.

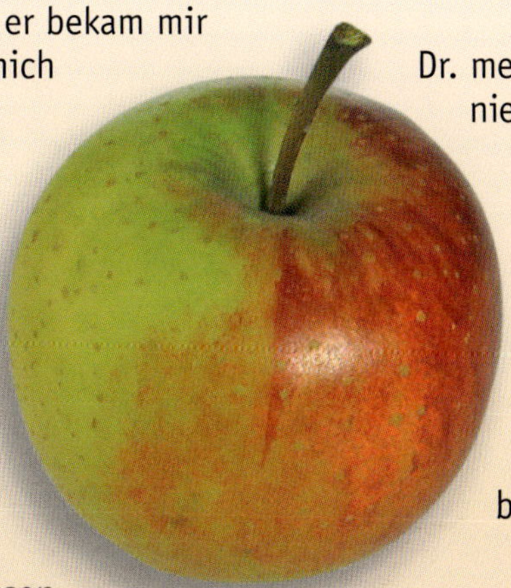

WICHTIG ZU WISSEN:

Eine Tasse Bohnenkaffe erzeugt so viel Harnsäure wie der Verzehr von ca. einem Pfund Fleisch.

Dr. med. M.O. Bruker rät auch den Menschen mit niedrigem Blutdruck von Kaffee dringend ab.

Koffein ist übrigens ein Arzneimittel mit harntreibender Wirkung (Diureticum).

1 Liter Cola enthält	120 mg
1 Tasse Schwarztee	30 mg

Die tödliche Dosis für einen Menschen beträgt 10 Gramm.

HOCHRÜSTUNG DER MEDIZIN UND TROTZDEM MEHR KRANKE

Werden wir Menschen heute älter, weil wir die moderne Medizin haben…?
Wenn wir den Statistikern glauben, dann ja.

Doch genauer betrachtet ist das gar nicht richtig: Schon früher wurden die Menschen sehr wohl alt – 90 Jahre waren durchaus üblich, besonders für diejenigen, die auf dem Land lebten. Jedoch bezog man in diese Statistiken alle Menschen ein, also auch diejenigen Kinder, die gleich nach der Geburt oder zumindest im ersten Jahr starben. Und diese Rate lag hoch.

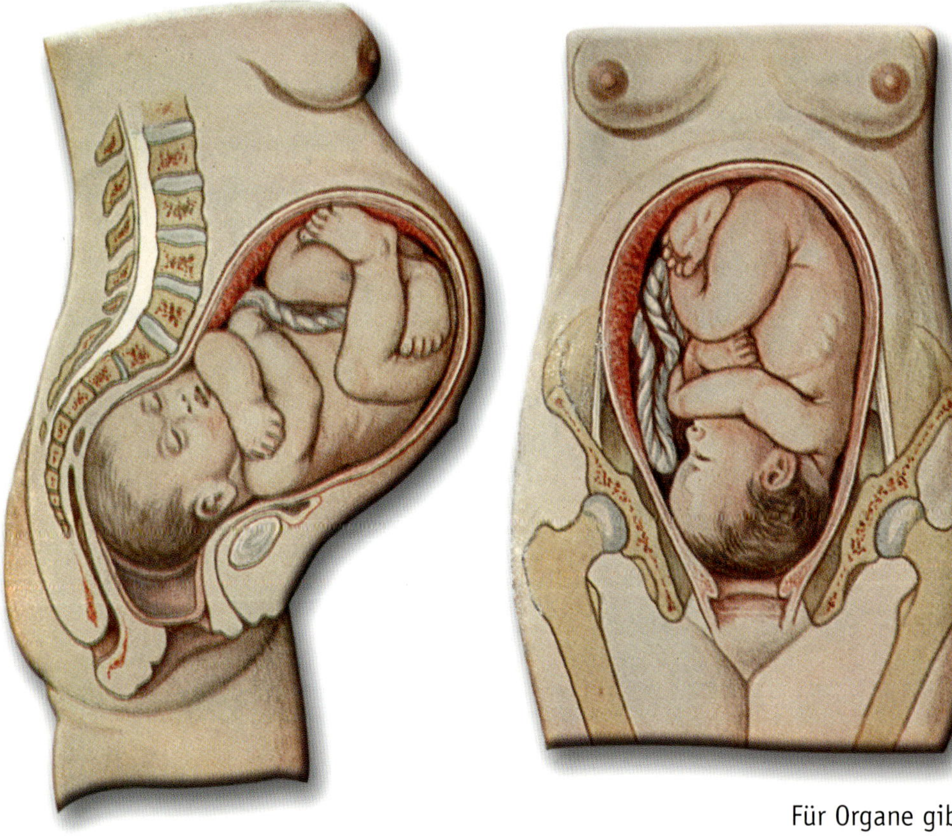

Für die damals höhere Kindersterblichkeit gab es mehrere Gründe. Zum einen war natürlich die Medizin längst noch nicht so weit wie heute. Vor allem aber gab es damals noch keine Anti-Baby-Pille. Frauen gebaren demnach durchaus bis zu 15 Kinder, von denen 4 oder 5 – die Schwächeren und Kränkelnden – „nicht durch kamen", wie man es in dieser Zeit nannte.

Damals, im Riesengebirge, brachte meine Großmutter Alwine immerhin 12 Kinder „durch". Das letzte davon war ein Mädchen, die spätere Mutter meines Bruders und mir. Sprach man aber Alwine auf die Zahl derjenigen Geburten an, die „nichts waren", so wurde sie sehr einsilbig…

Diese Kindersterblichkeit war in gewisser Weise eine „nachträgliche" oder „natürliche" Geburtenregelung. Dennoch: In jedem Fall überlebten damals viel mehr Kinder diese Art der „Geburtenkontrolle" als heutzutage mit der Pille, die ja nichts anderes als eine „vorsorgliche" Regelung ist.

Doch zurück zur Statistik: Nehmen Sie beispielsweise einen 90-Jährigen sowie ein Kind, welches sein erstes Lebensjahr nicht erreicht, dann spricht der Statistiker von einer durchschnittlichen Lebenserwartung von 45 Jahren. Deshalb sind also die früheren Zahlen nicht mit den heutigen zu vergleichen!

Zweifellos sind auf dem Gebiet der Medizin hervorragende Fortschritte gemacht worden, besonders im Bereich der Diagnostik. Das kommt uns allen zugute.

Immer öfter werden Zivilisationskrankheiten heute geheilt, gleichzeitig treten sie aber auch häufiger auf! Es gibt Mitmenschen, die auf eine beachtliche Krankenkarriere zurückschauen können.

ORGANTRANSPLANTATIONEN

Für Organe gibt es inzwischen einen regelrechten „Ersatzteilmarkt": Von der Niere, deren Transplantation beinahe schon zur Routine geworden ist, bis hin zum Herzen – es ist einfach alles möglich. Einzig: der Nachschub stockt. Leider (?). Die Anzahl von jungen, gesunden und waghalsigen Motorradfahrern ist (zum Glück!) gering. Sicherheitsgurte und Airbags vermindern ebenfalls die Anzahl potenzieller Spender. Und: Ab einem Spender-Alter von 30 Jahren sind die Organe seltener verwendbar.

Die Hauptursache für den „Ersatzteilbedarf" ist allerdings tote Nahrung. Die allgemeine, ungesunde Ernährungsweise schränkt den Kreis geeigneter Spender noch weiter ein. Organ-Wartelisten werden immer länger. Zwar wäre zum Beispiel China eine gute Möglichkeit, da sich die meisten Chinesen noch wesentlich gesünder ernähren als wir Deutsche, doch hier ist die Entfernung ein Problem. Die Zeit von der Entnahme bis zum Einsetzen großer Organe darf 4,5 Stunden oftmals nicht überschreiten. Diese Variante scheidet also aus.

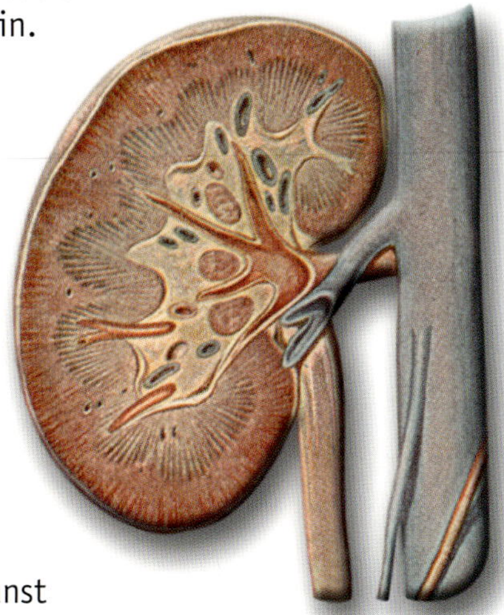

Dank der fortgeschrittenen Heilkunst überleben wir heute schwerste Erkrankungen. Das Risiko, bei Operationen zu sterben, ist deutlich geringer geworden, als das noch vor Jahren der Fall war.

Dr. med. M.O. Bruker sagt zu diesem Thema: „Heute sind die Menschen länger krank."

Es ist heutzutage ja auch keine Seltenheit mehr, dass Betroffene 10 Jahre und länger schwerste Krankheiten ertragen müssen, da ihr Leben erhalten werden kann – und damit auch ihre Leiden.

Mit anderen Worten: Sie können nicht sterben.

Herzschrittmacher dürfen nicht abgestellt werden, selbst wenn das Dasein nur noch Qual ist.

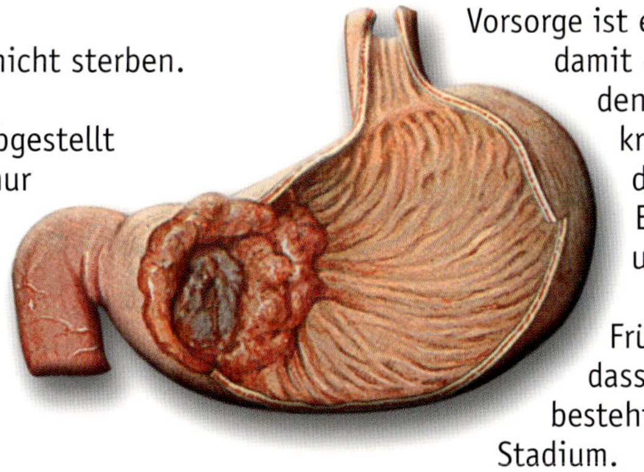

Die Anzahl der Pflegebedürftigen steigt ständig. Doch ist es das, was wir uns vom längeren Leben versprochen haben?

Die Medizin trifft sicher keine Schuld, denn ihre Bemühungen sind erfolgreich. Sollte sie aber zusätzlich noch intensiver forschen und sich noch schneller hochrüsten? Seitdem der Ost-West-Konflikt gelöst scheint, werden ja militärische Aufwendungen kleiner. Könnte dieses Geld nicht in noch aufwändigere technische Anlagen zur Diagnose, Bestrahlung oder zum Beschuss von Tumorzellen umgeleitet werden?

Dass es ungleich billiger, einfacher und wirksamer wäre, einzig die Ernährung umzustellen, das wissen die Fachleute und viele der Mediziner schon längst. Einige wenige Ärzte scheinen dies aber selbst noch nicht begriffen zu haben, denn sonst dürfte es keine Dicken unter ihnen geben.

Wie kann das Problem gelöst werden?

Die wirklichen Ursachen für Erkrankungen wie Krebs, Herz-Kreislauf-Störungen oder die besonders schmerzhaften des Bewegungs-Apparates, welche tatsächlich nur bei uns in der „Zivilisation" vorkommen, sind längst kein Geheimnis mehr.

Befragte Allgemeinmediziner erklärten mir, dass sie selbst, wider besserem Wissen, vielen Patienten raten müssen, zu „essen, was ihnen schmeckt". Die ganze Wahrheit würden manche Menschen nämlich gar nicht vertragen. Sie wechseln lieber zu einem bequemeren Arzt.

Die Befragten erklärten mir, dass sie nur in kleinen, behutsamen Schritten Schadensbegrenzung betreiben können. Eine wirkliche Veränderung der Lebenseinstellung erreichen sie aber mit dem überwiegenden Anteil ihrer Patienten nicht.

Vorsorge ist ein aktuelles Thema. Meist wird damit die Früherkennung gemeint, denn die frühzeitige Erkennung von krankhaften Veränderungen erhöht die Überlebenschancen durch den Einsatz rechtzeitiger Maßnahmen um bis 80%.

Früherkennung bedeutet aber auch, dass die jeweilige Erkrankung schon besteht, wenn auch in einem frühen Stadium.

Mit einer Vorsorge oder gar Prophylaxe hat das aber gar nichts zu tun. Für den Begriff „Prophylaxe" schreibt der Duden: „Maßnahmen zur Vorbeugung, Krankheitsverhütung". Eine Krebsuntersuchung ist aber keine Vorbeugung, sondern eine Untersuchung.

Millionen von Menschen erleben das jährlich: Nach dem Einsenden einer Probe gehen sie in den nächsten Tagen nur noch mit weichen Knien zu ihrem Briefkasten. Angst und Ungewissheit herrschen, denn man hatte ihnen gesagt, wenn etwas sei, erhielten sie Bescheid.

Die Bezeichnung „Vorsorgeuntersuchung“ vermittelt demnach eine falsche Sicherheit, die in Wirklichkeit nicht gegeben ist.

Ein weiterer Trugschluss entsteht, wenn „nichts gefunden wurde“. Dann kann ein Jeder beruhigt seine bisherige Lebensweise fortsetzen... Das Ergebnis hat schließlich bewiesen, dass man alles richtig gemacht hat. Doch das Gegenteil ist der Fall: Tumore können auch erst kurz nach Routinekontrollen so groß geworden sein, dass sie überhaupt erkennbar sind.

Leider ist die Mehrzahl unserer Mitmenschen erst nach dem Eintritt eines Schicksalsschlags, wie beispielsweise eines Herzinfarkts oder einer Krebserkrankung, bereit, ernsthaft über Vorbeugung nachzudenken.

Wie wertvoll wäre es aber für die Betroffenen, und wie viel Leid bliebe ihnen erspart, wenn sie während ihrer gesunden Tage schon gehandelt und somit ihr Risiko deutlich vermindert hätten?

Ratschläge strömen zu Tausenden auf uns ein, und alle haben gute Ansätze.

Doch die meisten Vorschläge, lassen vor Allem die Suchtwirkung der modernen Nahrung außer Betracht. Das führt zu dem Ergebnis, dass viele Menschen versuchen, diese Empfehlungen umzusetzen, doch weil ihnen nur Halbwissen vermittelt wurde, scheitern sie bei der Verwirklichung.

Der HEKA-Rathgeber dagegen bringt hier Klarheit.

Wir berücksichtigen die Suchtauswirkungen von Zucker-, Mehl- und Stärke-Konzentraten sowie von Fleisch. Erfahrungsberichte über die eigene Umsetzung ergänzen das Bild.

Die von mir empfohlene Ernährung genieße ich selbst seit 1996 und schrittweise nahmen auch meine Frau sowie die Familien unserer beiden Söhne daran teil.

Die positiven Auswirkungen in Bezug auf Gewicht, Wohlbefinden und Fitness kann ich kaum beschreiben. Ich möchte Ihnen nur sagen: „Tun Sie es auch, Sie werden sich fühlen wie ein neuer Mensch!“

WICHTIG ZU WISSEN:
Gesunde Naturkost enthält eine große Zahl von Krebs-Hemmern (Inhibitoren)!

GESUNDHEITSKASSEN BELOHNEN FEHLVERHALTEN

Eine unserer Firmen ist ein Autohaus, welches ich 1965 gegründet habe und das heute von unserem jüngeren Sohn geführt wird.

Unfallreparaturen gehören zum täglichen Geschäft, so auch die Abwicklung mit den Versicherungen. Daher habe ich selbst verfolgen können, was verschiedene Autoversicherer innerhalb der letzten 40 Jahre unternommen haben, um dem Autofahrer Anreize zu unfallfreiem Fahren zu geben.

Die Gesellschaften deckten viele Versicherungsbetrügereien auf, und dies war eine von vielen Maßnahmen, welche die Beiträge für den Autofahrer im Rahmen hielten. Nicht zuletzt zählt dazu mit größter Wirkung das Schadenfreiheitsrabattsystem.

Die Pflichtversicherung erscheint wie eine Risikolose Vollkaskoversicherung. Sie provoziert geradezu ein Fehlverhalten, denn „wenn ich Probleme bekommen sollte, stehen mir die modernsten Behandlungsmethoden zu, ohne einen Cent dazu bezahlen zu müssen."

Die Kostenentwicklung im Gesundheitswesen aber zeigt, wohin uns dieser Ansatz geführt hat. Nur eine Änderung im Verhalten der Menschen kann die Zunahme von Erkrankungen - und deren kostenintensive Behandlung – stoppen.

Haftpflicht-versicherung	Typ-klasse	Tarifgruppe Regionalklasse	SF-Klasse	Beitrags-satz	Versicherungs-Beitrag in EUR	Vergleichs-Beitrag in EUR
Beitrag 2004	16	R5	SF 14	40%	291,88	
Beitrag 2005	14	R5	SF 15	35%	213,30	255,40

Fahrzeugvoll-versicherung	Typ-klasse	Tarifgruppe Regionalklasse	SF-Klasse	Beitrags-satz	Versicherungs-Beitrag in EUR	Vergleichs-Beitrag in EUR
Beitrag 2004	28	R6	SF 20	30%	647,37	
Beitrag 2005	26	R6	SF 20	30%	561,97	647,37

Änderung der Beiträge
In der Kraftfahrtversicherung erfolgt die Berechnung der Beitragshöhe nach den aktuellen Schaden- und Kostenverläufen; d. h. steigen die Schadenzahlungen, erhöht sich der Versicherungsbeitrag. Umgekehrt führt ein Rückgang der Schadenaufwendungen zur Beitragsreduzierung.

Hätten die Versicherungsunternehmen nicht gehandelt, wäre die Autoversicherung heute für viele Menschen unbezahlbar. Diese Praxis wurde nie als „unsozial" bezeichnet.

Bei unserer gesetzlichen Krankenversicherung ist das anders. Hier gilt das Solidarprinzip: Alle zahlen den gleichen Beitrag.

Obgleich längst erwiesen ist, dass derjenige der raucht, trinkt und sich vollkommen falsch ernährt, an seinem Körper also Raubbau betreibt, ein vielfach höheres Erkrankungsrisiko eingeht, als der vernünftig Lebende. Es gibt seitens der Versicherer nicht den geringsten Anreiz, sich in seiner Lebensweise umzustellen.

Einen entscheidenden Beitrag könnten die Krankenkassen leisten, indem Frevler zur Kasse gebeten und Gesundheitsbewusste entlastet werden. Der „Krankenkosten-Aufschlag" darf bis zu 50% erreichen, und der „Gesundheits-Rabatt" von bis zu 50% würde seine Wirkung sicher nicht verfehlen.

Natürlich müssen die Mitglieder über die wirklichen Krankmacher und gesunde Alternativen entsprechend informiert werden. Die Summe der Gesamtbeiträge würde aber sinken und die Krankenkassen könnte man dann endlich zu Recht als Gesundheitskassen bezeichnen.

NAHRUNGS-ERGÄNZUNG IST FLICKSCHUSTEREI MIT RISIKEN

Was in den 70er Jahren mit der Beimischung von „extra" Vitaminen C und E begann, steigerte sich in den 90ern zu einer regelrechten Konjunktur, die bis heute ungebremst andauert. Es gibt kaum noch Industrienahrung, die nicht „gesund machende" Ergänzungen enthält. Für diese synthetischen Vitamine und Mineralien geben die Deutschen schon jetzt 1,2 Milliarden Euro jährlich aus. Welche der bisher bekannten Präparate zugemischt werden, entscheidet der „Markt" – der ist nämlich ständig in Bewegung, weil Nachrichten über neue Erkenntnisse und Entdeckungen berichten und daher Selen, Eisen, Zink oder Omega-3 die Hitliste anführen.

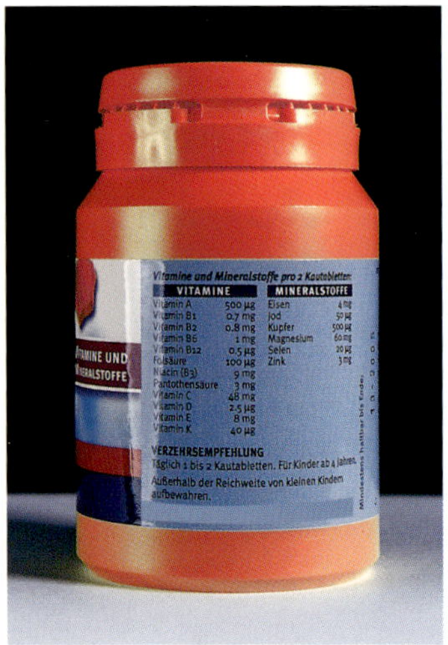

Es kann natürlich immer nur das ergänzt werden, was auch bekannt ist. Daher sollten wir uns erst einmal darüber klar werden, wie viel oder wie wenig die Wissenschaft heute weiß. Dr. med. Ulrich Strunz bringt uns das in seinem Buch „Forever Young" (S. 105) ins Bewusstsein, als er nämlich darauf hinweist, dass der Apfel 10.000 Wirkstoffe enthält, von denen heute aber erst 190 bekannt sind. Das sind weniger als 2% Wissen (!). Erst vor diesem Hintergrund wird klar, wie ernst die Empfehlungen zu nehmen sind. Es ist auch immer wieder erstaunlich, wie viel Wissensmüll dem Verbraucher in unzähligen Informationen zugemutet wird, obwohl die Forscher oftmals erst am Anfang ihrer Entdeckungen stehen.

Dessen ungeachtet wird weiter munter zugemischt, der Umsatz der Industrienahrung steigt – und genau das ist das Ziel! Ob es wirklich auch unserer Gesundheit dient, ist eine ganz andere Frage...

Nehmen wir als Beispiel das Lebensmittel Nr. 1, einen frischen Apfel: Er enthält alle Mineralien (15), fast alle wichtigen Vitamine (12), alle lebenswichtigen Aminosäuren (11), 11,4% Kohlenhydrate (5), 0,6% Fette (5) sowie sonstige Inhaltsstoffe (5), soweit man sie kennt. Diese Zusammensetzung, von der Natur geschaffen, befindet sich im 100%igen biologischen Gleichgewicht. Natürliche Inhaltsstoffe, wie Aromen oder das lebende Eiweiß (Aminosäuren sind die Bausteine von Eiweiß), bringen unseren Körper demnach auch in ein biologisches Gleichgewicht. Allerdings unter der Voraussetzung, dass der Apfel natürlich belassen gegessen wird.

Erwärmen wir den Apfel aber über 43°C hinaus, so verändern (denaturieren) wir das Eiweiß unumkehrbar. Das ist auch der Grund dafür, warum beim Menschen ab einer Körpertemperatur von 44°C der Tod eintritt und der ist, wie wir wissen, auch nicht umkehrbar.

Wir können also auf dem einfachsten Weg unsere Gesundheit sichern, indem frisches Obst und Gemüse einen deutlichen Anteil unserer Nahrung ausmachen.

Ohne diese Naturprodukte wäre die Menschheit ohnehin schon ausgestorben.

Die Kombination aller natürlichen Früchte entspricht am Vollkommensten der Natur des Menschen, Mangelerscheinungen kommen mit ihr nicht vor. Eine der Natur auch noch so nah kommende Zusammensetzung kann, trotz aller synthetischen Kombinationen, niemals erreicht werden. Alle Versuche sind Flickschusterei auf Kosten der Gesundheit, mit nicht überschaubaren Risiken. Und solange sich Menschen als Probanden (Versuchspersonen) hergeben, werden sie auch die Folgen der Experimente tragen müssen.

Der bisherige Forschungsstand über Vitamine, Mineralien oder Aminosäuren und deren angenommener Wirkung, verführt natürlich gern zur Selbstmedikation bei den unterschiedlichsten Wehwehchen.

Letztlich bleibt aber jede Ergänzung problematisch, ganz gleich ob mit Einzel- oder Multi-Präparaten.

Prof. Dr. W. Kollath hat schon vor Jahren herausgefunden, dass solche synthetischen Präparate zu ihrer wirksamen Aufnahme im Körper gleichzeitig bestimmte Mineralien, Enzyme und vor allem lebendiges Eiweiß benötigen. Fehlen aber diese notwendigen Verbindungen, dann bleibt auch die Zugabe wirkungslos.

Die Natur ist also nicht so leicht nachzubilden, das haben wir schon an dem Stand der Erforschung des Apfels, von 2% gesehen. Dabei wäre Wirkungslosigkeit ja gerade noch verkraftbar, denn am Ende wirkt vielleicht wenigstens noch der Placebo-Effekt (unwirksames Scheinmedikament), also durch Einbildung.

Würden Sie Ihr Auto mit falschem Kraftstoff betanken, weil Sie glauben, mit der niedrigeren Oktanzahl Geld sparen zu können? Würden Sie dann nach Kraftstoffzusätzen suchen, um das Klopfen und Klingeln des Motors zu verhindern? Der Motor würde heiß laufen, er würde ruckeln und die Leistung könnte Sie kaum zufrieden stellen. Aber all das passiert Ihnen mit Ihrem Auto bestimmt nicht. Denn Sie wissen, dass der Motor das nicht lange mitmacht...

In den vergangenen Jahren gab es tatsächlich solche Benzin-Zusätze, aber die Hersteller respektive deren Industrien konnten nie stark werden. Die Stärkeren waren immer die Autohersteller, die darauf achteten, dass solcher Blödsinn keinen Markt fand.

Bei der Nahrung für den Menschen verhält sich das leider anders. Wir „tanken" die tote Nahrung, brauchen aus diesem Grund Zusatz-Präparate, und deren jeweilige Hersteller beherrschen einen Riesenmarkt. Was beim Auto der Hersteller ist, entspricht beim Menschen dem Schöpfer. Er kann nicht In den Markt eingreifen, er gibt jedem Einzelnen von uns höchstens Signale durch Erkrankungen oder schickt uns viel zu früh den Sensenmann.

Vergessen wir also nicht, was man auch immer an Synthetik „ergänzt", kann nie den Gesamtzusammenhang, wie ihn nur die Natur bietet, erreichen! Alles andere als Natur gerechte Ernährung ist und bleibt eben Pfusch.

Wie steht es denn mit dem Nachweis der Industrie für die gesundmachende Wirkung Ihrer Präparate?

Der Stern 36/2004, S. 160, schreibt darüber:

„Mehr als zehn große Studien, die man in Europa und den USA in den vergangenen 10 Jahren durchgeführt hat, haben *keinen Beweis über eine positive Wirkung* von anti-oxidativen Vitaminen erbracht. Insgesamt schluckten 110.000 Männer und Frauen freiwillig und regelmäßig die Vitamine A, C und E, Betacarotin oder ganze Cocktails.

Die Versuche liefen über drei bis zwölf Jahre und sollten endgültig den Beweis liefern, dass Antioxidantien vor Krebs und Herzerkrankungen schützen. Aber keine Untersuchung konnte eindeutige positive Ergebnisse vorweisen.

Zwei große Mediziner lieferten klare Beweise.

Dr. med. Fritz Becker und Dr. med. M. O Bruker haben unabhängig voneinander in jeweils mehr als 60 (!) Jahren praktischer Arbeit und Studien an vielen tausend Menschen die Wirkung natur belassener Lebensmittel erprobt. Die unglaublichen Ergebnisse dieser Studien sind nachzulesen in den zahlreichen Büchern beider Ärzte.

Supplements (wie Fachleute „Ergänzungen" nennen) feiern, dessen ungeachtet, Hochkonjunktur.

Wir schreiben das Jahr 2005 und der Vitamin-Rausch, scheint noch nicht einmal auf dem Höhepunkt angekommen zu sein.

Es gibt schon fast keine Industrie-Nahrungsmittel mehr ohne „zusätzliche Gesundmacher“: Wellnessgetränke, Frühstücksflocken, nussige Brotaufstriche, Tee und Fruchtsaft, exotisch oder als Multivitamin, Kinder-Früchteriegel mit 10 Vitaminen und weiteren Mineralien sowie 48 % Zuckerkonzentrat – „besonders empfehlenswert“, wie auf der Packung steht.

Brotaufstrich

Wertvolle Zutaten wie kräftige, sonnengereifte Hochland-Haselnüsse, vollaromatischer Kakao, das Beste aus entrahmter Milch und die sorgfältige Zubereitung

100 g	enthalten durchschnittlich:		
Energiewert	2147 kJ (514 kcal)	Vitamin B_2	0,24 mg = 15%*
Eiweiß	7 g	Vitamin B_{12}	0,37µg = 37%*
Kohlenhydrate	54 g	Vitamin E	10 mg = 100%*
Fett	30 g	Calcium	130 mg = 16%*
		Eisen	2,8 mg = 20%*
		Magnesium	75 mg = 25%*

*Prozentsatz der empfohlenen Tagesmenge (RDA).

„Frühstücks-Ceralien“ speziell für Kinder mit reichhaltiger Milchfüllung, enthalten zum Beispiel 4 Vitamine und Calcium in Prozentsätzen von 33%,16% bis 64% der empfohlenen Tagesmenge (RDA) und bestehen zu 52% aus Kohlenhydrat-Konzentration. Aus der Inhaltsangabe entnehmen wir letztlich noch, dass auch gepufftes Getreide enthalten ist (mehr über gepufftes Getreide lesen Sie unter Kapitel 4.d. „Turbo-Mast für den Menschen“).

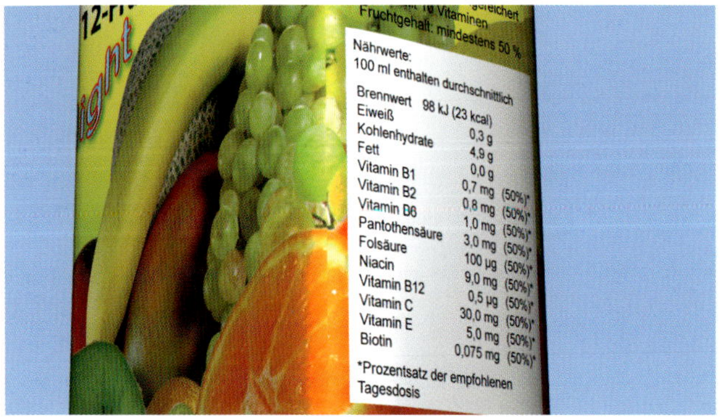

Man könnte diese Reihe endlos fortsetzen, die Industrie optimiert unbeirrt weiter. „Functional Food“, was für uns bedeutet, dass die angebotene Nahrung Funktionen erfüllt (wie man sie zum Beispiel den bereits aufgeführten Vitaminen und Mineralien zuordnet), kommt noch zahlreicher auf uns zu. Immer deutlicher wird, dass diese modernen Nahrungskompositionen die Aufgabe von Arzneimitteln übernehmen bzw. deren Wirkung versprechen.

Es muss deutlich gesagt werden:

Alle Zusätze sind Arzneimittel und gehören in die Hand des Arztes!

Nebenwirkungen oder gar Risiken erwartet der Verbraucher erst gar nicht.

Auf meine Frage, ob man Schäden befürchten müsse, wenn zu viel an Vitaminen und Mineralien eingenommen würde, antwortete mir ein Apotheker sofort mit „ADEK“, den vier fettlöslichen Vitaminen.

Aber auch Spurenelemente wie Selen können gefährliche Nebenwirkungen haben.

VITAMINE
WIRKUNG, MANGEL, ÜBERDOSIS

VITAMIN	WIRKUNG	MANGEL	ÜBERDOSIS
A	Augenvitamin, Haut und Knochenaufbau, Krebsvorsorge mit E und C	Nachtblindheit, Akne, Haarausfall, Erkrankung des Magen- Darmtraktes und Infektionsanfälligkeit	Bei Vitamin A, *Akut:* starke Kopfschmerzen, Appetitlosigkeit, Erbrechen, Schwindel,Haarausfall und Müdigkeit. *Chronisch:* Schälreaktion der Haut, Knochenschmerzen. *Schwangerschaft:* Missbildungen des Ungeborenen. (Carotin ist ungiftig - Gelbfärbung der Haut)
D	Calciumeinlagerung, wirkt auf körpereigenes Abwehrsystem	Zahnschäden, Rachitis, Knochenerweichung und führt zur gefürchteten Osteoporose (Knochenbrüchigkeit)	Achtung! Die Spanne zwischen gewünschter Wirkung und Giftwirkung ist gering, besonders beim Kleinkind! Appetitlosigkeit, Erbrechen, Verstopfung und Wachstumsstörung, Ablagerung des Calciums in den Adern (Arteriosklerose), in den Nieren, Nierenschäden und Nierensteine.
E	Antioxidans, fördert körpereigenes Abwehrsystem und Stoffwechsel mit Vitamin A zur Vorbeugung gegen Krebs und Arteriosklerose.	Nerven- und Muskelabbau, fehlender Schutz vor aggresiven Sauerstoffradikalen (Schutz vor Gefäßerkrankung und Krebs).	Relativ ungiftiges Vitamin. Hohe Dosen nur unter ärztlicher Kontrolle.
K	Wichtig für die Blutgerinnung	Lebensbedrohliche Blutungsneigung	Nur gefährlich für Infarktpatienten (Marcumar) bei K-haltiger Nahrung.

VITAMIN WASSERLÖSLICH	WIRKUNG	MANGEL	ÜBERDOSIS
B1 B2	Wichtig für Stoffwechsel	Müdigkeit, nachlassendem Gedächtnis, Erkrankungen der Herzkranzgefäße, Nervenentzündungen und Muskelschmerzen.	Durch Lebensmittel praktisch nicht möglich
B6	Auf-, Um- und Abbau der Aminosäuren, Blutbildung, Nervensystem	Müdigkeit, nachlassendem Gedächtnis, Erkrankungen der Herzkranzgefäße, Nervenentzündungen und Muskelschmerzen.	Durch Lebensmittel kaum möglich, hohe Dosen = Nervenleiden.
B12	Zellneubildung, für Nerven- und Blutgewebe, Wachstum.	Zungenbrennen, Zungenentzündungen, bösartige Anämie, Störungen des Nervensystems, Rückgang der Magenschleimhaut, Risikofaktor für Arteriosklerose.	Nicht bekannt. Vorsicht für Patienten mit Schuppenflechte!
H Biotin	Wichtig für Stoffwechsel, Aufbau von Haut, Haar und Nägel	Entzündliche Hautreaktionen, Haarausfall, Appetitverlust, Übererregbarkeit Muskelverhärtungen.	Keine Vergiftungserscheinungen bekannt.
Folsäure	Zellneubildung, mit B12 und Eisen an Blutbildung beteiligt, Eiweißstoffwechsel.	Appetitmangel, Übelkeit, Erbrechen, Durchfall, Blutarmut, Immunschwäche, Stoffwechselstörung, Risikofaktor für Arteriosklerose.	Praktisch nicht möglich.
Niacin	Zur Energiegewinnung, Stoffwechsel bei Fettsäuren und Cholesterin.	Raue, lichtempfindliche Haut, Schleimhautveränderung, Durchfall, Erbrechen, Störung des Nervensystems.	Magenschleimhautentzündung, Leberzellschäden (sehr hohe Dosis)

VITAMIN WASSERLÖSLICH	WIRKUNG	MANGEL	ÜBERDOSIS
Pantothensäure	Zentrale Stellung im Stoffwechsel für alle Nährstoffe , Haut und Schleimhäute, Wachstum und Pigmentation der Haare.	Kommt in westlichen Industrieländern nicht vor.	Wird als ungiftig angesehen.
C Ascorbinsäure	Immunsystem, Abwehrkräfte, Regeneration von Zellen, Wundheilung, Haut, Knochen und Zähne.	Geschwächte Abwehrkräfte, wundes Zahnfleisch und lockere Zähne, Müdigkeit, Verminderung roter Blutkörperchen, Nasenbluten, Blutergüsse, Hautprobleme.	Ab 5 Gramm täglich, Durchfall möglich.

MINERALSTOFFE MENGENELEMENTE	WIRKUNG	MANGEL	ÜBERDOSIS
Calcium	Knochen, Zähne, Muskeln, Sehnen, Übertragung von Nervenimpulsen.	Muskelkrämpfe, Rachitis, Osteoporose brüchige Nägel, Veränderungen der Haut, Haaren und Zähnen.	Erhöhte Calciumablagerungen in Nieren und Lunge, Harnsteinbildung.
Kalium	Regelung des Wasserhaushalts, Säure-Basen-Gleichgewicht, Herzrhytmus, Nervenimpulse.	Schwächegefühl, Muskelschwäche, Muskellähmung, Herzprobleme, Verstopfung, Blutdruckabfall.	Beim gesunden Menschen unwahrscheinlich.
Magnesium	Muskel- und Herzfunktion, Kreislauf, Nerven, Knochen, Zähne, Schutz vor Blutgerinnsel.	Herz- Kreislaufstörungen, Muskelzuckungen und -krämpfe, Müdigkeit, Nervosität, Benommenheit, Verwirrung und anderes.	Beim gesunden Menschen unwahrscheinlich.
Natrium	Mit Chlor als Natriumchlorid (Kochsalz) für Wasserbindung notwendig. Reizleitung von Nerven- und Muskelzellen, aktiviert Enzyme.	Verwirrtheit, Apathie, Übelkeit, Blutdruckabfall, Krämpfe, Ermüdung.	Bluthochdruck bei natriumempfindlichen Menschen.
Phosphor	Gehirn- und Nerventätigkeit, Muskeln, Energiestoffwechsel, Knochenstruktur.	Muskelschwäche und Knochenerweichung.	Verhaltensstörung und Konzentrationsschwäche bei Kindern möglich. Kann bei Knochenbrüchigkeit beteiligt sein.

MINERALSTOFFE SPURENELEMENTE	WIRKUNG	MANGEL	ÜBERDOSIS
Eisen	Sauerstofftransport, Bildung roter Blutkörperchen.	Blutarmut (Anämie), Müdigkeit und Blässe.	Soll ungiftig sein, es wird aber vor unkontrollierter Einnahme gewarnt.
Jod	Synthese (Aufbau) von Schilddrüsenhormonen.	Kropfbildung, Konzentrationsschwäche, Herabsetzung des Stoffwechsels.	Gefahr von Schilddrüsenüberfunktion.
Selen	Enzyme, Schutzfunktionen, Abwehr und Entgiftungsmechanismen.	Infektanfälligkeit, Myokardschäden das sind entzündliche Erkrankungen des Herzmuskels.	Zu hoher Selengehalt in der Nahrung wirkt toxisch (giftig) und verursacht Haarausfall, Verlust von Fingernägeln, Schäden an der Haut, Zähnen und Nerven. Achtung! Der Abstand zwischen Unter- und Überversorgung ist sehr gering!
Zink	Immunsystem, Stoffwechsel, Enzyme, Hormone, Insulinproduktion, Haut und Haar, Wundheilung.	Haarausfall, Akne, schuppige Haut, Störungen des Geruchs- und Geschmackempfindens, verzögerte Wundheilung, Infektionsanfälligkeit, Unfruchtbarkeit.	Übelkeit, Schwindel, Erbrechen, Kolik und Durchfall, ab 3 Gramm Zinksulfat und ab 6 Gramm Zinkchlorid tödlich. Achtung! Gefahr bei sauren Lebensmitteln in verzinkten Behältern.

Vitamin D-Zugabe an Kinder

Dr. med. M.O. Bruker warnt vor dieser Zugabe und weist auf einen wichtigen Sachverhalt hin: „Durch das Verabreichen von Vigantol und anderen Vitamin D-Gaben wird der Kalk zu rasch in das kindliche Bindegewebe und Knochengerüst eingelagert. Es entsteht dadurch eine zu schnelle Verhärtung der Knochen, wodurch der Schädel klein bleiben kann. Dies kann zu einer frühzeitigen Vergreisung führen. Die natürliche Entwicklung des Organismus und auch der Persönlichkeit ist behindert. Bei Kindern, die durch Unfalltod gestorben waren, stellte man bei Sektion starke Arterienverkalkung fest, die ja sonst erst im Alter vorkommt." Aus: „Biologischer Ratgeber für Mutter und Kind"

„Risikogruppen"

Kinder, Schwangere und Alte sollen angeblich Risikogruppen sein, die mit Präparaten „unbedingt nachhelfen" sollten!

Auch hier gilt: Bei gesunder Ernährung gibt es keine Risikogruppen!

Ein amerikanischer Nahrungsmittel-Ergänzer schreibt in seinem Prospekt:

„Eine gesunde Ernährung ist die Voraussetzung für eine gute Gesundheit; und der tägliche Verzehr von viel frischem Obst und Gemüse ist für eine gute Ernährung unerlässlich... Leider essen die meisten Menschen nicht annähernd genug Obst und Gemüse, und vor allem nicht jeden Tag..."

Ehrlicherweise schreibt er im Kleingedruckten dann noch: „Das bedeutet keinesfalls, dass die Nahrungsergänzung ++ mit dem Verzehr von täglich 5 bis 9 Portionen frischem Obst und Gemüse gleichzusetzen ist.“ !?

Herstellung

Sie sollten wissen, dass der größte Teil der Vitaminpräparate synthetisch, zum Beispiel aus Rohöl, Erdgas oder Kohle hergestellt wird.

Ein Kilo synthetisch hergestellter Ascorbinsäure (Vitamin C) gibt es schon für ca. 10 Euro. Ein Pillenproduzent stellt damit etwa 2.000 Tabletten her (0,5 Cent pro Stück). Aus: Stern 36/2004 S. 153.

Aufschlussreich an diesem Stern-Artikel ist vor allem das Schlusswort von Frau Regina Brigelius-Flohe vom Deutschen Institut für Ernährungsforschung:

„Fragt man den Experten, wie sie es selbst mit den Vitaminen halten, klingt gesunde Ernährung ganz einfach.“

„Fünfmal Obst und Gemüse täglich“, die alte Krebsprävention, gilt vielen auch privat als Credo. Für unsere Großeltern war eine solch „bunte“ Kost noch ganz normal.

„Ich bin immer wieder erstaunt, wie richtig die Ratschläge meiner Großmutter waren. Bei uns wurden Möhren mit Butter gegessen, im Winter gab es Kohl und Sauerkraut und übers Jahr viel Obst und Gemüse nach Saison und Salat.“

GENMANIPULATION
FLUCH ODER SEGEN?

Zu Beginn des 21. Jahrhunderts stehen wir erst am Anfang einer neuartigen Technologie, die aufgrund ihres Eingriffs in die Erbinformationen ein noch größeres Gefahrenpotenzial für alles Leben darstellt als die Atomkernspaltung.

Das Atom ist das kleinste Teil eines Elements – so lernte ich das jedenfalls noch in der Schule. Bevor die Spaltung des Atoms gelang, galt das auch uneingeschränkt.

Doch die Kernspaltung versprach die Lösung aller Energieprobleme für die Zukunft: Unvorstellbare Energiemengen konnte man aus gerade einmal 1 Kilo Uran gewinnen. Als Jugendlicher war ich von der Vision fasziniert, ein Reaktor von der Größe eines Schuhkartons könnte ein Auto 25 Jahre antreiben, ohne ein einziges Mal tanken zu müssen. Bei Atom-Eisbrechern wurde dieser Antrieb realisiert; zuvor brauchten diese Schiffe noch Tausende Tonnen Kohle und hinterließen eine riesige, schwarze Dreckspur im Eis. Hatte man früher etwa die Hälfte der Laderäume für Kohle gebraucht, war von nun an alles rein für Nutzlast verfügbar, denn die Treibstoffmenge für ein Vierteljahrhundert passte nun in einen Reisekoffer.

Die Atomenergie schien der größte Segen für die Menschheit zu sein, bis man feststellen musste, dass auch bei dieser Art der Energiegewinnung „etwas übrig blieb“ – an den Abfall hatte zuvor scheinbar niemand gedacht und die Wissenschaftler hatten es offensichtlich verdrängt.

Heute will niemand den hochradioaktiven Strahlenmüll, der erst in mehreren zehntausend Jahren rund die Hälfte seiner tödlichen Strahlung abgebaut hat, in seiner Nähe haben. Hinterlassenschaften für biblische Zeiträume sind das eine – tödliche Unfälle das andere. Das schier Unvorstellbare geschah vor nicht langer Zeit: der echte GAU (größter anzunehmender Unfall), als am 26. April 1986 in Tschernobyl der Reaktor in die Luft flog. 11 Jahre später flog ich mit einigen meiner Mitarbeiter in die Ukraine, um Autoprüfstraßen auszustellen. Als wir mit unserem Firmenflugzeug im Anflug auf den Flughafen Borispol, Kiew waren, bekam ich die Freigabe für die Landebahn 18R. Der Anflug erfolgte also aus Norden und somit über das Gebiet des eingesargten heißen Kernkraftwerks. Trotz der vorhandenen Druckkabine war unser Angstgefühl unbeschreiblich. Meine im hinteren Teil der Maschine sitzenden Mitarbeiter habe ich erst später darüber informiert.

Heute bin ich davon überzeugt, dass die Kernspaltung dem Menschen weitaus mehr Schaden als Nutzen bringt.

Die Nutzung radioaktiver Strahlen ist aber auch ein Segen, wenn wir nur an einen einfachen Knochenbruch denken, der geröntgt werden muss. Glücklicherweise geht die dabei entstehende Strahlenbelastung mit fortschreitender Technik ständig zurück.

Wir sehen also, welch immense Verantwortung und sorgfältigste Weitsicht vonnöten sind, wenn es gilt, neue Technologien anzugehen.

Allen Wissenschaftlern, die in ihrem Forscherdrang und ihrer Freude am Experimentieren kaum zu zügeln sind, müssen strengste Auflagen gemacht und sehr klare Grenzen aufgezeigt werden.

Atomkraftwerk Tschernobyl

Sperrgebiet (evakuiert)

Flugroute, Anflug auf den Flughafen Borispol

Gentechnologie verändert die Erbmoleküle (deutsch: DNS = **D**esoxynribo**n**ukleid**s**äure; englisch: DNA = **D**esoxynribo**n**ucleid**a**cid) von lebenden Pflanzen und Lebewesen, wobei natürlich nicht neues Leben geschaffen wird, sondern **vorhandenes Leben derart verändert wird, dass andersartige Lebensformen entstehen, wie sie noch nie auf der Erde vorhanden waren.**

Bei dieser Genmanipulation kennt niemand vorher das Ergebnis, weder das direkte noch die Folgen in der Nahrungskette! Es werden bei den Experimenten sogar schon die Artengrenzen zwischen Pflanzen, Tieren und Menschen missachtet und munter „gemischt".

Einige Beispiele sollen deutlich machen, was Frankensteins Lehrlinge schon fertig gebracht haben:

Beispiel 1: Selbstmord-Samen

Ein US-Konzern hat Samen gentechnisch derart manipuliert, dass Pflanzen wachsen können, deren Nachkommen aber für immer steril bleiben.

So sind die Landwirte gezwungen, jedes Jahr neue Samen zu kaufen, weil die Fortpflanzungsfähigkeit wegmanipuliert wurde.

„Was passiert wenn Tiere und Menschen solche Pflanzen essen?"

Beispiel 2: Immunschalter

Ein anderes Labor hat ein Patent für eine Technik angemeldet, mit der diejenigen Gene ausgeschaltet werden können, die von Natur aus die Pflanze vor Virus- und Bakterieninfektionen schützen. Das Labor hat nämlich gleichzeitig entsprechende Chemikalien entwickelt, deren Einsatz die ausgeschalteten Gene wieder aktivieren kann.

„Was passiert, wenn die genmanipulierten Blütenstäube auf die Nachbarpflanzen in der Region geraten?" – „Alle Pflanzen, die von den veränderten Blütenstäuben infiziert werden, haben keine Überlebenschance und müssen eingehen".

Bis 1999 gab es bereits zwei dutzend Patente auf sterilisierte oder von Chemikalien abhängige Samen!

Beispiel 3: Insektizide

Es wurde ein spezieller Mais entwickelt, der seine Insektizide selbst herstellt. Gespritzt wurde sonst zu den Zeiten, wenn die Raupen schlüpfen, wobei die giftige Wirkung des eingesetzten Insektizids nach ein bis zwei Wochen wieder abgebaut ist – also rechtzeitig vor der Ernte. Der neuartige Mais produziert sein Gift dagegen ständig, also auch zu dem Zeitpunkt, an dem er in die Nahrungskette gerät, befindet sich das Gift noch in jeder Zelle.

„Jedes Lebewesen, welches diesen Mais isst, nimmt auch dessen Gift auf. Ob es auch die Fähigkeit zur Giftproduktion mit übernimmt?"

Beispiel 4: Menschliche Lachse

Es wurden Gene von Hühnern, Menschen, Rindern und Ratten in Karpfen, Forellen und Lachse gespritzt. Lachse entwickelten daraufhin ein bis zu 15faches Körpergewicht.

Die Versuche wurden abgebrochen als einzelne Exemplare bis zu 250 kg Lebendgewicht erreichten.

Diese Menschenfische lebten in abgetrennten Gewässern. Aber einen 100%igen Schutz vor einem Ausbruch ins offene Gewässer gibt es nicht. Wildlebende Lachse bevorzugen für die Paarung stärkere und größere ihrer Art, sie können ja nicht wissen, dass es von Menschen geschaffene Monster sind, um die sie besser einen Bogen machen sollten.

Es wurden sogar schon Genversuche mit Sojabohnen, die Petunien-Gene erhielten, unternommen. Oder Gene aus Flundern wurden in Tomaten injiziert. Gene aus Bakterien und Ratten hat man schon in Brokkoli eingebracht...

Unabsehbare Folgen – zum Beispiel für Allergiker – oder andere unbekannte Defekte, die nicht so schnell erkannt oder dem Verursacher zugeordnet werden können, schlummern in dieser neuen Technik.

Ein führender Gentechniker hat einmal erklärt, dass eine zielgenaue Manipulation gar nicht möglich sei. Es ist vielmehr so, als ob mit einer Schrotladung auf das Ganze geschossen würde, und vorher niemand sagen könne was am Ende heraus komme.

Im Jahr 2000 wurden in den USA bereits auf einem Viertel der landwirtschaftlich genutzten Fläche gentechnisch veränderte Pflanzen wie etwa Soja, Mais, Raps, Kartoffeln und Baumwolle angebaut.

Sie erfahren mehr über dieses Thema in John Robbins' Buch „Food Revolution".

Wer kann später noch Missbildungen oder andere Schäden in der Nahrungskette genauestens zu seiner Ursache zurückverfolgen?

Was mit einem Medikament wie Contergan noch gelang, ist mit der Nahrung nicht mehr möglich.

Der sicherste Schutz für alles Leben besteht in der Vermeidung von gentechnisch veränderten Nahrungsmitteln für Mensch und Tier! Kaufen Sie einfach nichts davon!

2. So gelingt die Nahrungsumstellung

ERKENNTNIS IST DER WICHTIGSTE SCHRITT

Als ich mit einem Fliegerkollegen über das Thema Ernährung und Umstellung der Lebensweise diskutierte, schilderte er mir ein Beispiel und wollte natürlich meine Meinung dazu wissen: Sein Onkel sei 98 Jahre alt geworden, war fit bis zuletzt, sogar mit einer außergewöhnlich guten Kondition, sehr viel an frischer Luft... aber er war immer ein starker Raucher!

Eigentlich wollte er mir damit folgendes sagen: „Du kannst ja mit deinem Humbug weitermachen, aber mich lass' in Frieden damit! Denn ich glaube eher, dass das Schicksal beliebig zuschlägt, ganz gleich was wir tun oder in uns hinein stopfen!"

So hat er sich natürlich nicht ausgedrückt, er ist schließlich ein höflicher Mensch, mir war aber klar, dass er das so gemeint haben muss.

Seit einigen Jahren habe ich mir nämlich angewöhnt, egal ob in Gesprächen oder in Briefen, immer den wahren Sinn der Aussagen eines Gegenübers herauszulesen. Nach einiger Übung kann man sogar recht bald herausfinden, was der Andere in einem bestimmten Moment denkt, obwohl er etwas vollkommen anderes gesagt hat. Der große Vorteil liegt darin, dass man sich keine falschen Illusionen zu machen braucht. Antwortet man dann auf das, was der Gesprächspartner eigentlich nur „gedacht" hatte, kommt man auf unglaublich kurzem Weg zu einem ehrlichen Ergebnis.

Mein Fliegerkamerad lebt somit in der Vorstellung, dass „das, was 90% aller zivilisierten Menschen machen, so falsch nicht sein kann, und bei wem das Schicksals-Lotto zuschlägt, der hat eben Pech gehabt. Also genieße ich für meinen Teil das Leben so lange es nur geht."

Was soll man nun antworten auf den alt gewordenen, „gesunden" Raucher?

Tatsächlich gibt es diese seltenen Ausnahmen, sogar weit über 100-Jährige, die geraucht haben und nie Probleme damit hatten. Selbst in diesen Extremfällen erkennen wir, dass die Menschen in ihren Anlagen (Genen) nicht gleich sind. Es mögen 1% unserer Mitmenschen sein, welche „ungestraft" sogar rauchen dürfen. Aber 99% der Lungenraucher haben eben doch ein Problem, zumindest dürfen sie es erwarten. Das ist ausreichend bewiesen.

Meine eigene „Rauch-Erfahrung" begann in meinem 13. Lebensjahr. Die „Rauch-Profis" in meiner Klasse lachten sich krumm, als mir der Husten bei den ersten Lungenzugversuchen die Luft nahm. Aber bald hatte ich es geschafft und schaute auch von oben auf andere Dilettanten herab. Dann aber geschah folgendes: Jeden Tag nach Schulschluss rannte ich die vier Etagen – dabei immer drei bis vier Stufen überspringend – nach oben in unsere Wohnung unter dem Dach. Zu Beginn ging es noch gut, aber nach etwa sechs Monaten Rauchens musste ich feststellen, dass das mit dem Treppenspringen nicht mehr so recht klappen wollte. Bereits in der zweiten Etage war die Luft weg und der Rest konnte nur stufenweise erklommen werden. Zum Glück stellte ich damals den richtigen kausalen Zusammenhang her: So eine lahme Flasche zu sein kam für mich überhaupt nicht in Frage und ab sofort konnte mir die Raucherclique den Buckel runterrutschen. Noch im Alter von 13 war bei mir Schluss mit Qualm. Meine sportliche Kondition war mir wichtiger.

Seitdem ich weiß, dass unsere Lunge wie ein großer, schöner Baum ist, über dessen Blätter der Sauerstoff ausgetauscht wird, habe ich nur Mitleid mit Nikotinsüchtigen, die dieses Geschenk der Natur langsam mit Teer zustopfen.

Würde mein Mitflieger mir jetzt sagen, dass es sogar Sportler gibt, die rauchen, dann könnte ich ihn nur daran erinnern, dass es keine Regel ohne Ausnahme gibt. Und wie gut könnten die erst sein ohne Qualm…?

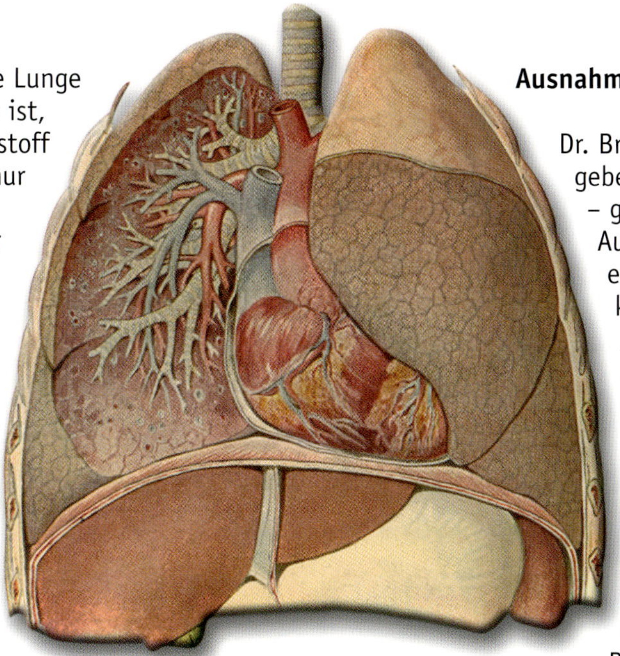

Insulinreaktion

Ähnlich verhält es sich mit Zuckerkonzentraten und anderen konzentrierten Stärken:

Der Blutzuckerspiegel schießt nicht bei allen Menschen gleich stark in die Höhe, die Insulinreaktion fällt unterschiedlich aus. Bei etwa 20% unserer Mitmenschen wirkt sich das so aus, dass sie essen können, was sie wollen. Ihre genetischen Anlagen lassen sie Sahnetorte und Schweinshaxe verschlingen, ohne dass ein Gramm Fett auf die Rippen kommt. So ungerecht ist die Welt.

Alle, die zu dem 80%igen Rest gehören, nehmen schon zu wenn sie den Kuchen nur ansehen.

Natürlich stimmt das so nicht ganz, denn unsere 20% Auserwählten geraten nach ihren Genüssen auch nicht in eine Essensabhängigkeit (Sucht). Aber gerade der Essensdrang ist es letzten Endes, der ja von den konzentrierten Kohlehydraten verursacht wird und der den restlichen 80% der normalen Menschen kaum Chancen lässt.

Ausnahme mit tierischem Fett

Dr. Brusis und Dr. Furtmayr-Schuh geben uns in „Gesundes Essen – gesundes Herz" ein weiteres Ausnahmebeispiel: „Das Eieressen ruiniert mein Leben", erklärt der Patient seinem Arzt, „aber ich kann es einfach nicht lassen." Dieser 88-Jährige verspeiste täglich 25 gekochte Eier und das seit 15 Jahren. Trotzdem befand er sich erstaunlicherweise bei bester Gesundheit, ohne auch nur ein Zeichen von Arteriosklerose. Noch überraschender waren seine Blutfettwerte: Er hatte völlig normale Cholesterinwerte. Sein LDL („Low Density Lipoprotein"; die schlechten) lag bei 142 mg/dl und das HDL („High Density Lipoprotein"; die guten) bei 45mg/dl.

Dieses „Wunder" ist schwer zu erklären, allerdings fehlen alle weiteren Informationen. Zum Beispiel wie sich der alte Herr neben den Eiern noch ernährte… War das Vollkornbrot? Und zu den Eiern Spinat, Knoblauch, Kresse, Schnittlauch oder Tomaten und Basilikum? Speck konnte es nicht sein, angesichts dieser Blutfettwerte…

Ausnahme Schinkenspeck

Von Dr. Fritz Becker in „100 Jahre alt werden?“:

„Ein 102-Jähriger mit einfacher Lebensweise war noch nie krank in seinem Leben. Seine Essensvorliebe war aber Bauchfleisch und Schinkenspeck. Er glaubte, das sei gesund.“

Auch hier fehlen uns leider weitere Hinweise auf Mengen und andere Nährstoffe, um es möglicherweise besser verstehen zu können.

Verständlicherweise reagieren die meisten Zeitgenossen auf diese seltenen Ausnahmen, wie man zuweilen hören kann: „Die Ärzte und Wissenschaftler sollen sich doch erstmal selbst einig werden! Jeder sagt etwas anderes, was soll man da noch glauben?“

Aber der Normalbürger übersieht dabei, dass 99% der Menschen, die ein solch gesegnetes Alter erreichen, einfach und natürlich gegessen haben.

Früher habe ich mich selbst über die „Körnerfresser“ lustig gemacht. Nachdem ich mich aber mit dem Thema gesunder Ernährung intensiver befasst habe, ist mir klar geworden, dass ich selbst im größten Irrtum gelebt und viele Jahre mit gesundmachender Nahrung verloren habe. Dass ich selbst einmal eine Kornmühle im Hause haben sollte, wäre früher undenkbar gewesen.

Neulich suchte die Frau unseres älteren Sohns mit der achtjährigen Tochter eine Kinderärztin auf. Der Hinweis, dass sich die junge Familie gesund ernähre – natürlich auch ohne Fleisch – rief sofort den Protest der Ärztin hervor. „Ohne Fleisch können Sie Ihre Tochter nicht ausreichend ernähren!“ Man kann sich kaum vorstellen, welchen Eindruck dieser Vorwurf bei der Tochter hervorrief. Das Mädchen liebt Tiere über alles, ganz besonders Pferde. Diese Geschöpfe zu töten und dann auch noch aufzuessen, kann sich in unseren Familien niemand mehr vorstellen.

Dass aber eine Ernährung ohne totes Fleisch auch 100%ig vollkommen sein kann und vor allem der Umstand, dass eine praktizierende Ärztin über diese, vor 50 Jahren gewonnene Erkenntnis nichts weiß, veranlasst uns im Frühjahr 2005 zum Nachdenken.

Max Planck prägte einmal den Satz:

„Irrlehren der Wissenschaft brauchen 50 Jahre bis sie durch neue Erkenntnisse abgelöst werden, weil nicht nur die alten Professoren, sondern auch die Schüler aussterben müssen“.

Professor Mohler, ehemaliger Vorsitzender der schweizerischen Präventivmedizin, erklärte die gegenwärtige Situation mit den Worten:

„Es ist erstaunlich, wie wenig die Ärzte über Ernährungsfragen informiert sind“.

All dies sind große Hindernisse, die sich einer Umstellung auf eine gesunde Lebensweise entgegenstellen. Und jeder, dem diese Veränderung vielleicht nicht auf Anhieb gelingt, hat sich zumindest mit dem für uns Menschen wichtigsten Thema befasst.

Erkenntnis braucht Zeit und Geduld.

Erkenntnis ist aber auch der wichtigste Schritt, danach fällt die Umstellung leichter.

GESCHMACK TRAINIEREN FUNKTIONIERT

Auf der menschlichen Genuss-Hitliste teilen sich die ersten beiden Plätze die Erotik und das Essen. Beides ist für unser Überleben von großer Bedeutung.

Bei der Nahrung spielt der Geschmack die größte Rolle, auf ihn muss bei Beginn der Umstellung besonders geachtet werden.

Industrienahrung befriedigt zuallererst schon mit dem Verpackungsdesign, den Abbildungen z. B. frischer Früchte und tollen Sprüchen, die einen entsprechenden Inhalt suggerieren. Beim Verzehr werden dann unsere Geschmacksknospen mit chemischen Geschmacksverstärkern getäuscht. Ohne diese Chemie hätte die künstliche Nahrung gar keinen Geschmack.

Warum nun aber immer wieder nach diesen synthetischen Konzentraten gegriffen wird, liegt hauptsächlich am hohen Isolier-Zucker-Anteil und an dessen Suchtfaktor.

Instinkt

Durch jahrelangen Genuss der chemischen Stoffe gehen Teile unseres Geruchs- und Geschmackssinns verloren, ebenso wird das natürliche Gespür (unser Instinkt) zerstört.

Durch die Umstellung auf vollwertiges, natürliches Essen kehren diese Sinne langsam wieder zurück. Bei den unterschiedlichen Lebensmitteln stellt sich das ursprüngliche Geschmacksempfinden selbstverständlich erst nach und nach wieder ein. Dieser Prozess kann zwischen ein und drei Wochen dauern.

Nur lebende Nahrung enthält auch lebendige Aromen. Sobald Sie sich an diese gewöhnt haben, können Sie sich von Ihrem Instinkt (Appetit) bedenkenlos führen lassen. Ihr natürliches Verlangen regelt den Bedarf von Art und Menge der Lebensmittel. So erhalten Sie genau die Inhaltsstoffe, die Ihr Körper braucht.

Die wichtigste Gruppe der Lebensstoffe, die Enzyme, sind ebenso nur in natürlichen Lebensmitteln enthalten.

Ein bekannter Enzymforscher prägte einmal den Satz:

„Leben ist das geregelte Zusammenwirken enzymatischer Vorgänge."

Eine Umstellung funktioniert dann am einfachsten und sichersten, wenn gerade zu Beginn ein besonders reichhaltiges Angebot an frischem Obst und Gemüse den Tisch füllt. Holen Sie sich die Originale in bester Qualität, so wie sie zuvor auf den bunten Verpackungen nur abgebildet waren.

Achtung! Lesen Sie zuvor Kapitel 3.h. „Wo kaufen wir ein?"

Nehmen Sie sich vor allem viel Zeit, kosten Sie sich langsam durch und essen Sie nur, was Ihnen bereits schmeckt.

Lesen Sie bitte hierzu auch Kapitel 2.e. „Verträglichkeit passt sich an"

Geschmackstraining

Was ich selbst bis vor einigen Jahren noch nicht wusste, ist, dass man den Geschmack tatsächlich trainieren kann. Als ich das zum ersten Male las, dachte ich... „Okay, dann werde ich das mit einem Lebensmittel testen, was ich seit meiner Kindheit nicht anrühren konnte."

Allein das Wissen darum, dass das funktionieren muss, machte mich sicher, dass es auch tatsächlich klappt.

Als ob es ein frischer Apfel wäre, wagte ich einen herzhaften Biss in eine rohe Zwiebel. Zuvor hatte meine Frau allerdings sichergestellt, dass es sich nicht gerade um ein besonders scharfes Exemplar handelte... Nach nur 5 Tagen war die Zwiebel für mich kein Thema mehr und seitdem essen meine Frau und ich die gleichen Bratkartoffeln – natürlich mit Zwiebeln!

Was mit der Zwiebel funktionierte, praktizierte ich anschließend Stück um Stück mit weiteren Gemüsesorten wie Broccoli, Gurken, Pilzen und anderem (natürlich alles roh) bis hin zu Vollkornbrot, Vollkornnudeln und Kuchen aus vollem Korn.

Längst haben wir uns an die natürliche Kost gewöhnt und schmecken tut sie uns hervorragend. Die Mahlzeiten haben uns niemals besser geschmeckt als seit unserer Ernährungsumstellung. Im Gegenteil: Wir haben eine richtige Vorfreude auf das nächste Essen.

Übrigens: Was das Riechen anbelangt glauben wir inzwischen, wir hätten eine Hundenase – und unser Geschmack verdient es endlich wieder, so genannt zu werden!

Sie wissen sicher: Ohne Geruchssinn funktioniert der Geschmackssinn auch nicht. Mit Kindern kann man das spielerisch testen. Verbinden Sie ihnen die Augen, halten Ihnen sanft die Nase zu und lassen Sie sie dann raten, was sie gerade essen...

Sicher wollen Sie, dass Ihre Ernährungs-Umstellung ein Erfolg wird.

Wenn Sie das Buch vollständig lesen, haben Sie die größte Gewähr für das Gelingen. Beginnen Sie auf keinen Fall, ohne alle Hintergründe und Tipps zu kennen.

Auftretende gesundheitliche Probleme bei der Umstellung müssen Sie mit Ihrem Arzt abklären. Sollte er Sie nicht dabei unterstützen (aus Unkenntnis), suchen Sie einen anderen, möglichst naturheilkundigen Allgemein-Mediziner auf.

GEWOHNHEIT IST DER SCHWIERIGSTE GEGNER

Askese

Mit einer langjährigen Kundin unseres Autohauses kam ich neulich auf das Gesprächsthema Ernährung. Da wir uns seit 40 Jahren kennen – sie war damals Studentin mit ihrem Käfer und ich noch ein junger Kfz-Meister, dem sie ihr Auto anvertraute – haben wir ein besonderes Verhältnis. Sichtlich erstaunt sagte sie: „Da leben Sie ja in Askese!" Ich habe sie natürlich gern darüber aufgeklärt und..., dass das mit Askese überhaupt nichts zu tun hat.

Für „Askese" steht nämlich im Duden: „Enthaltsame Lebensweise".

Also enthaltsam lebe ich überhaupt nicht. Dieses Gefühl hatte ich nie seit ich meine Lebensweise umgestellt habe. Vor Allem beim Essen fehlt mir nichts. Es gibt so viele gut schmeckende Lebensmittel, siehe auch Kapitel 3.f.

Heute habe ich sogar noch mehr Spaß bei den Mahlzeiten, weil sie abwechslungsreicher geworden sind, als vor der Umstellung.

Die positiven Folgen meiner neuen Lebensart haben mich obendrein zu einem glücklicheren Menschen gemacht.

Die entscheidende Frage ist doch:

„Wofür soll ich meine lieb gewordenen Gewohnheiten aufgeben? Und... was bekomme ich dafür?"

Sie erhalten dafür:

1. Ihre Traumfigur

Es ist die sicherste aller Methoden. Mit natürlicher Ernährung erzielen Sie Ihr Idealgewicht auf Dauer.

Die Traumfigur können Sie sich erarbeiten mit der Anleitung in , Kapitel 5.a.

2. Ein um 90% geringeres Erkrankungs-Risiko

Arteriosklerose ist die Hauptursache für Herzinfarkt und Schlaganfall. Mit Natur belassenen Lebensmitteln erhalten Sie den wirksamsten Schutz.

3. Spaß am Sex bis ins hohes Alter

Optimale Durchblutung ist die Voraussetzung für alle Körperfunktionen. Das erreichen Sie mit einem großen Anteil von Naturkost bei Ihren Mahlzeiten.

Jetzt liegt die Entscheidung bei Ihnen.

Reden Sie mit Ihrem inneren Schweinehund und denken Sie daran: Je früher Sie beginnen, umso größer sind Ihre Chancen! Denn bereits vorhandene Ablagerungen oder Schäden sind meist nicht mehr rückgängig zu machen, aber aufhalten kann man sie doch.

Um seine Gewohnheiten zu ändern, braucht man natürlich den eigenen Willen, und dem wiederum steht ein großer Druck von Außen entgegen.

Wir haben nur einen Körper

Unser Leben begann, als einer der kräftigsten Samen (unseres Erzeugers) sein Ziel, eine frische Eizelle (unserer Mutter), erreichte und erfolgreich eindrang. Sofort erfolgte die Verschmelzung, der Spermienkopf wandelte sich zum männlichen Vorkern, der gemeinsam mit dem weiblichen Vorkern unseren ersten genetischen Code entwickelte. Dieser DNS-Code ist absolut einmalig. Er bestimmt, vom Geschlecht, der Augenfarbe bis zu den Haaren jede Einzelheit unseres Körpers. Mit dieser lebenslangen Vereinigung beginnt die erste Zellteilung, die sich bis zu einer Anzahl von 75 Billionen Zellen fortsetzt. Jede einzelne dieser Zellen enthält den vollständigen Bauplan (DNS) unseres Körpers und übernimmt ihre jeweilige Funktion. Selbst bestehen die Zellen wiederum aus Tausenden von Bestandteilen wie z. B. den Chromosomen (Erbkörperchen), Genen oder Enzymen, Hormonen, Aminosäuren und Tausenden weiteren Mineralien und Verbindungen.

Die Intelligenz und Harmonie aller Zellen, gemeinsam für ein einziges Ziel zu arbeiten, nämlich einen gesunden und gut funktionierenden Körper, stellt das größte Wunder der Schöpfung dar. Die Zellen führen selbständig Reparaturen durch und können sich laufend erneuern. Das ermöglicht es uns, sogar eine Lebenszeit von 120 Jahren zu erreichen.

Dieses Alter ist natürlich nur unter besonderen Voraussetzungen erreichbar.

Das Wichtigste ist, welche Nahrung wir unseren Zellen für ihren enormen Energiebedarf zukommen lassen. Nur lebendige Stoffe, wie sie in der Natur gedeihen, entsprechen dem Bauplan Mensch. Die Inhaltsstoffe unserer Zellen sind identisch mit denen der frischen Früchte und nur diese garantieren uns den „vorprogrammierten" 120 Lebensjahren näher zu kommen.

Tote Nahrung schadet unserem Organismus nur und verkürzt das Leben.

Der Gleichklang aller 18 Billionen Körperzellen darf nicht mit lebensfremder Chemie gestört werden. Das Wunder Mensch, mit seinen Selbst reinigenden, Selbst heilenden und schöpferischen Fähigkeiten, ist ein Teil der Natur.

Müllablagerung

Arteriosklerose ist nichts anderes als die Ablagerung der nicht verwertbaren Bestandteile toter Industrienahrung. Weil es Jahre dauert, von der Einnahme der Fabriknahrung bis zu den Auswirkungen (Erkrankungen), erkennen wir den tatsächlichen Zusammenhang nicht mehr und so kommt es, dass täglich 66 Millionen Deutsche immer wieder auf den Essensmüll hereinfallen.

So ernähren sich die Deutschen...

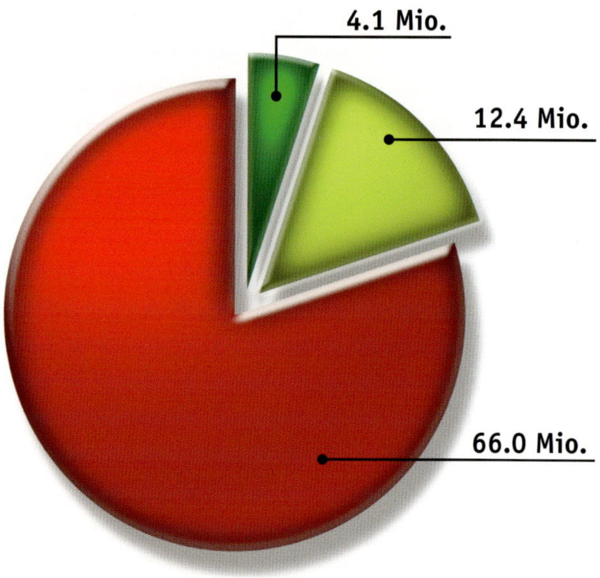

Gesamtbevölkerung in Deutschland

82.5 Mio. (Stand 31.12.2003 lt. Stat. Bundesamt)

Davon ernährten sich:

■ (dunkelgrün)	4.1 Mio.	Gesund
■ (hellgrün)	12.4 Mio.	Zum Teil Gesund
■ (rot)	66.0 Mio.	Ungesund

Die Versorgung unserer Körperzellen funktioniert über ein gigantisches Leitungssystem (Adern), mit einer Länge von insgesamt 150.000 Kilometern.

Diese Gefäße, wie der Mediziner sagt, würden in ihrer Länge 3,7 Mal um den Erdball reichen. Die Innenwandfläche aller Adern eines Menschen entspricht in etwa der Größe von *18 Fußballfeldern*. Es dauert 10 bis 30 Jahre, bis die Müllablagerungen den Blutdurchfluss so stark einengen, dass es zu einem Infarkt kommt. Zuvor versucht der Körper noch mit höherem Blut-Druck den verengten Durchfluss auszugleichen. Daraufhin verschreiben Ärzte in aller Regel Blutdruck senkende Arzneimittel, um die Schlaganfall-Gefahr zu senken. Einen Herzinfarkt verhindern wir aber damit letztlich nicht, und spätestens nach dem ersten Zusammenbruch greifen wir zu Gerinnungshemmern (z.B. Marcumar), um das Blut dünnflüssiger zu machen. So aber werden wir zum Lebens gefährdeten Bluter.

x 18 = Innenwandfläche aller Adern eines Menschen

Die „Krankenkarriere“ meiner Mutter

Meine Mutter hatte alle gängigen Zivilisationskrankheiten die „man“ nun mal so bekommt. Mein damaliges Wissen um diese Zusammenhänge war gleich Null, es entsprach offensichtlich dem der behandelnden Ärzte. Keiner vermochte die Hauptursachen beim Namen zu nennen. Außer dem Rezept für die Apotheke und der Verordnung, dass sie das unbedingt nehmen müsse, kam nichts weiter aus den Befragungen heraus. Eine Summe von verschriebenen 28 Tabletten täglich war der Rekord, das waren 10 Jahre bevor sie starb. Als ich mir bei Erreichen dieser Höchstmarke die Beipackzettel vornahm, glaubte ich, einen Krimi zu lesen. Meine Mutter und ich berieten uns und übrig blieb, von einem Tag zum anderen, nur noch Marcumar. Alles andere wurde abgesetzt. Und, siehe da, ihr Allgemeinzustand wurde gar nicht schlechter – im Gegenteil: Die zahlreichen „Nebenwirkungen“ blieben weg.

Aber Achtung! Ich möchte damit nicht allgemein empfehlen, Arzneimittel ohne Rücksprache mit dem Arzt einfach wegzulassen!

Oft ist der Wechsel zu einem naturheilkundig orientierten Arzt ein entscheidender Schritt. Meine Mutter wechselte zu einem solchen Arzt, leider tat sie es sehr spät.

Die Macht der Gewohnheit

Wer zum Beispiel nicht mehr raucht, kein Fleisch mehr isst und auf Zucker verzichtet, der ist natürlich Außenseiter in seiner Umgebung. Dem fällt besonders schwer wenn in Gesellschaften rings um ihn seine früheren Gewohnheiten „gepflegt“ werden. Er zusehen muss wenn die von ihm einst geliebten Schnitzel gegessen werden. Oder der Qualm seiner ehemaligen Lieblingsmarke in die Nase steigt.

Kann man seine Mitmenschen auch umstimmen?

Vielleicht wenn man sein Wunschgewicht erreicht hat. Oder wenn die bessere körperliche Kondition von den Freunden registriert wird.

Für sich selbst ist es ein steiniger Weg den Versuchungen zu trotzen, aber er lohnt sich.

Zurück zu der Tatsache dass die Lebensgewohnheiten in der Zivilisation auch die Ursachen der Zivilisationskrankheiten sind.

Naturvölker kennen diese Erkrankungen ebenso wenig wie die bereits erwähnten wildlebenden Tiere. Sie leben mit der Natur im Einklang und sind uns, was ihre Lebensweise in Bezug auf Ernährung und Bewegung anbelangt, weit überlegen.

Ureinwohner als Naturwissenschaftler

Die süddeutsche „Badische Zeitung" vom 8. Januar 2005 berichtete über die Naturkatastrophe des im Dezember 2004 wütenden Tsunami:

„Vielleicht sind sie die wahren Naturwissenschaftler... die Ureinwohner der politisch zu Indien gehörenden Inseln der Nikobaren und der Andamanen.

Die beiden Inselgruppen liegen wie an einer Perlenschnur aufgereiht als zwei gigantische Wellenbrecher im Golf von Bengalen zwischen Indien und Thailand.

370.000 Einwohner gibt es auf den zerstreuten Eilanden. Die Ureinwohner der Inseln gelten in den Augen mancher Europäer und Festland-Inder als primitive Lendenschurzträger. Die Alten und Erfahrenen unter den Ureinwohnern nahmen am zweiten Weihnachtsfeiertag plötzlich das seltsame Verhalten mancher Tiere wahr: Elefanten brüllten und suchten sich verschreckt den Weg ins Landesinnere, Eidechsen liefen unruhig umher, Vogelschwärme brachen in hektisches Gezwitscher aus. Etliche Ureinwohner ahnten zu diesem Zeitpunkt bereits, was auf sie zukommen könnte. Als sich dann das Meer weiter als sonst vom Strand zurückzog, hatten sie Gewissheit: das war die letzte Volte (Kunstgriff) der Natur vor der zerstörerischen Welle, die wenig später auf die schmalen Eilande prallen sollte.

Zwar gibt es unter den Einwohnern Tausende Opfer zu beklagen, man geht etwa von 3.000 aus. Angesichts der Wucht, mit der die Tsunami-Welle die ungeschützt im offenen Meer gelegenen Inseln heimsuchte, halten sich die Zahlen der Toten und Vermissten unter den Ureinwohnern jedoch in Grenzen. Denn die meisten Mitglieder der eingeborenen Stämme konnten sich noch rechtzeitig in Sicherheit bringen. Sie zogen sich schleunigst in etwas höher gelegene Regionen der Inseln zurück, als die Tiere unruhig wurden."

Die Zahl der Tsunami-Opfer ist inzwischen bei fast 300.000 angelangt. Wie viele von ihnen mussten umkommen, weil Sie die einfachen Signale der Natur nicht mehr verstehen können?

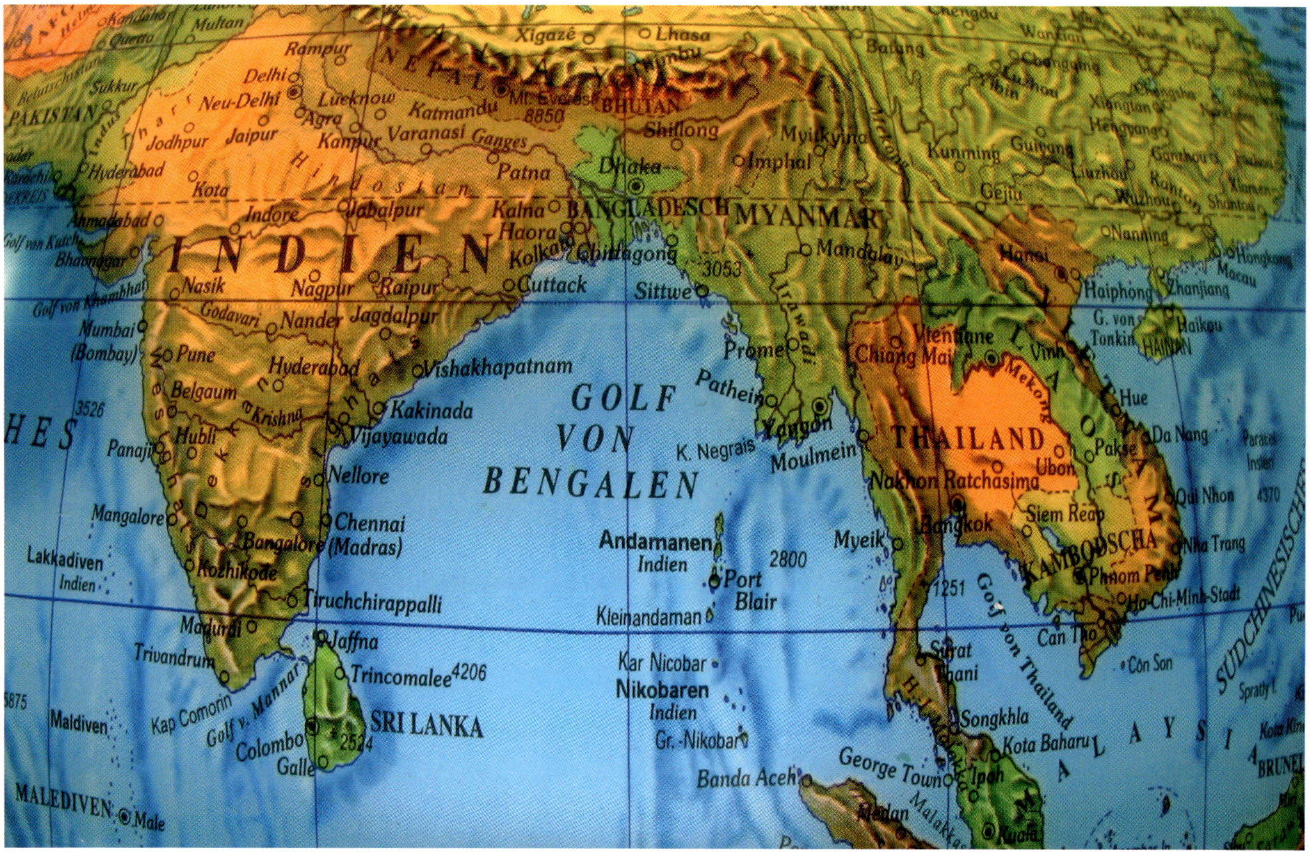

SUCHT ÜBERWINDEN

Die meisten industriellen Nahrungsmittel enthalten, wie bereits erwähnt, Stoffe mit Sucht erzeugender Wirkung. Auf den Zusammenhang von Isolierzucker, Blutzuckeranstieg und Insulin-Überreaktion sind wir schon eingegangen. Dass die nachfolgende Unterzuckerung einen weiteren Isolierzuckerbedarf verursacht, ist ebenfalls schon bekannt. Im Grunde handelt es sich dabei aber schon um einen zwangsläufigen Vorgang, den man selbst, aus eigener Kraft, nicht mehr steuern kann.

Das sind Anzeichen einer Sucht!

Durst hat uns alle schon zu einer frischen, kalten Limonade greifen lassen – mit oder ohne Koffein wurde die Kehle mit dem sprudelndem Nass erfrischt, aber... der Durst wurde kaum gelöscht. Im Gegenteil: Mit dem Trinken wurde der Bedarf eher größer.

Schuld daran ist der gewaltige Anteil von Zucker in den meisten Erfrischungsgetränken. Diese Limonaden lösen die uns bereits bekannte Blutzuckerspirale aus. Sie wollten sich erfrischen, den Durst löschen und beides gelingt nicht. Im Gegenteil, Sie geraten in die Überzuckerung und brauchen nicht lange warten bis Sie etwas gegen die Unterzuckerung unternehmen müssen.

Das ist Sucht.

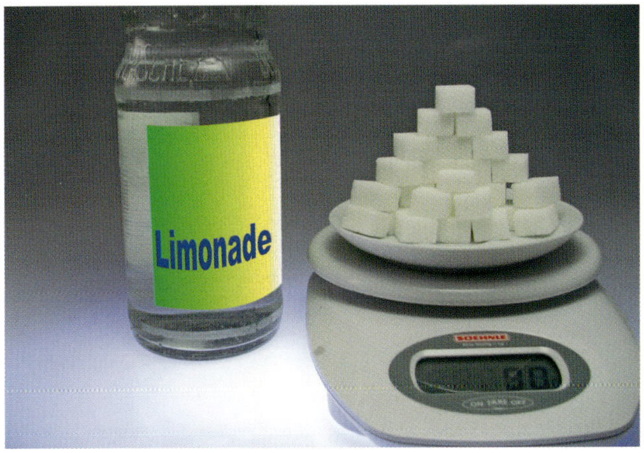

Zucker als „Kalkräuber"

Dr. med. M. O. Bruker schreibt sehr deutlich in seinem Buch „Zucker Zucker" über Tierversuche, in denen der eindeutige Nachweis erbracht wurde, dass mit der heute üblichen Fabrikzuckermenge schwere krankhafte *Veränderungen am Knochensystem* in Form von Erweichung, Verbiegung und Brüchen auftreten.

Zucker und Stärkekonzentrate wirken wie Drogen, welche durch ihren Genuss eine fortgesetzte *Ess-Sucht* erzeugen.

Unser Verdauungssystem braucht zur Verarbeitung aller Nahrungsmittel die wichtigen Lebensstoffe (Vitalstoffe) wie Enzyme u. a. Alle Konzentrate die über den Darm bereits in das Blut gelangt und dort nicht umsetzbar sind, können auch nicht mehr ausgeschieden werden. Sie müssen als Müll in den Adern abgelagert werden.

Die Suchtwirkung sorgt schließlich noch für weiteren Nachschub.

Alkohol-Entzug gelingt nur wenigen Menschen auf Dauer, aber was für den ehemaligen Alkoholiker, der endlich „trocken" ist, geradezu verheerend wirkt, ist bereits die kleinste Menge Alkohol – vielleicht versteckt in einer Praline. Der Rückfall ist meist unaufhaltsam.

Dieser Rückfall-Mechanismus muss auch bei den Zucker- und Stärkekonzentraten bedacht werden.

Kinder von dieser Sucht abzubringen ist wichtig, aber gar nicht so einfach. Besonders wenn man erleben muss, wie zum Beispiel bei Faschingsumzügen Tonnen von süßer Fracht verteilt werden.

Lesen Sie bitte die Aufklärungsschrift der Deutschen Krebshilfe e. V. Bonn „Krebsprävention durch gesunde Ernährung". (www.deutschekrebshilfe.de)

VERTRÄGLICHKEIT PASST SICH AN

Rohes (also frisches) Obst und Gemüse vertragen viele Menschen schon gar nicht mehr. Dies sind im Grunde deutliche Zeichen einer Erkrankung. Die Empfehlung von Ernährungsberatern, die rohen Früchte zu dünsten oder zu kochen, ist leider für diese Menschen das Falscheste. Sie „vertragen" das Erhitzte zwar gut, aber die wichtigsten lebensnotwendigen Inhaltsstoffe werden zerstört!

Allergien sind ein wachsendes Problem. Dr. Bruker schreibt zu diesem Thema:

„Die Diagnose Allergie ist sehr häufig eine Fehldiagnose..., oft wird auch eine Unverträglichkeit als Allergie bezeichnet. Lässt man in solchen Fällen zum Beispiel den Fabrikzucker weg, dann verträgt der Betreffende plötzlich alle möglichen Nahrungsmittel wieder. Dies ist ein Zeichen dafür, dass er nicht auf diese Nahrungsmittel allergisch war, sondern dass der Fabrikzucker Störungen hervorrief, die sich als Unpässlichkeit äußerten. Praktisch heißt dies, dass viele Krankheitserscheinungen verschwinden, wenn der Mensch bestimmte Fehler in der Lebensführung abstellt."

Dies sind einfache Zusammenhänge und sie machen immer stärker klar, wie naturfremde Stoffe unseren Körper aus dem Gleichgewicht bringen.

Das ganze Geheimnis ist:

1. Der 50 prozentige Ernährungs-Anteil an frischem Obst und Gemüse täglich
2. Das Weglassen aller toten Nahrung, wie konzentrierter Kohlenhydrate und Fleisch.

Auf einfachere und billigere Weise können Sie gar nicht die entscheidenden 90% aller gesundheitlichen Probleme und natürlich auch die der meisten Unverträglichkeiten beseitigen.

Das „Ausprobieren" vollwertiger Lebensmittel, bevor die tote Nahrung gänzlich abgesetzt wurde, führt oft zu Verträglichkeitsproblemen. Das kann so weit gehen, dass die Umstellung fehlschlägt. Sie lösen in der Regel diese Startschwierigkeiten mit ein paar Obst-Tagen zu Beginn Ihrer neuen Ernährungsweise.

WERBUNG VERFÜHRT NUR DEN UNWISSENDEN

Nach der Lektüre von bislang 15 Kapiteln des HEKA Rathgebers gehören Sie nun nicht mehr zu den Unwissenden, die sich leicht verführen ließen. Und nach dem Studium der restlichen 33 Kapitel werden Sie ausreichende Erkenntnisse zur Umsetzung gewonnen haben.

Was beeinflusst uns?

Deutschland ist auf dem Weg von der Industrie- zur Informationsgesellschaft, was auch immer das für jeden Einzelnen von uns bedeuten mag. Tatsache ist und bleibt jedoch, dass wir tagtäglich von einer unübersehbaren Menge an Information überschwemmt werden.

Werbung kann man von Information längst nicht mehr unterscheiden, denn viele Mitteilungen oder gar Nachrichten sind oft nichts als gut verpackte Werbung.

Das bedeutet, dass selbst wenn wir bei Werbung umschalten, wir doch Sendungen sehen, in denen z.B. Gesundheits- oder Ernährungsberater zu Wort kommen. Genau an dieser Stelle sollten wir uns die Frage stellen: „Gibt es überhaupt unabhängige Fachleute in diesen Bereichen?"

Wer gibt das meiste Geld für Forschung und Entwicklung aus?

Wer kann die besten Wissenschaftler bezahlen und von wem erhalten (so genannte „unabhängige") Forschungsinstitute die größten Aufträge?

Natürlich haben die Industrien das meiste Geld zur Verfügung. Somit ist es auch ihr gutes Recht, das zu erforschen und zu produzieren, was im Firmeninteresse ist. Diese Industrie-Interessen können natürlich nicht mit Ihren persönlichen Interessen deckungsgleich sein – es sei denn, Sie arbeiten für eines der Unternehmen.

Ich ziehe unsere freie Marktwirtschaft trotzdem vor, weil sie auch die freie Meinung erlaubt, im Gegensatz zu anderen Systemen.

Schauen wir uns nun die Kehrseite der Medaille an:

Welche milliardenschweren Unterstützer (Sponsoren) gibt es zum Beispiel für den einfachen Apfel und dessen gesundheitliche Wirkung? „Nun", werden Sie mit Recht sagen, „diese Unterstützung braucht der Apfel nicht, denn das weiß ja jedes Kind, dass der gesundheitsfördernd ist." Ich bin einverstanden, denn selbst viele Amerikaner wissen: „An apple a day keeps the doctor away" (Ein Apfel am Tag hält den Doktor fern).

Nun schlage ich aber am 29. Dezember 2004 die süddeutsche Badische Zeitung auf, und im (seriösen) Wirtschaftsteil springt mir der Aufmacher „Giftcocktail in Obst und Gemüse" beim Frühstück ins Gesicht. Der erste Schock saß! Muss ich am Ende den HEKA Rathgeber umschreiben?

Man muss wahrlich viel „Spaß" verstehen, in unserer Informationsgesellschaft. Der Rest meines Frühstücks musste warten und stattdessen wurde das Gespräch der BZ mit dem Giftforscher (Toxikologen) verschlungen. Um was aber ging es? Im Auftrag von Greenpeace hatte der Experte eine Studie erstellt.

Völlig zu Recht beanstandete der Wissenschaftler eine zu hohe Pestizidbelastung von Importware im Gegensatz zu weniger belasteter deutscher Ware. Auf die Frage des BZ-Mitarbeiters: „Können Sie noch in Ruhe essen?" antwortete der Freiburger Forscher: „Die Ergebnisse meiner Studie haben mich selbst erschreckt. Deshalb kaufe ich seit einiger Zeit viel mehr Bio-Lebensmittel." Der Schlusssatz des Beitrags lautete: „Natürlich könnte man auch die ökologische Landwirtschaft stärker fördern. Da braucht man zwar auch Kontrollen, aber die zeigen, dass Bio-Lebensmittel in der Regel keine Pestizidrückstände haben." Das stimmte mich dann wieder 100%ig versöhnlich.

In der Info-Box war noch zu lesen: „Biologisch erzeugte Lebensmittel bieten die einzige Möglichkeit, Pestizide zu meiden. Bio-Obst und Gemüse sind praktisch frei von Pestizidrückständen."

Sicher hatte niemand die verheerende Wirkung der Überschrift vorausgesehen, der Inhalt aber war dafür umso aufschlussreicher. Nur, was macht derjenige, der die Zeitung nur gerade überfliegt? Ob der an diesem Mittwoch noch Obst und Gemüse gegessen hat?

Es ist, wie wir an diesem Beispiel sehen, nicht einfach in einer „Informationsgesellschaft." Unsere Intelligenz wird täglich auf harte Proben gestellt.

Mit der Werbung ist es einfach so: Manche sprechen eben darauf an und andere wiederum nicht. Mich kann zum Beispiel die Werbung für den größten Lotto-Jackpot nicht anmachen. Ich habe in meinem Leben noch keinen Cent dafür ausgegeben, kein Glückspiel würde ich jemals unterstützen, weil ich weiß, dass Menschen davon krank (spielsüchtig) werden können.

Giftcocktail in Obst und Gemüse

BZ-INTERVIEW mit dem Toxikologen Wolfgang Reuter zur Belastung von Obst und Gemüse mit Pestiziden

FREIBURG. Gemüse und Obst aus konventioneller Landwirtschaft ist heute stärker mit Pestiziden belastet als noch vor fünf Jahren. Der Freiburger Toxikologe Wolfgang Reuter hat für die Umweltschutzorganisation Greenpeace eine Studie über die Pestizidbelastung in Deutschland erstellt. Christian Mörsch sprach mit ihm.

BZ: *Können Sie noch in Ruhe essen?*
Reuter: Die Ergebnisse meiner Studie haben mich selbst erschreckt. Deshalb kaufe ich seit einiger Zeit viel mehr Bio-Lebensmittel.
BZ: *Ihre Hauptkritik sind die zulässigen Grenzwerte für Pestizidrückstände in Lebensmitteln. Wer legt die fest?*
Reuter: Die EU-Kommission schlägt die Werte den EU-Mitgliedsländern vor. Wenn die damit nicht einverstanden sind, können sie eigene festlegen. In den vergangenen Jahren hat Deutschland die EU-Werte aber oftmals übernommen.
BZ: *Sie haben einen starken Anstieg der*

Gemüse ist heute teilweise stärker mit Pestiziden belastet als vor fünf Jahren, sagt Wolfgang Reuter. FOTO: DPA

deutscher Produktion höhere Pestizidbelastungen gefunden als erlaubt. Bei Importware sogar in rund zwölf Prozent

aus – alles Produkte mit einem hohen Wasseranteil. Sie sind anfällig für Fäule, gegen die man Fungizide einsetzt. Und

Sorgen.
BZ: *Was muss geschehen, damit sich die Situation für den Verbraucher bessert?*
Reuter:

PERSÖNLICHKEIT GEWINNT AN STÄRKE

Wir haben schon im Kapitel „Werbung" gesehen, welche Verunsicherungen auf jeden Einzelnen von uns täglich zukommen. Leicht umzustimmen dürfen wir also nicht sein.

Sicher sind Sie schon etwas stolz auf sich. Sie haben etwas geschafft, was in Ihrem Umfeld noch ungewöhnlich ist. Zu Ihrem Stolz kommt dann noch das Glück hinzu, nämlich über die Veränderungen in Ihrem Körper.

Dass Sie kaum noch Grippen oder Erkältungen kennen und Ihr Schlankheitstraum wahr geworden ist, macht Sie noch zufriedener.

Ihre Persönlichkeit hat an Stärke gewonnen. Wer sollte Sie jetzt noch umstimmen können?

Ihre Umgebung wird sehr wohl diesen Wandel mitbekommen. Vielleicht fragt Sie auch einer, wie Sie das machen? Und Sie geben gerne Ratschläge.

Auf diesem Gebiet ist meine Erfahrung allerdings ernüchternd.

Denn: Nur selbst gewonnene Erkenntnis versetzt den modernen Menschen in die Lage, seine Lebensweise zu ändern. Aber um sich diese Erkenntnis zu verschaffen, braucht es Zeit, Geduld und eine starke Persönlichkeit.

Fehlt es an der Kraft zur Durchsetzung, dann werden auch Ihre Träume von einem schlanken, sportlichen Körper, einem wachen Geist und schönen Sexualleben unerfüllt bleiben.

Wenn ich zurückschaue, sehe ich mich vor 30 Jahren mit großen Problemen mit meinem Rücken sowie mit den Knien. Manchmal dachte ich: „Was soll denn später werden, das kann sich doch nur verschlimmern." Bei Orthopäden ging ich ein und aus. Heute, da ich längst kein Fleisch und keine Wurst mehr esse und somit meinen gewaltigen Harnsäurespiegel im Blut abbauen konnte, kenne ich keine Kreuzschmerzen oder Knieprobleme mehr.

Haben Sie keine Angst vor Ihrer eigenen Courage. Gehen Sie Ihr Ziel beherzt an. Keine Investition in Ihren Körper wird sich so lohnen wie diese!

3. Wir essen uns schlank und gesund

ABNEHMEN AUF DIE SCHÖNSTE ART

Wenn sie im Internet unter „Abnehmen“ bei Google suchen, dann erhalten Sie 5.890.000 Einträge. Ob diese annähernd 6 Millionen Angebote Ihrer Gesundheit förderlich sind oder Sie gar auf Dauer schlank machen, weiß keiner.

Der Gedanke „Abnehmen“ begleitete mich seit 1968. Drei Jahre nach der Gründung meines Autobetriebs machte mein Körpergewicht was es wollte. Es stieg auf 99 Kilo, was bei meiner Größe von 1,78 m entschieden zu viel war. Bei einer Konfektionsgröße von 52 passte zwar die Jacke, die Hose aber musste bis an die Grenzen herausgelassen und am Bund so geändert werden, dass sie unter dem Bauch saß. Ein schrecklicher Anblick bot sich mir im Spiegel und schlimmer noch von der Seite.

Es folgte die erste Gewaltkur, wie sie damals und später von meiner Frau genannt wurde. Morgens ein Knäckebrot mit Butter und über den Tag etwa 3 Tassen Kaffee, abends dann Tee – das war's. Zunächst mit rund 1 Kilo pro Tag – später weniger – ging es runter, bis ich nach 6 Wochen „nur noch“ 80 Kilo wog. Nach etwa 2 Jahren war ich allerdings wieder bei 100 Kilo angelangt...

Der Anlass, meine Lebensweise zu ändern

Für den Flugschein unterzog ich mich 1971 der ersten Fliegertauglichkeits-Untersuchung. Fliegen war immer mein Kindheitstraum, und neben dem beruflichen Nutzen fasziniert mich das Dahinschweben über unser schönes Land.

Alle zwei Jahre, und seit dem 60. Lebensjahr einmal jährlich, benötige ich das „Okay“ des Fliegerarztes. Als im Mai 1996 während des Leistungs-EKGs mein Blutdruck und Puls immer höher stiegen und die Luft mir auszugehen drohte, betrachtete ich dies als das letzte Warnsignal nahm es zum Anlass für mich, meine Lebensweise endgültig zu ändern.

Die richtige Lebensmittel-Auswahl

Das ist eine vollwertige Ernährung die sämtliche Lebensstoffe enthält, wie sie der Mensch braucht. Diese Auswahl ist keine Diät, hat nichts mit einer Kur zu tun und macht das Kalorien-Zählen überflüssig! Sie ist Bestandteil einer gesunden Lebensweise.

BEACHTEN SIE BITTE:

Bei allen auftretenden gesundheitlichen Störungen nehmen Sie unbedingt ärztlichen Rat in Anspruch!

Ernährungs-Umstellung

Beginnen Sie am besten mit einem Obst-Tag. Nehmen Sie nur dasjenige frische Obst, worauf Sie wirklich Appetit haben und was Ihnen schmeckt. Mit 3 bis 4 verschiedenen Obstsorten (kein Obstsalat), nacheinander gegessen, stillen Sie ihren Hunger über den Tag.

Unterscheiden Sie bitte grundsätzlich von nun an zwischen Hunger und Appetit – hören Sie auf zu essen, wenn Sie keinen Hunger mehr haben. Wollte man nämlich immer seinen Appetit stillen, würde die Menge zu groß!

Ihre Obstmahlzeiten können Sie bald mit dem extra sättigenden Hafer-Nuss-Mix abschließen.

Diese Mahlzeit enthält übrigens schon 99 % der wichtigsten Lebensstoffe. Sie verfügt über ausreichend Eiweiß, Fett, natürlichen Kohlenhydraten, Faserstoffen, allen Mineralien und Vitaminen, sowie sämtlichen Aminosäuren. Industrienahrung dagegen, enthält weniger als 1 % von diesen lebenden Stoffen.

Hafer, das Getreide Nummer 1, ist reich an Magnesium (für die Muskulatur), Calcium (für die Knochen und Zähne), Eisen oder Selen, weist eine Menge Vitamine auf und verfügt über alle wichtigen Aminosäuren – um nur einen Teil aufzuzählen. Und das alles in einem natürlichen Mengenverhältnis, wobei noch der größte Teil den Forschern nicht bekannt ist.

Das Haferkorn kann jahrelang gelagert werden, ohne dass es seine Keimfähigkeit verliert und somit seine Lebendigkeit beweist.

Mit einer kleinen Maschine (handbetrieben, etwa 70 Euro), flocken Sie für Ihren Hafer-Nuss-Mix gerade die Menge jeweils frisch (pro Person 2 bis 3 Esslöffel), die Sie anschließend verzehren. Diese Haferflocken sind voller Aroma sowie sämtlicher Lebensstoffe und sind zugleich die größten Energiespender, nicht zuletzt fördern sie sogar die Potenz.

Hafer im praktischen Versuch

Einer meiner langjährigen Mitarbeiter züchtet Schweine in seinem Nebenerwerbsbetrieb. Er erzählte uns von seinem Zuchteber, der eines Tages, obwohl er noch in den besten Jahren war, seinen „Pflichten" nicht mehr nachkommen konnte. Der Kollege fragte daraufhin einen älteren, erfahrenen Landwirt. Der gab ihm sofort den Rat, frisch angerichteten Haferschrot (grob gemahlen) zu füttern. Gesagt, getan, und bereits am folgenden Tag wollte er die Wirkung testen.

Was dann passierte, übertraf die Erwartungen unseres Kollegen: Obwohl der Eber bereits seinen Samen weiter gegeben hatte, machte der Lüstling keinerlei Anzeichen, von der künftigen Mutter wieder abzusteigen. Als uns der Mitarbeiter anschaulich erklärte, auf welche Weise er den stürmischen Liebhaber aus lauter Angst um die Schweinedame, an den Ohren von ihr herunterzog, konnten wir uns vor Lachen nicht mehr halten.

Soweit zum Hafer, in diesem „Tierversuch"...

Im Kapitel 3.f. „Essen und Trinken nach Herzenslust“ werden Sie mit der reichhaltigen Auswahl an weiteren, gesund machenden Lebensmitteln vertraut gemacht.

Was passiert beim Abnehmen

Bald nach der Ernährungs-Umstellung werden Sie feststellen, dass Sie viel öfter zur Toilette müssen. Unser Körper ist nämlich so intelligent, dass er spürt, ob Sie diese Umstellung wirklich ernst meinen. Sie dürfen dann nämlich schon mal eine anständige Menge Wasserballast ablassen.

Diese großen Wasserreserven hatte sich der Körper zugelegt, um überlebenswichtige Entgiftungs-Einsätze bestreiten zu können.

Jedes Essen aus konzentrierter Stärke, Fett und totem Eiweiß stellt unseren Magen vor eine schier unlösbare Aufgabe. Spätestens nach 3 bis 4 Stunden sollte er die Nahrung verdaut an die Därme weitergeben. Wie Sie wissen, fehlen aber die für die perfekte Verarbeitung notwendigen Lebensstoffe und als Verdauungssäfte gelangen Säure und Lauge gleichzeitig in den Magen.

Erinnern Sie sich an Ihren Chemieunterricht, als Säure in Lauge geschüttet wurde? Richtig – es kam H_2O, also Wasser, heraus! Doch mit Wasser kann unsere Verdauung erst recht nicht funktionieren. Denn tierisches Eiweiß kann nur mit Säure und Kohlenhydrate nur mit Lauge verdaut werden!

Der Körper ringt also mit dieser unnatürlichen Last, bis nach etwa 4 Stunden der Gär- und Faulprozess einsetzt. Das kostet uns allerdings mehr Energie als in der toten Nahrung überhaupt enthalten war. Fortgeschrittene Verwesung zwingt den Magen nach 8 bis 9 Stunden, endlich die stinkende Fracht an den Zwölffingerdarm weiterzuleiten.

An dieser Stelle besteht Lebensgefahr! Verfaultes Eiweiß und vergorene Kohlenhydrate haben inzwischen giftige Säuren entwickelt, und die bekommen in unseren Därmen einen direkten Zugang zum Blutkreislauf. Jeder ankommende Gift-Schub muss also zeitgleich mit soviel Wasser verdünnt werden, dass die lebensbedrohliche Wirkung ausreichend abgemildert wird.

Ein langer Weg von über 9 Metern und 2 bis 3 Tagen liegt noch vor der Giftfracht. Nach dem Zwölffingerdarm gelangt sie in den Dünndarm, um schließlich im Dickdarm anzukommen. Leber und Nieren werden in die Entgiftungsarbeit mit einbezogen, die allerdings nur als Notprogramm abläuft, weil die gesunde Darmflora längst nicht mehr vorhanden ist. Im letzten Abschnitt (Mastdarm) holt sich der Körper alle Flüssigkeit aus dem Brei wieder heraus, weil er das Wasser für die nächsten Einsätze braucht. Letzte Folge dieses Dramas: der Kot wird trocken und zu hart und verursacht Hämorriden.

Ich kann nicht verstehen, warum Millionen von Deutschen täglich ganze Lastwagenladungen an Magentabletten oder Darmarzneien benötigen und keiner nach der eigentlichen Ursache fragt...?

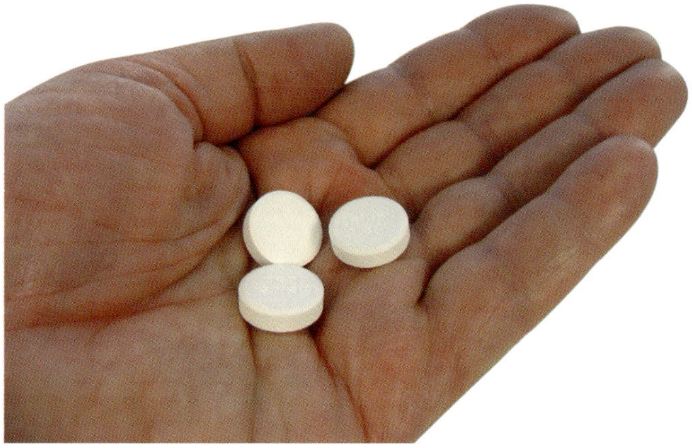

Wir sind ja zum Glück klüger geworden und werden von unserem Körper „belohnt“, indem er uns bereits von der überflüssigen Wassermenge befreit.

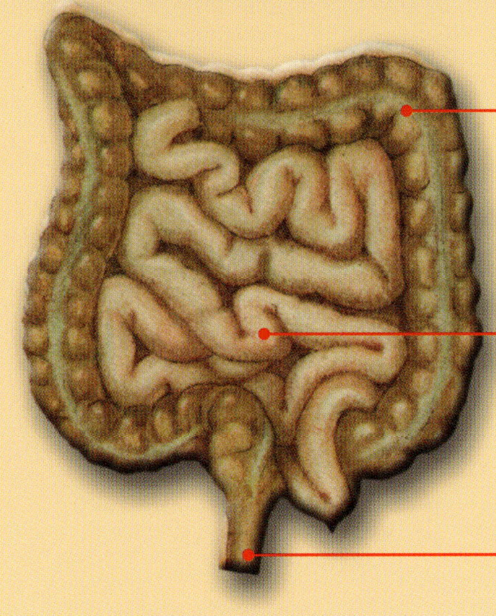

So funktioniert das Abnehmen

Nach größeren Mengen Wasser bauen sich anschließend auch die unnötigen Fettreserven wieder ab. Die natürliche Ernährungsweise führt jetzt, ohne jegliches Hungern und ohne Kalorien zu zählen, in Richtung Normalgewicht.

Alle Stoffwechselvorgänge normalisieren sich und ganz langsam dürfen Sie sich mit einem Bewegungsprogramm befassen. Sollte Ihr Übergewicht allerdings noch recht hoch sein, kann zuviel Bewegung aber auch gefährlich werden! Mit einem Belastungs-EKG bei Ihrem Arzt sollten Sie sich absichern.

Ein Irrweg ist es übrigens zu glauben, man könnte einzig mit Sport abnehmen! Das funktioniert nicht bei hohem Übergewicht. Sie bekommen nämlich durch zusätzliche Aktivitäten nur einen noch größeren Bärenhunger.

Der schönste und sicherste Weg um schlank zu werden, ist der über eine gesunde Ernährung.

Wie lange überleben wir ohne Nahrung?

In einem Survival- (Überlebens-) Buch für Piloten las ich, dass man nach einer Notlandung, z. B. in einer Wüste, selbst ohne Nahrung 10 Tage lang marschieren könnte, wobei die tägliche Laufleistung sogar zunimmt. Erst ab dem 11. Tag lässt die Energie nach und nimmt gleichmäßig bis zum 30. Tag ab. Das schafft der durchschnittliche, gesunde Mensch – er braucht natürlich Wasser. Das allerdings kann er sich aus der Luftfeuchtigkeit, mit einer Plastikplane über einem Sandloch, beschaffen.

Warum ich Ihnen das erzähle? Allein dieses Wissen kann lebensrettend sein. Denn wer solche Naturgesetze nicht kennt, fürchtet, ohne Nahrung viel schneller seine Kräfte zu verlieren.

Fasten ist durchaus gesund und schadet unserem Körper keinesfalls. Nur sollten wir nicht vor der Fastenzeit mit toter Nahrung einen Mangelzustand an lebensnotwendigen Stoffen geschaffen haben. Dann ist Hungern gefährlich.

Bei meinen Hungerkuren hatte ich mich früher, ohne es zu wissen, in ernstliche Gefahren begeben, denn meine Ernährung war damals alles andere als gesund.

NATÜRLICHES GLEICHGEWICHT

Sobald sich unser Körper in einem natürlichen Gleichgewicht befindet, treten auch keine krankhaften Störungen mehr auf. Schließlich hat jede Erkrankung ihre wahre Ursache in einem gestörten Ablauf, zumeist der Verdauung.

Alle Zivilisationserkrankungen hängen unmittelbar mit dem unbewältigten Stoffwechsel zusammen. Die Tatsache, dass mehr als 50% aller Medikamente allein wegen Verdauungsstörungen eingenommen werden müssen, macht das deutlich. Gegen Völlegefühl, Unwohlsein, das gefährliche Sodbrennen oder andere Mittel, um die unverdaute giftige Fracht so rasch wie möglich loszuwerden. Doch im Grunde sind dies die unglücklichsten Maßnahmen, die man sich vorstellen kann. Selbst wenn wir die zahllosen Nebenwirkungen außer Acht lassen – das eigentliche Problem lösen sie nicht, sie schaffen im Gegenteil neue. Diese Arzneien unterdrücken im Grunde nur die natürlichen Reaktionen (Schmerzen) unseres Körpers auf die falsche Nahrung, die wir dem Verdauungsapparat zumuten.

Lassen Sie sich von dem Leitsatz führen:

**„Wer richtig isst, braucht keine Medizin.
Wer falsch isst, dem nützt keine Medizin."**

Dr. Norman Walker ist 116 Jahre alt geworden, seine Ernährung bestand überwiegend aus Obst, Gemüse und Nüssen im Rohzustand. Sie verlieh ihm Vitalität bis zu seinem Tod. Niemand musste ihn jemals im Rollstuhl fahren oder ihn mit zerdrückten Bananen füttern, bevor er eines natürlichen Todes in Arizona starb.

Das natürliche Gleichgewicht bewirkt, dass selbst einfache Erkrankungen wie Grippe oder Erkältungen nicht mehr auftreten. Auch mir sind diese einfachen Infektionskrankheiten seit meiner Umstellung im Jahr 1996 unbekannt. Sogar Hautreaktionen klingen ab.

Rückbildung der Gefäßverkalkung?

Die Meinungen der Ärzte gehen auseinander, inwieweit sich vorhandene Ablagerungen zurückbilden können. Allerdings machen die Ergebnisse einer von Dean Ornish durchgeführten Studie Hoffnung. Er wies zum ersten Mal nach, dass sich ohne den Einsatz von lipidsenkenden Medikamenten und nur durch Veränderung des Lebensstils die Gefäßsklerose deutlich zurückbilden kann.

TAGES-LEISTUNGS-KURVE

Kraftnahrung

Tierisches Eiweiß soll angeblich die meiste Energie liefern – das glauben zumindest einige Kraftsportler, die täglich eine Reihe von Steaks vertilgen.

Schauen wir uns die Ernährungsweise in der Tierwelt an.

Die stärksten, wie Elefanten, Pferde oder Wasserbüffel, fressen Gras, Früchte und Blätter. Dem Menschen sehr ähnlich sind Gorillas. John Aspinal und Adrien de Schryver bestätigen als Verhaltensforscher, dass Gorillas in ihrer natürlichen Umgebung gierige Früchteesser seien und Obst jeder anderen Nahrung vorziehen würden.

Der Silberrücken-Gorilla, „nur" dreimal größer als ein Mensch, aber seine Kraft ist dreißig Mal so groß! Er könnte ein Auto 12 Meter weit werfen. Und das bei einer rein pflanzlichen „Kraftnahrung" aus Früchten, Blättern, Wurzeln und Rinde!

Die gleiche Energiemenge, die tierisches Eiweiß liefert, wird schon für deren Verdauung aufgebraucht. Mahlzeiten mit toter Nahrung führen sogar zu einer Leistungseinschränkung während der gesamten Verweilzeit (8 bis 9 Stunden) im Magen.

Körperliche und geistige Leistung

Körperliche und geistige Leistungsfähigkeit benötigen die gleiche Energieart. Somit brauchen Sie, um geistig erfolgreich zu sein, den gleichen Energieüberschuss wie für körperliche Arbeit oder sportliche Aktivität. Von der Nahrung kann uns aber nur soviel Energie verfügbar bleiben, wie nach Abzug der für die Verdauung benötigten Kraftmenge übrig bleibt.

Energiebilanz

Vergleichen wir nun die Leistungsausbeute von beiden Ernährungsarten, so erzielen „frische Lebensmittel" gegenüber „toter Industrienahrung", einen beachtlichen Leistungsvorsprung.

Ursachen

Frische Lebensmittel verbrauchen kaum Verdauungsenergie. Die kurze Verweildauer im Magen (für Obst etwa 20 Minuten) erklärt, warum wir uns nach einer gesunden Mahlzeit so leicht fühlen. Obendrein bleibt eine Menge Kraft zu unserer Verfügung.

Leistungskurven

Beachten Sie bitte, dass die Leistungskurven mit den Blutzuckerwerten identisch sind.

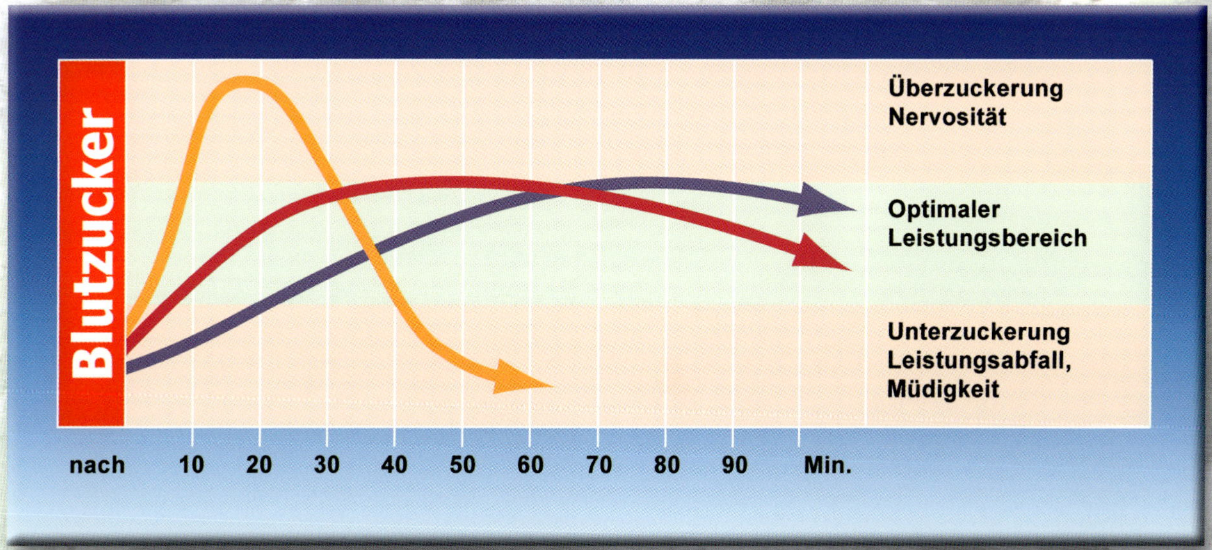

Alle Kohlenhydrat-Konzentrate Industrie-Zucker, Auszugsmehle und Stärke

Frisches Obst und Gemüse

Alle Vollkorn-Produkte Hafer-Kraft-Mischung

MEIN KIND HAT ES LEICHTER IN DER SCHULE

Durch Ihre eigene Ernährung legen Sie als Eltern die Grenzen fest, innerhalb derer sich Ihr Kind geistig und körperlich entwickeln kann.

Das beginnt bereits in der Schwangerschaft und setzt sich konsequent während der Stillzeit fort. Ein Säugling wird immer entsprechend mit dem versorgt, was seine Mutter zu sich nimmt. Je natürlicher und vollwertiger Sie Ihre eigene Ernährung also gestalten, umso gesünder und kräftiger wird sich ihr Kind entwickeln. Die beste Nahrung für das Neugeborene ist in jedem Fall die Milch seiner Mutter.

Die folgende Übersicht zeigt Ihnen einen Vergleich der Zusammensetzung der Muttermilch von Menschen im Vergleich zu Kühen:

INHALTSSTOFFE	MUTTERMILCH	KUHMILCH
Trockenmasse	12,4 %	12,7 %
Fett	3,8 %	3,7 %
Eiweiß	1,0 %	3,4 %
Kohlenhydrate	7,0 %	4,8 %

(Quelle: Baltes Lebensmittelchemie)

Einzig die menschliche Muttermilch enthält übrigens die entsprechenden Inhaltsstoffe zur Wachstumsförderung des Lactobacillus Bifidus, dessen Vorhandensein unerlässlich für den Aufbau einer gesunden Darmflora ist.

Muttermilch galt vor einigen Jahren – aufgrund erhöhter Pestizidwerte, welche durch Spritzmittel verursacht wurden - als schädlich. Inzwischen werden aber die hauptverantwortlichen Chemikalien wie Lindan oder DDT weit seltener angewendet als noch vor 25 Jahren. So fällt auch die Belastung der Muttermilch deutlich geringer aus.

Muttermilch ist deshalb heutzutage nicht nur als unbedenklich zu bezeichnen, sondern sie ist geradezu ein Segen für Ihr Kind!

Die Mutterbrust liefert die natürlichste und vollkommenste Nahrung für ein Kind. Diese Milch ist weder erhitzt noch auf irgendeine andere Art verändert worden. Das Eiweiß lebt noch, im Gegensatz zu allen erhitzten Babynahrungen. Denn Sie wissen ja bereits, dass ab einer Temperatur von über 43° C Eiweiß denaturiert.

Verschiedene Untersuchungen konnten zeigen, dass „Brustkinder“ im Alter von 7 bis 8 Jahren gegenüber „Flaschenkindern“ einen deutlich höheren Intelligenzquotienten aufweisen.

Muttermilch liefert uns in ihrer Zusammensetzung das perfekte Muster einer idealen Kombination von Inhaltsstoffen, gerade so, wie die Natur sie dem Menschen vorgegeben hat.

Achten Sie bitte einmal auf den Eiweiß-Anteil!

Fleisch (z.B. ein Steak) enthält in der Regel das bis zu Zwanzigfache an Eiweiß, welches bei der Zubereitung sogar noch denaturiert (erwärmt) wird! Der Verzehr von Fleisch und Wurst ist demnach eine regelrechte Eiweiß-Mast.

Obst und Gemüse enthalten im Durchschnitt exakt die Eiweißmenge, wie sie die Muttermilch aufweist. Eine Karotte enthält zum Beispiel genau 1 % Eiweiß.

Bedenken Sie, dass ein Neugeborenes in seinem ersten Lebensjahr sein Körpergewicht verdreifachen soll! Wir können uns also getrost der Schöpfungsvorgabe anvertrauen…

Alles, was bis hierher über Ernährung gesagt wurde – besonders über die Suchtgefahren im Zusammenhang mit Zucker-Konzentraten – ist gerade für Kinder von Bedeutung. Die Angewohnheiten, die ein Mensch sich in der Kindheit aneignet, werden oft ein ganzes Leben lang beibehalten. Das gelebte Vorbild der Eltern hat dabei die weitaus größte Bedeutung.

Was fordert die Schule von unseren Kindern? Nicht nur, dass sie 45 Minuten ruhig sitzen müssen. Sie müssen auch den Stoff verstehen und Lösungen erarbeiten. Betrachten wir einmal die Leistungskurve – sie bestimmt schließlich die Aufnahmemöglichkeit bzw. die Fähigkeit, klar zu denken – so wird deutlich, was mit natürlicher Nahrung erreicht werden kann. Oder anders ausgedrückt: Wie viele Chancen und Wege für eine berufliche Entwicklung werden schon im Ansatz mit der falschen Nahrungsauswahl verbaut…?

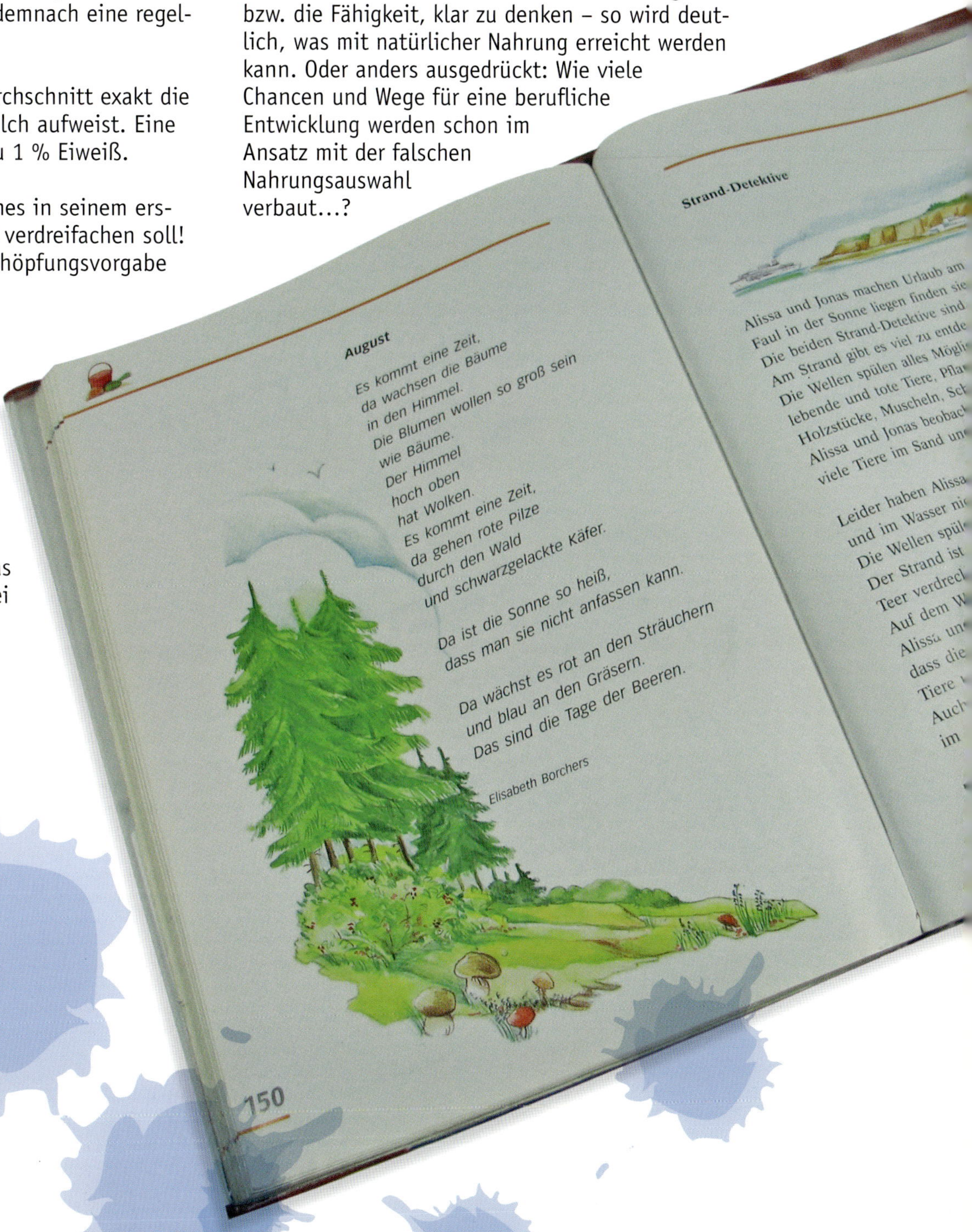

REIHENFOLGE EINER MAHLZEIT

Meine Oma Alwine warnte mich schon vor 60 Jahren: „Junge, iss nicht alles durcheinander!" Dabei konnte sie damals wohl kaum die zahlreichen Bücher der heutigen „Ernährungs-Päpste" gelesen haben. Sie wollte mich nur warnen, bevor ich wieder über Bauchschmerzen klagte.

Denn: Das menschliche Verdauungssystem „verträgt" einen ständigen Wechsel und ein fortwährendes Mischen während einer Mahlzeit nicht besonders gut.

Die Verdauung beginnt im Mund

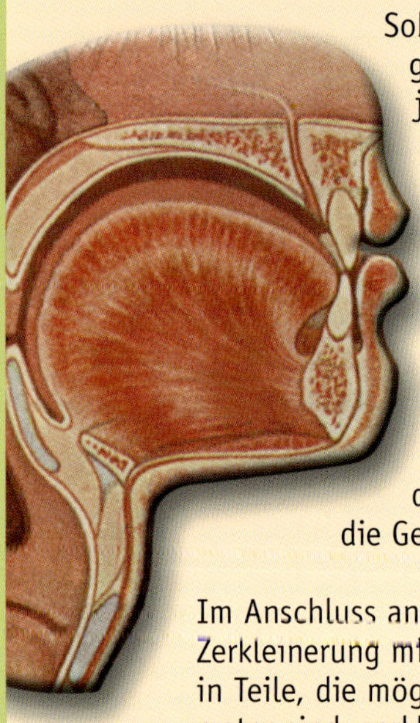

Sobald Nahrung in unseren Mund gelangt, wird eine exakt auf die jeweiligen Inhaltsstoffe abgestimmte Mischung von Sekreten (Absonderungen) freigesetzt. Zahlreiche Drüsen sondern mit dem Speichel (neutral = pH-Wert 7) Enzyme, Stärke, Eiweiß u. a. m. ab und starten somit die Vorverdauung.

Enthält nun unsere Nahrung natürliche Aromen, so funktioniert diese reflexartige Steuerung über die Geschmacksknospen optimal.

Im Anschluss an das Kauen, also die mechanische Zerkleinerung mit den Zähnen, bei dem die Nahrung in Teile, die möglichst nicht größer als Zwei Millimeter sind, zerkleinert wird, kann der gut vorbereitete Brei an den Magen weitergegeben werden.

Wussten Sie schon, dass Speichel neben den oben aufgeführten Stoffen auch Blutgruppensubstanzen sowie fremde Stoffe wie z.B. Jod oder Viren enthält? (vgl. Pschyrembel S. 1560, 2002)

Kohlenhydrate und tierisches Eiweiß

Der Magen ist dem eigentlichen Verdauungstrakt vorgeschaltet und funktioniert als Nahrungsspeicher. In ihm werden die aufgenommenen Speisen gemischt und nach erfolgreicher Vorbereitung langsam an den Darm weitergegeben. Wie bereits bekannt, benötigen auch hier verschiedene Nahrungsstoffe unterschiedliche Verdauungs-Sekrete. Dieser Prozess setzt sich übrigens in ähnlicher Weise auch in den verschiedenen Därmen fort.

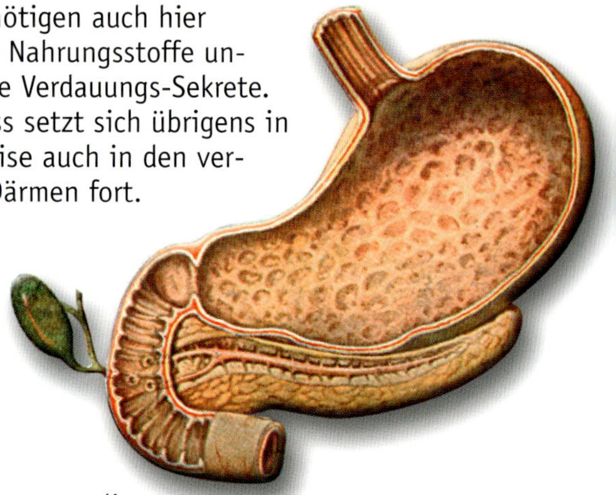

Im Magen muss nun die „Haupt-Verdauungs-Frage" entschieden werden: Soll die Reaktion „sauer" oder „basisch" sein?

Kohlenhydrate bereitet der Magen mit einer basischen Lösung (Lauge), tierisches Eiweiß dagegen schließt er mit einer Säurelösung auf.

Ein Konflikt entsteht, wenn beide Stoffe gleichzeitig in den Magen gelangen. Dann nämlich werden Säure und Lauge vermischt, sie neutralisieren sich und es entsteht wirkungsloses Wasser.

Ein großes Verdauungsproblem wird demnach bereits gelöst, wenn tierisches Eiweiß nicht gleichzeitig mit Kohlenhydraten gegessen wird!

Alle Salate und jedwedes Gemüse passen sowohl zu Kohlenhydraten als auch zu Eiweiß.

Eier lassen sich gut mit Kohlenhydraten kombinieren, denn sie enthalten nur 12,8% Eiweiß.

Käse verträgt sich mit Kohlenhydraten, je geringer sein Eiweißanteil ist.

Achten Sie besonders auf die Reihenfolge bei Obst. Auf dieses Thema wird später noch genauestens eingegangen.

Einfach aber äußerst wirksam:

Meiden Sie die Vermischung von:

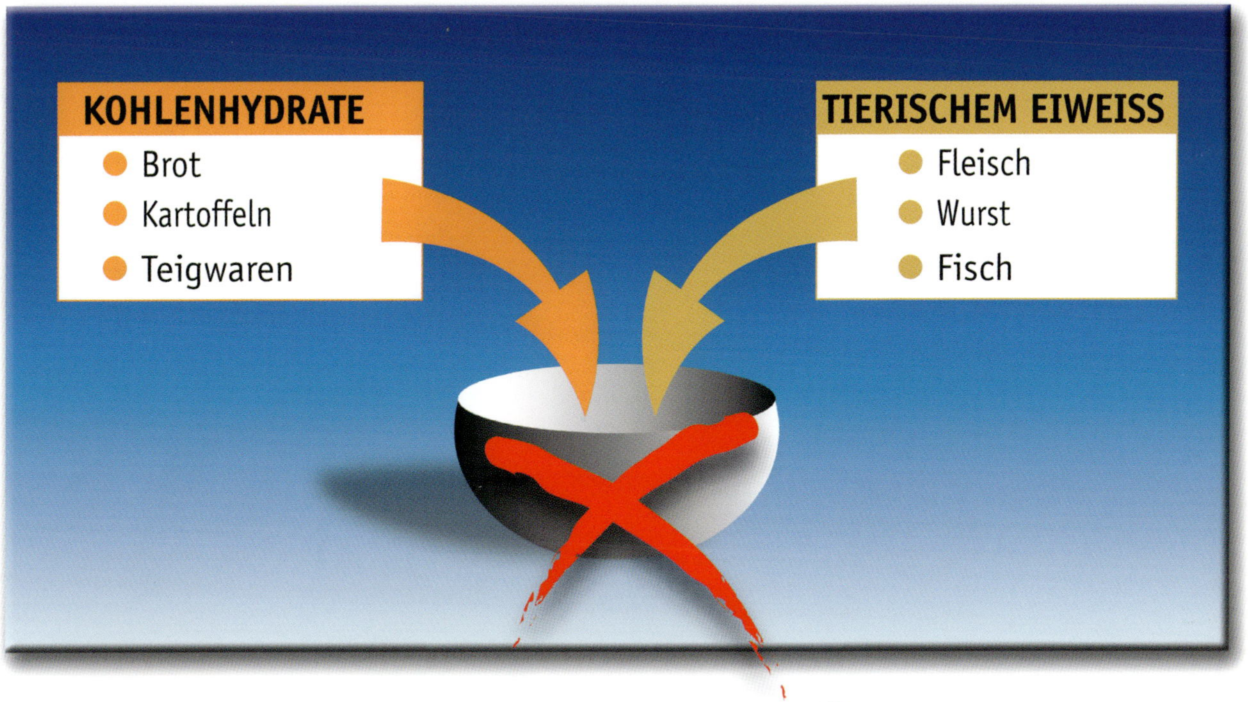

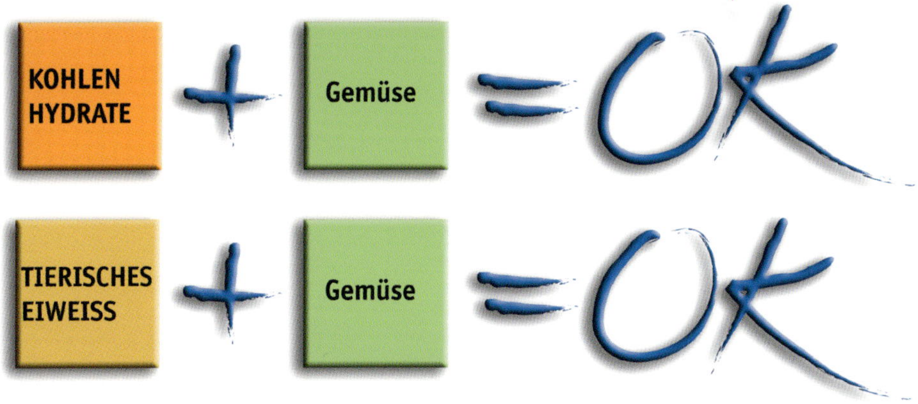

Eine gesunde Ernährung verträgt kein Fleisch

Das größte Verdauungsproblem haben Sie bereits aus der Welt geschafft, wenn Fleisch und Wurst nicht mehr auf Ihrem Speiseplan stehen.

Nun werden Sie vielleicht sagen: „Aber mein Filetsteak lasse ich mir nicht nehmen!" Gut, dann lesen Sie bitte erst noch Kapitel 4 des HEKA Rathgebers und bilden sich dann Ihre eigene Meinung darüber…

Den wichtigen Rat, tierisches Eiweiß nicht mit Kohlenhydraten zu vermischen, sollten Sie aber möglichst sofort umsetzen! Bei Übergewicht werden Sie schon sehr bald einige angenehme Überraschungen erleben. Überflüssiges Wasser verlieren Sie dann auch schon!

Fisch essen wir einmal in der Woche zu Mittag. Meiner Frau und mir bekommt der Lachs – jeweils 150 Gramm mit Gemüsebeilage – recht gut und wir glauben, dass diese Mahlzeit unserer Gesundheit wohl kaum schadet, zumal der Fisch die wichtigen Omega-3-Fettsäuren liefert.

Reihenfolge gesunder Mahlzeiten

Die Geschwindigkeit des Magen-Durchlaufs regelt die ideale Reihenfolge einer gesunden Mahlzeit.

Die „schnellsten" Speisen oder Getränke kommen demnach zuerst dran. Zuletzt wird gegessen, was die längste Verweilzeit im Magen aufweist.

Unser Magen kann 1,5 bis 2,5 Liter Nahrung fassen.

In dieser Reihenfolge ist die Auswertung der Lebensmittel perfekt:

1. Getränke zuerst

Sie verweilen etwa 2 Minuten im Magen.

Trinkwasser oder Quellwasser trinkt man am besten, sobald man durstig ist – und zwar immer vor dem Obst oder sonst mit leerem Magen.

Wasser hat praktisch keine Verweilzeit im Magen. Kräutertee ist ebenfalls empfehlenswert, süßen Sie aber bitte nur mit Honig (kalt geschleudert), wobei die Temperatur des Tees (beim Süßen) unter 44 °C liegen muss.

Meiden Sie alle gezuckerten Getränke! Das gilt auch für Vitaminsäfte oder gekaufte Fruchtsäfte! Die darin enthaltene Menge an Industrie-Zucker schadet Ihrer Gesundheit.

2. Frisches Obst immer auf leeren Magen essen!

(Verweilzeit im Magen: ca. 20 Minuten)

Beginnen Sie mit dem Obst, welches das meiste Wasser enthält.

Rohes Obst enthält praktisch alle lebenswichtigen Nährstoffe in ihrer natürlichen Vollkommenheit, und nur über einen leeren Magen nimmt Ihr Körper 100% davon auf!

2.

3. Frische Rohkostsalate

(Verweilzeit im Magen: ca. 40 Minuten)

Wählen Sie höchstens 3 Gemüsesorten je nach Appetit und lassen Sie sich diese roh schmecken.

4. Erwärmte, vollwertige Nahrung

(Verweilzeit im Magen: 60 bis 180 Minuten)

Alle erwärmten Gerichte aus frischem Gemüse, frischen Kartoffeln, selbst gemahlenem Getreide, Vollkornteigwaren sowie Vollkornbrot und Kuchen aus vollem Korn.

Mit Gedünstetem, Gekochtem, Gebratenem oder Gebackenem beenden wir unsere Mahlzeit.

Obst – das klassische Dessert – wird also zu Beginn gegessen und nicht zum Abschluss!

Mir ist klar, dass damit Ihre sämtlichen Essensgewohnheiten auf den Kopf gestellt werden. In unseren Familien war diese Reihenfolge ebenso gewöhnungsbedürftig. Sie ist aber nun mal die logische Konsequenz körperlicher (physischer) Vorgänge.

Zu beachten für alle Menschen, die eine Umstellung noch nicht geschafft haben, ist folgendes:

Frisches Obst zum falschen Zeitpunkt gegessen wird wertlos!

Mancher wird sagen: „Ich esse bereits jeden Tag frisches Obst." Stellen Sie sich aber einmal vor, diese Früchte geraten in einen Magen, in dem gerade ein Acht-Stunden-Verdauungs-Kampf stattfindet. Mit anderen Worten: Der Magen versucht soeben, ein Gemisch aus konzentrierten Kohlenhydraten und tierischem Eiweiß zu verdauen. In einer bereits gärenden und faulenden Masse werden alle wichtigen Inhaltsstoffe des frischen Obstes restlos zerstört. Kein einziges Vitamin oder irgendeine der Aminosäuren kann diesen Verwesungsprozess heil überstehen!

Wann der richtige Zeitpunkt für frisches Obst nun letztlich ist, lässt sich nur äußerst schwer bestimmen. Werden schon beim Frühstück Wurst und Brot (tierisches Eiweiß und Kohlenhydrate) zugleich gegessen, und setzt sich dieses Mischen den ganzen Tag fort, dann liegt es auf der Hand, dass der Magen eines sich derart ernährenden Menschen fast niemals völlig leer sein kann! In diesem Fall ist es so, dass beinahe alles, was gegessen wird, in einen noch „besetzten" Magen gelangt.

Frühmorgens mit frischem Obst zu beginnen, ist demnach die günstigste Voraussetzung für die Aufnahme aller wertvollen Lebensstoffe!

Derjenige, dem die Umstellung bereits gelungen ist, verfügt natürlich noch öfter am Tag über einen aufnahmebereiten Magen für gesundes Obst.

ESSEN UND TRINKEN NACH HERZENSLUST

Trinken

Trinkwasser, direkt aus der Leitung entnommen, ist das am besten kontrollierte Lebensmittel in Deutschland – und das zum unglaublichen Preis von

1 Cent für 3 Liter!

Es ist durchaus möglich, dass das frische Wasser aus Ihrem Wasserhahn gesünder ist als ein gekauftes Mineralwasser.

Was beispielsweise die Wasserhärte anbelangt, schneiden die meisten abgefüllten Flaschen schlechter ab. Dabei wird die so genannte „Härte" von der Menge an Calcium und Magnesium bestimmt. Dieser Begriff beschreibt die Reaktion des Wassers mit Seife: Je härter Wasser ist, desto mehr wird die Wirkung von Seife aufgehoben (der Waschmittelbedarf steigt). Ernährungstechnisch betrachtet hat die Wasserhärte ebenfalls Folgen: Erbsen und Linsen erweichen beim Kochen schwerer oder Tee schmeckt nicht so gut.

Auch der maximal zulässige Sulfatanteil Ihres Trinkwassers wird von einigen Mineralwässern durchaus um ein Mehrfaches übertroffen. Die Trinkwasserverordnung (TrinkwV. vom 21. Mai 2001) garantiert uns in Deutschland eine stets hervorragende Wasserqualität. Erkundigen Sie sich ruhig bei Ihrem Wasserwerk.

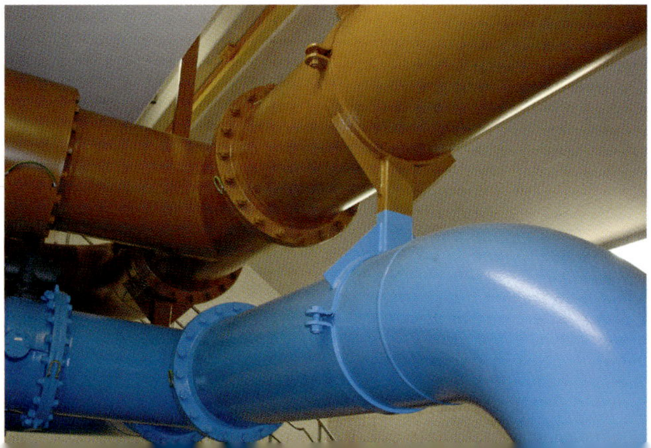

Frisches Wasser können Sie unbesorgt direkt aus Ihrer Leitung trinken. Auf meine Frage an den Wassermeister unserer Stadt (über 200.000 Einwohner), was denn mit den Rückständen in alten Leitungen sei, meinte er, dass ihm in den vergangenen 25 Jahren kein Fall von Verunreinigungen durch Rohre vorgekommen sei. Um aber ganz sicher zu gehen, könne man einmal morgens das Wasser so lange laufen lassen, bis es kalt herauskommt, dann sei die Verwendung unbedenklich.

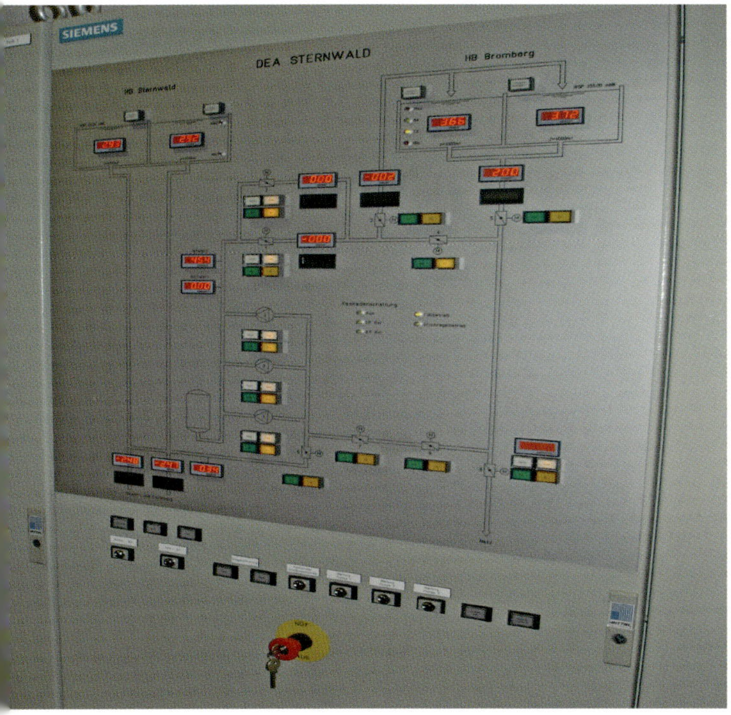

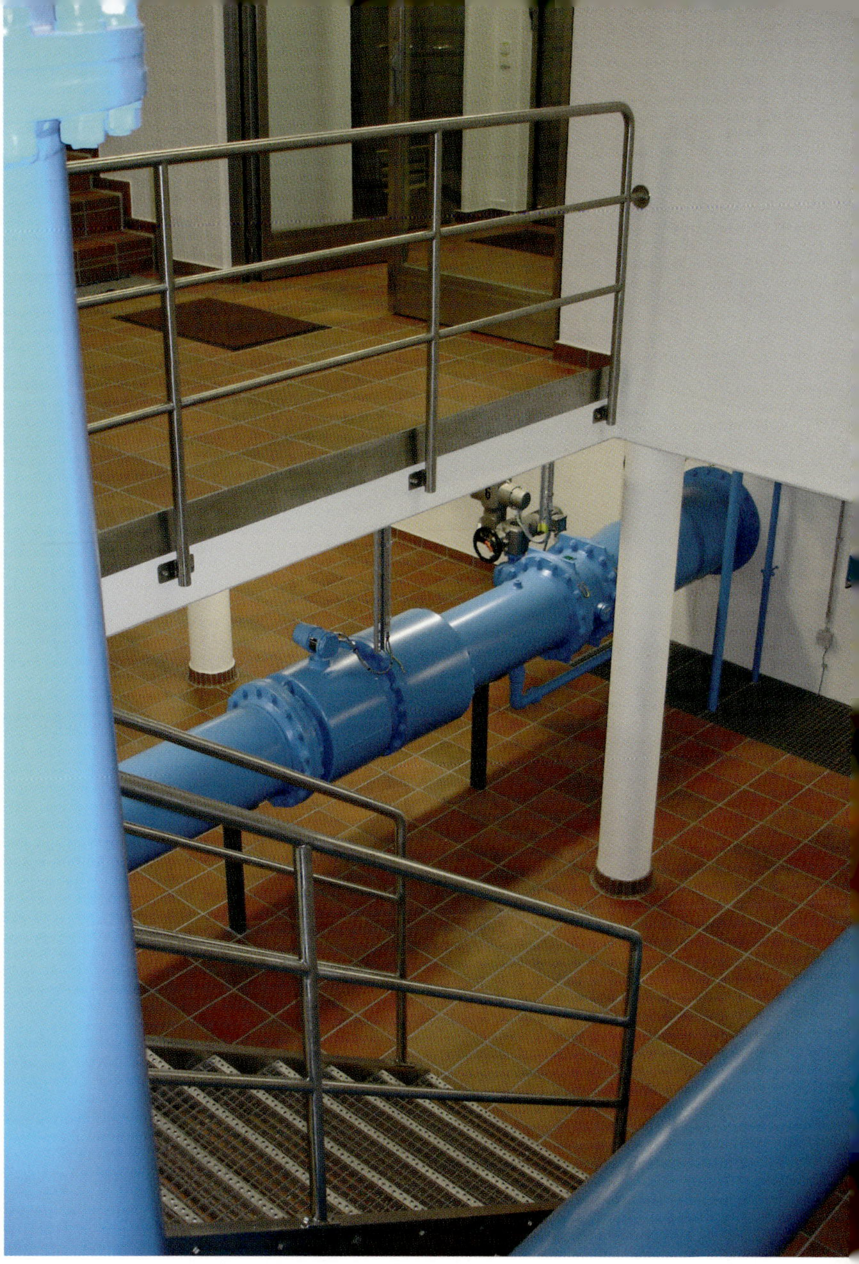

Tee

Tee, mit den verschiedensten Kräutern angesetzt, ist gleichwohl wie Trinkwasser ein optimaler Durstlöscher. Gezielt kann man mit ihm sogar „Gutes“ tun, ob mit dem „Kleinblütigen Weidenröschen für die Prostata“, „Johanniskraut für Beruhigung der Nerven“, oder aber mit „Schafgarbe“. Über diese schrieb bereits Pfarrer Kneipp: „Viel Unheil bliebe den Frauen erspart, würden sie ab und zu nach Schafgarbe greifen.“

Reformhäuser oder Apotheken halten ein großes Angebot an verschiedenen Tees bereit.

Durch einen permanenten, wöchentlichen Wechsel sind Sie in der Lage, mit nur je zwei verschiedenen Teesorten täglich jedes Mal etwas Sinnvolles zu trinken.

Wenn Sie Ihr Getränk süßen möchten, dann ist kalt geschleuderter Honig das Beste. Wie bereits erwähnt, lassen Sie bitte den Tee auf weniger als 44°C abkühlen, bevor Sie ihn mit einem Akazienhonig (neutraler Geschmack) süßen.

Saft

Frischer Saft

Frisch zubereiteter Saft mit viel Fruchtfleisch „überzeugt“ vor allem Kinder und schmeckt herrlich natürlich – und das zu allen Jahreszeiten! Die vollständige Frucht ist und bleibt zwar das Gesündeste, aber der wenige Minuten nach dem Auspressen getrunkene Saft ist das wertvollste Getränk: Es schlägt sämtliche gekauften Säfte um Längen. Es existiert schlichtweg kein Konservierungs-Verfahren, mit dem man die Natur überlisten könnte.

Ausgepresster Saft geht sofort mit dem Sauerstoff der Luft einen Oxydationsprozess ein. Industrie und Handel können ohne Chemie oder Erwärmung diese Oxydation kaum umgehen und müssen noch weiteres „Innen-Leben“, auch nach dem Lebensmittelrecht, verhindern. Genießen Sie also lieber Ihr eigenes frisches Produkt von Herzen.

WICHTIG ZU WISSEN:

Trinken Sie immer auf leeren Magen und bevor Sie Obst essen, niemals danach!

Milch

Milch

Für Kinder ist die frische Vollmilch mit 3,5 % Fettgehalt ein wichtiger Lieferant von Vitaminen, Mineralstoffen sowie Aminosäuren. Wer sie auch als Erwachsener gut verträgt kann sie bedenkenlos trinken, besonders wegen ihres hohen Calciumgehalts der für die Knochendichte förderlich ist.

Fettarme Milch mit 1,5% - 1,8 % Fett ist vorzuziehen wenn der Cholesterinspiegel noch zu hoch ist. Diese Milch enthält wie die Vollmilch auch alle Aminosäuren und Mineralstoffe, lediglich mit kleinen Einschränkungen bei den Vitaminen. Dagegen sind nur 5 mg Cholesterin in 100 g enthalten, gegenüber 12 mg in der Vollmilch.

Von der H-Milch ist abzuraten, da diese aufgrund ihrer Verarbeitung bereits zu den Konserven gezählt werden kann.

Selbst wenn oft darauf hingewiesen wird, dass der Mensch das einzige Lebewesen ist welches im Erwachsenenstadium noch die für den Nachwuchs vorgesehene Milch trinkt, haben wir uns dennoch seit Jahrhunderten sehr gut an dieses Getränk gewöhnt.

Die Kuh oder auch die Ziege hat oft zur hohen Lebenserwartung in ländlichen Regionen beigetragen.

Die Milch warm oder kalt und wer mag mit Honig gesüßt, ist mehr als ein Durstlöscher.

Auch als frisch zubereitetes Milch-Mix-Getränk mit Banane, Heidelbeeren, Erdbeeren oder Himbeeren, je nach Fruchtsüße mit Akazienhonig abgerundet, begeistert es die ganze Familie.

HONIG

Honig galt als das wichtigste Süßungsmittel, bevor der konzentrierte Zucker mit den Kreuzzügen nach Mitteleuropa kam.

Während Industrie-Zucker aufgrund der gewaltigen, verwendeten Mengen längst die toxische (giftige) Schwelle überschritten hat, und somit ein Sucht-Gift und Hauptursache für Zivilisationskrankheiten geworden ist, stellt der Natur-Honig geradezu ein Geschenk für den Menschen dar.

Natürlich belassener Honig enthält so gut wie **alle Lebensstoffe**, die für eine gesunde, vollwertige Ernährung entscheidend sind. Darüber hinaus wird seine **heilende Wirkung** oder seine Verwendung in der natürlichen Kosmetik geschätzt. Honig kommt ohne jegliche Konservierungsstoffe aus, er kann bis zu 30 Jahre gelagert werden und verliert dabei keine Wirkstoffe (bei 7 bis 8°C). Sogar ein natürliches Antibiotikum zählt zu seinen Inhaltsstoffen, von denen die meisten noch gar nicht erforscht sind.

Bienen gibt es bereits seit 30 Millionen Jahren, also lange bevor der Mensch auf den Plan der Schöpfung kam. Propolis, eines der Bienenprodukte, benutzten schon die Ägypter für die Konservierung (Einbalsamierung) ihrer Pharaonen.

Bienen verwenden diesen natürlichsten aller Konservierungsstoffe, um zum Beispiel eine in den Bienenstock eingedrungene Spitzmaus einzubalsamieren, nachdem sie diese mit Stichen eingeschläfert haben. Sie verhindern somit, dass das Leichengift der Maus das gesamte Bienenvolk tötet.

Propolis wird in der Naturmedizin als entzündungshemmendes Mittel anstelle kräftiger Antibiotika eingesetzt – wenn also selbst die Chemie nicht mehr hilft. Zu den Anwendungsgebieten von Propolis zählen unter anderem Hauterkrankungen wie Flechten, Pilzinfektionen oder Akne, sowie Gelenk-, Sehnen- und Muskelerkrankungen. Selbst das Bienengift ist für den Menschen ein wirksames Arzneimittel bei Gelenkentzündungen.

Bienen sind ein wesentlicher **Teil unseres ökologischen Gleichgewichts**. Mehr als 80% unserer heimischen Äpfel, Birnen oder Kirschen verdanken wir dem Fleiß der Bienen. Ebenso sind sie für Qualität als auch Erntemenge von Erdbeeren oder Sonnenblumen von nicht zu unterschätzender Bedeutung. Auch viele Wildpflanzen profitieren von der Bestäubungstätigkeit der Honigbienen.

Übrigens: Das Honigtransportorgan einer Biene ist streng von deren Verdauungstrakt getrennt. Der von einer Biene eingesammelte Nektar wird ausschließlich in der Honigblase gespeichert, dort mit Enzymen in Honig verwandelt und über den Schlund in die Waben gefüllt. Niemals kann also der Honig mit dem Kot der Bienen in Kontakt geraten, in einem solchen Fall würde, bei z.B. Darmerkrankungen, das ganze Volk sofort sterben.

Den besten Honig kaufen Sie bei Ihrem persönlich bekannten Imker.

Die Biene arbeitet für den Menschen wie ein **Vorkoster**, denn sollte beispielsweise die Pestizidbelastung bestimmter Blüten zu hoch sein, sterben deren Sammlerinnen noch bevor der Honig in die Waben gelangt.

Spritzmittel wurden in den vergangenen 25 Jahren mehr und mehr reduziert. Galt früher noch das Motto „Viel hilft viel", so hat sich durch vernünftige Regelungen und nicht zuletzt Dank der biologischen Landwirtschaft eine wesentliche Verbesserung in Deutschland durchsetzen können.

Außerhalb unserer Grenzen sieht das allerdings oft noch anders aus.

Die Königin (mit rotem Punkt) legt täglich 1000 bis 2500 Eier, aus denen sich innerhalb von 21 Tagen die jungen Bienen entwickeln.

Mit Honig gefüllte Waben, wobei die meisten bereits mit einem gelben Deckel verschlossen wurden.

Hier prüft Herr A. Mayer den Wassergehalt des Honigs. Mit 15% liegt sein Honig in der Spitzenklasse. Als Chef des Freiburger Lehrbienenstands ist er auch für die Ausbildung des Nachwuchses zuständig.

Links befindet sich der Honigvorrat, und auf der rechten Seite die Brut.

Wegen der außergewöhnlichen Bedeutung des Honigs für die gesunde Ernährung, achten Sie bitte beim Kauf auf Folgendes:

Deutscher Honig, nur kalt geschleudert, aus Ihrer Region, sichert Ihnen den größten Nutzen und garantiert Ihnen Natur-Reinheit.

Warum ist das wichtig?

Deutscher Honig weist einen weit höheren Reinheitsgrad gegenüber ausländischen Produkten auf.

Regelrecht warnen muss man sogar vor Honig aus wärmeren Gebieten (Mittelmeerraum), denn die dort zahlreich wachsenden Rhododendren und Azaleen besitzen z.T. Gifte in ihren Blüten, welche von der Biene mit eingesammelt werden. Diese führen bei Menschen zu so genannten „pontischen“ Vergiftungen (atropinartig). In Deutschland gibt es zu wenige dieser Sträucher, als dass sie die Gefahrenschwelle erreichen könnten. Vergiftungen sind auch aus Neuseeland von der dortigen Tuta-Pflanze bekannt.

Die Bezeichnung „kalt geschleudert“ auf deutschen Gläsern bedeutet, dass dieser Honig niemals über die Eiweiß-Todes-Grenze von 43°C erhitzt wurde. Sollte Naturhonig beim Lagern kristallisieren, ist das nur ein gutes Zeichen dafür, dass er noch nie erwärmt wurde.

Blüten-Pollen

Blüten-Pollen enthalten nahezu alle Lebensstoffe unserer Vegetation, einschließlich der Heil- und Wildkräuter, in einem harmonischen Gleichgewicht. Den Bienen dienen sie zur Aufzucht ihrer Brut. Ihren außerordentlichen Gesundheitswert erkennen wir daran, dass Bienen zwar einen Winter ohne Honig überleben können, aber niemals ohne Blüten-Pollen.

Frauen dienen sie als Kräftigungsmittel, sowie der Linderung von Beschwerden in den Wechseljahren und zur Verhinderung eines vorzeitigen Alterungsprozesses.

Männern geben die Pollen Potenz steigernde Kräfte, denn sie enthalten den Wirkstoff Rutin, der die Durchlässigkeit der Adern verbessert und Blutgerinnseln vorbeugt. Somit sinkt auch das Risiko, einen Herzinfarkt zu erleiden.

Ein bis drei Teelöffel täglich, zusammen mit Ihren Getränken auf leeren Magen, bewirken Wunder. Achtung: Geben Sie die Pollen nicht in zu heißen Tee! Sie wissen es bereits: Die Denaturierungsgrenze von 43°C darf nie überschritten werden.

KERNOBST

Kann man Bienenhonig sowie Blütenpollen eher als eine Art Lebens-Elixier (Heil-, Zaubertrank) betrachten, ist frisches Obst demgegenüber schlichtweg das Lebensmittel Nummer Eins.

Frische, gut schmeckende Äpfel bereichern unseren Tisch und – zum richtigen Zeitpunkt mit ihrer Schale genossen – entfalten sie ihre lebendige, gesundheitsfördernde Kraft.

Schauen wir uns die Inhaltsstoffe eines Apfels einmal genau an:

INHALTSSTOFFE: *APFEL*

Wasser	Eiweiß	Fett	Kohlenhydrate	Säuren	Faserstoffe	Mineralstoffe
84,9 %	*0,3 %*	*0,6 %*	*11,4 %*	*0,5 %*	*2,0 %*	*0,3 %*

Gesunde, so genannte **bioaktive Flavonoide**, befinden sich übrigens ausschließlich in der Schale des Apfels sowie der Birne.

Anhand der Inhaltsstoffe des Apfels können Sie leicht erkennen, dass Sie nichts ergänzen müssen, wenn Sie nur reichlich von dem Kernobst essen.

Weitere Obstsorten vergleichen wir angelehnt an den Apfel:

Birnen entsprechen in etwa dem Apfel, beinhalten allerdings etwas mehr Oxalsäure und Faserstoffe.

BEEREN weisen im Allgemeinen weniger Kohlenhydrate auf (5 bis 6%). Einzig die Weinbeere bringt es auf einen Anteil von 15,2%.

Erdbeeren liefern Ihnen ein Mehr an Mineralstoffen, Folsäure und Vit. C (65 mg) sowie Eiweiß (8,8%).

Himbeeren beinhalten mehr Eisen (1 mg) sowie Vit. E (910 µg) und verfügen über einen höheren Anteil an Faserstoffen (4,7%).

Im Einzelnen je 100 g essbarem Anteil des Apfels sind das lt. Souci-Fachmann-Kraut:

Mineralstoffe		Vitamine		Aminosäuren		Kohlenhydrate		Lipide		Sonstige	
Natrium	1mg	A	6µg	Arginin	8mg	Glucose	2030mg	Palmitinsäure	125mg	Apfelsäure	425mg
Kalium	120mg	ß-Carotin	30µg	Histidin	6mg	Fructose	5740mg	Stearinsäure	40mg	Zitronensäure	30mg
Magnesium	6mg	E	490µg	Isoleucin	10mg	Saccharose	2550mg	Ölsäure	18mg	Oxalsäure	500µg
Calcium	6mg	K	4µg	Leucin	16mg	Stärke	600mg	Linolsäure	200mg	Salizylsäure	310µg
Mangan	45µg	B1	35µg	Lysin	15mg	Sorbit	515mg	Linolensäure	45mg	Purine	14mg
Eisen	250µg	B2	30µg	Methionin	3mg						
Kupfer	50µg	Nicotinamid	300µg	Phenylalalin	9mg						
Zink	100µg	Panthotens.	100µg	Threonin	8mg						
Nickel	2µg	B6	105µg	Tryptophan	2mg						
Chrom	4µg	Biotin	5µg	Tyrosin	5mg						
Phosphor	11mg	Folsäure	8µg	Valin	12mg						
Chlorid	2mg	C	12mg								
Fluorid	9µg										
Jodid	1µg										
Selen	1µg										

Heidelbeeren und Blaubeeren enthalten mehr Mangan und Eisen.

Stachelbeeren und Brombeeren liefern Ihnen mehr Kalium, Magnesium und Calcium.

Rote Johannisbeeren enthalten viel Zitronensäure (1.775 mg).

Schwarze Johannisbeeren beinhalten sehr viel Eisen (1,3 mg), Vit. E (1.900 µg) und Vit. C (175 mg). Wer diese Frucht nicht mag, sollte sich zumindest durch ihren Saft die wertvollen Inhaltsstoffe sichern.

Die Weinbeere enthält mehr Folsäure (45 µg) und ist besonders reich an Methionin (23 mg). Dieser Eiweißbaustoff kommt in der Ernährung häufig zu kurz.

STEINOBST

Die Aprikose enthält mehr Vit. A sowie ß-Carotin (1.600 µg).

Pfirsiche haben viel Vit. E (965 µg) sowie einen höheren Anteil an Methionin (30 mg).

Kirschen enthalten neben reichlich Mineralstoffen im Vergleich zum Apfel mehr Folsäure (50 µg) und darüber hinaus sämtliche lebenswichtigen Aminosäuren.

Pflaumen weisen erstaunlicherweise mit 1.220 mg einen höheren Apfelsäuregehalt auf.

Genießen Sie das frische, reife Obst je nach Jahreszeit und Appetit. Besonders Ihre Kinder werden Sie mit dem herrlichen Aroma von reifem Steinobst und Beeren begeistern.

EXOTISCHE FRÜCHTE

Auch die exotischen Vertreter des Nahrungsmittels Nummer Eins – Obst – wollen wir mit unserem Apfel vergleichen.

Apfelsinen und Orangen sind bzgl. ihrer Inhaltsstoffe dem Apfel sehr ähnlich, nur weisen sie mehr Vit. C (50 mg), einen größeren Anteil an allen Aminosäuren und an Zitronensäure (1.040 mg) auf.

Die Ananas besitzt zwar die gleiche Menge an Kohlenhydraten wie ein Apfel, jedoch ist die anteilige Saccharose drei Mal so hoch (7,83 g). Der wunderbare Geschmack guter Sorten darf natürlich mit bestem Gewissen genossen werden.

Die Banane enthält die gleiche Menge an Vit. C (12 mg), dafür allerdings die doppelte Menge an allen Aminosäuren sowie ebenfalls an Kohlenhydraten (20%), wobei Saccharose mit 10,3 g den größten Anteil hat. Dieser hohe Kohlenhydratanteil ist für den gesunden Menschen hinsichtlich des Zuckerspiegels völlig unproblematisch, da die naturgemäße Kombination an Inhaltsstoffen für eine normale Umsetzung sorgt. Die Banane ist nicht nur ein guter Energiespender, sondern sie sättigt auch gut.

Mandarinen beinhalten reichlich Magnesium, Calcium, Phosphor und Vit. A (140 µg), sowie einen guten Anteil an allen Aminosäuren. Der Saccharose-Anteil geht mit 1,1 g ebenfalls in Ordnung.

Kiwis weisen viel Magnesium, Calcium sowie Eisen auf. Hinsichtlich **Vitamin C** ist die Kiwi unschlagbar, denn von diesem Vitamin können je nach Erntezeit und Lagerung **20 bis 300 mg** enthalten sein.

Wassermelonen dienen gerade im Sommer als wunderbarer Durstlöscher, der dem Apfel in seiner Gesundheit stiftenden Wirkung in kaum etwas nachsteht. Sie enthalten etwas mehr Vit. A, ß-Carotin und Pantothensäure (Vit. B5).

Zitronen (ungespritzt) haben vor allem mit ihrem verdünnten Saft als Getränk, in einer Salatsauce oder zum Backen einen festen Platz in der Küche. Zitronen liefern reichlich Vit. C (50 mg).

Zuckermelonen und Honigmelonen sind starke Lieferanten von sowohl Vit. A (785 µg) als auch ß-Carotin 4.700 µg (das entspricht der zehnfachen Menge gegenüber dem Apfel). Sie liefern zudem viel Saccharose (9,5 g), jedoch nicht alle Aminosäuren, soweit man dies bisher herausgefunden hat.

Die Mischung heimischer und exotischer Früchte, in frischer und natürlicher Form gegessen, bringt Ihren Körper in ein vollkommenes Gleichgewicht. Diese körperliche Harmonie ist der perfekte Schutz vor Erkrankungen.

FRISCHES GEMÜSE

Gemüse unterstützt den mit dem Obst erreichten Gleichklang und versorgt unseren Körper zusätzlich mit einer ganzen Reihe von Krebs-Hemmern (Inhibitoren).

Gegenüber dem Obst unterscheidet sich rohes Gemüse durch einen grundsätzlich höheren Eiweißanteil (Aminosäuren), weniger Kohlenhydrate sowie mehr Mineralstoffe.

Möhre, Karotte: Täglich rohe Möhren ergänzen frische Äpfel (auch als Zwischenmahlzeit) hervorragend, wobei sie einen höheren Anteil an Magnesium, Calcium, Eisen und Vit. A (1.500 µg) aufweisen. Zudem liefern sie ß-Carotin (7.600 µg) und viele Faserstoffe (3,6%). Damit sind sie geradezu prädestiniert für den „kleinen Hunger zwischendurch".

Tomaten, natürlich roh (als Liebesäpfel bekannt), besitzen eine wunderbare Mischung an lebenswichtigen Inhaltsstoffen und passen mit ihrem hohen Wasseranteil bestens zwischen Obst und Rohkostsalat.

Radieschen sorgen für eine Extraportion Eisen (440 µg) und Vit. C (30 mg).

Frisch-Kost-Salate, mit Kopfsalat, Feldsalat (Rapunzel), Endivie oder Chicoree lassen sich durch tolle Salatsaucen verfeinern.

Auch **Frisch-Kost-Mischungen** liefern Wertvolles: Kombinieren Sie Rapunzel mit Kresse, Endivie mit Wildkräutern, bereiten Sie einen Möhren-Apfelsalat, einen Paprika-Gurkensalat oder einen Rote-Rüben-Salat.

WILDPFLANZEN, KRÄUTER

Bärlauch: Nach seinem Winterschlaf nimmt sich der Bär die frischen Blätter des Bärlauchs, denn diese fördern die Entschlackung und wirken äußerst günstig auf das Magen- und Darmsystem.

Frische Bärlauch-Blätter mit Quark sind auch als Brotaufstrich geeignet.

Gemüse kann meistens im frischen Zustand gegessen werden.

Ausgenommen sind Bohnen, denn diese enthalten Gifte, welche erst durch Erhitzen abgebaut werden.

Gartenkresse, Petersilie, Schnittlauch sowie Knoblauch und Zwiebeln geben einer Vielzahl von Zubereitungen neben dem farbigen vor allem auch den geschmacklichen Pfiff.

PILZE ROH

Ein Champignon enthält, verglichen mit dem Apfel, drei Mal soviel Mineralien (z. B. 1200 µg Eisen oder 7 µg Selen) und weist sogar 2 µg Vit. D auf. Besonders Nicotinamid (Vit. B3; 5.200 µg) und Pantothensäure (Vit. B5; 2.100 µg) sowie Folsäure sind stark vertreten. Der Champignon enthält zehn Mal mehr wichtige Aminosäuren, dagegen enthält er nur 0,6% Kohlenhydrate. Dem Apfel gleicht er hinsichtlich der Menge an Faserstoffen (2%). Frisch und roh gegessen, sorgt er bestens für Ihren Frischkostanteil.

SAUERKRAUT

Sauerkraut entsteht durch Gärung von Weißkraut, wobei die dabei entstehende Milchsäure als ideales Entgiftungsmittel für den Darm wirkt. Sie regeneriert die Darmflora und übt auf diese Weise eine tief greifende Wirkung auf den gesamten Körper und alle seine Organe aus. Bei der milchsauren Vergärung des Weißkohls bildet sich unter anderem auch der Stoff Cholin. Dieser wirkt einerseits Blut verbessernd und regulierend, andererseits hat er eine ausgleichende Wirkung auf die Zufuhr der Blutnährstoffe.

In den USA sowie in England verordnen Ärzte heutzutage Sauerkraut bei größeren Blutverlusten. Acethylcholin, ein weiterer Inhaltsstoff, beeinflusst sehr intensiv das vegetative Nervensystem. Der Vagusnerv wird angeregt, während sein Gegenspieler, der Sympathikusnerv, gedämpft wird. Der Mensch wird ruhiger, sein Blutdruck sinkt, das Herz schlägt langsamer und der Schlaf wird tiefer und somit besser.

Acethylcholin wird durch Erhitzen allerdings zerstört; Sauerkraut zu kochen ist demnach kontraproduktiv: Rohes Sauerkraut hat die bessere Wirkung gegenüber gekochtem. Das beste Sauerkraut bekommen Sie übrigens von Ihrem Biobauern – oder Sie setzen es selbst an!

HAFER-KRAFT-MISCHUNG

Die Mischung von Hafer, Rosinen, Walnüssen, Haselnüssen sowie Sonnenblumenkernen wirkt als Kraftspender mit lang anhaltender Sättigungswirkung (Hafer wurde ja bereits im Kapitel „Abnehmen auf die schönste Art“ erwähnt).

Die Inhaltsstoffe sind im Einzelnen:

Inhalte in %	Hafer	Rosine	Walnuss	Haselnuss	Sonnenblumensamen
Wasser	13,0	15,7	4,4	5,2	6,6
Eiweiß	11,7	2,5	14,4	12,0	22,5
Fettsäuren					
Gesättigte	1,4	-	5,7	3,8	5,3
Ungesättigte	2,5	-	10,8	45,8	gute 13,4
Essentielle	2,9	-	41,7	8,6	wichtige 28,0
Kohlenhydrate	55,7	68,0	10,6	10,5	12,3
Faserstoffe	9,7	5,2	6,1	8,2	6,3
Mineralstoffe	2,9	2,0	2,0	2,4	3,3

Hafer bringt es im Vergleich zum Apfel auf die zehnfache Menge an Mineralien (Magnesium 130 mg, Calcium 80 mg). Durch seine dem Korn entnommene Natürlichkeit wird dieses **Calcium** – wie auch das aus den anderen Natur belassenen Lebensmitteln – genau dort ankommen, wo wir es wünschen: Nämlich zur Stärkung in unseren Knochen und Zähnen.

Diese Fülle an sämtlichen Mineralstoffen und Vitaminen (die Haselnuss beinhaltet 25 mg Vit. E) und der hohe Anteil an allen lebenswichtigen Aminosäuren sowie pflanzlichem Fett kann durch kein einziges Nahrungsergänzungsmittel erreicht werden!

Ob Sie mit der „Hafer-Kraft-Mischung" Ihr Obst-Frühstück abschließen, ob Sie diese als Zwischenmahlzeit oder manchmal gar als Mittagshauptmahlzeit wählen, bleibt letztlich Ihnen überlassen. Nur einmal am Tag sollte diese Power-Mischung zur Gewohnheit werden.

Die eigene frische Zubereitung ist übrigens der einzige Weg, Ihre Nahrung „Konservierungsstoff- und Chemiefrei" genießen zu können.

„Lasst unsere Nahrung so natürlich wie möglich"

Diese Worte von Prof. Dr. med. Werner Kollath werden immer Gültigkeit haben.

Was den Menschen von allen anderen Lebewesen auf diesem Planeten unterscheidet, ist die Tatsache, dass wir unsere Nahrung erwärmen, bevor wir sie verspeisen. Wie Sie aber bereits wissen, denaturiert das lebenswichtige Eiweiß über 43° C. Die Schädlichkeit dieser Zubereitung hat Prof. Kollath schon vor einem halben Jahrhundert in Tierversuchen nachgewiesen.

Von dieser Angewohnheit, so gut wie alle frischen Lebensmittel „verfeinern" zu wollen, genauer gesagt aber vielmehr „tot zu kochen", wird die Menschheit wohl nicht mehr abgehen. Dafür sitzt sicher der Glaube zu tief, „etwas Warmes in den Magen zu bekommen, ist gut". Auf keinen Fall möchte ich an dieser Stelle den Anschein erwecken, in die Zeit zurück gehen zu wollen, als der Mensch noch kein Feuer machen konnte. Die Menschheit hat das Erwärmen ihres Essens schließlich ganz gut überlebt.

KÜRBISKERNE

Der Kürbis galt bereits im alten Griechenland als Arzneipflanze. Er enthält große Mengen Beta-Carotin, Vitamin E und C (immunstärkend und krebsvorbeugend) und ist reich an Mineralien wie Kalium und Magnesium. Auch Calcium, Eisen sowie Folsäure sind enthalten.

Früher setzte man Kürbis zur Therapie gegen Magen- und Darmerkrankungen oder bei akuten Infektionen ein.

In den Kernen liegt die größte Wirkung.

Diese liefern die gesunde Kraft der Mutterpflanze in konzentrierter Form, auch so genannte Phytosterine. Das sind pflanzliche Hormone, welche sich günstig auf Prostataleiden auswirken und harntreibend sowie krampflösend sind.

Gesünder können Sie nicht knabbern, wenn Sie der kleine Hunger überfällt.

Kürbiskernöl für Salate ist besonders empfehlenswert.

WARME SPEISEN

Eine schonende Zubereitung der Mahlzeiten ist für viele von Ihnen längst zum Begriff geworden. Wenn wir von den dabei unvermeidlichen Verlusten absehen, bleiben uns dennoch eine Reihe wertvoller Inhaltsstoffe erhalten, zumal dann, wenn wir frische vollwertige Lebensmittel verarbeiten.

SUPPEN

Herrliche Créme-Suppen aus **frischem Gemüse oder Kräutern** - mit Sahne zubereitet - passen wunderbar zwischen Frischkost und Hauptgang.

Tomaten Créme

WICHTIG ZU WISSEN:

Ein Frisch-Kost-Anteil von 50% ist für den gesunden Menschen nach heutigem Erkenntnisstand optimal.

Karotten Créme

Spinat Créme

KARTOFFELN

Kartoffeln, gekocht oder gebacken (frisch, mit Schale!) enthalten genügend Anteile an Eiweiß, Kohlenhydraten sowie Mineralstoffen, vor allem aber auch die für die Verdauung wichtigen Faserstoffe.

Die Menge an Kohlenhydraten nach dem Kochen (14,8%) oder Backen (17,9 %) kommen der rohen Kartoffel (ebenfalls 14,8%) am nächsten.

Pommes frites, natürlich aus frischen Kartoffeln, sind selbstverständlich ein „Muss" in unserer Küche. Sie kommen auf die Menge von 35,7% an Kohlenhydraten.

Bratkartoffeln und andere Köstlichkeiten der Kartoffel-Küche kommen ebenso auf noch akzeptable Werte an Kohlenhydraten. Erst bei den **„Trockenprodukten" aus der Industrie** sieht das anders aus: Der Kohlenhydratanteil steigt hier auf über 73% und darüber an, und nähert sich demnach den Werten in der Tiermast. Zudem kommen diese Produkte ohne Konservierungs- oder Geschmacks-Chemie nicht mehr aus. Die erhoffte Zeiteinsparung für die Zubereitung hält sich darüber hinaus auch oft noch in Grenzen.

Bleiben Sie also bei frischen Bio-Kartoffeln als Ausgangsprodukt und genießen Sie die wunderbaren natürlichen Aromen verschiedener Sorten aus Ihrer Region.

SPARGEL

Spargel, der „König" unter dem Gemüse, weist Eiweißwerte von 1,7% auf, zudem verfügt er über 1,1% Kohlenhydrate, 1,3% Faserstoffen sowie Kalium, Calcium, Eisen und Phosphor. Auch die B-Vitamine sowie Vit. C gehören zu seinem Repertoire. Deutscher Spargel gegart, mit Bröselbutter oder holländischer Sauce und frischen Kartoffeln, ist ein Genuss, auf den meine Frau und ich zur Spargelzeit nicht verzichten.

FRISCHE PILZE

Champignons, Pfifferlinge oder Steinpilze, sind gut gewürzt, z. B. in Butter mit Zwiebeln gedünstet und mit Sahne abgerundet, eine tolle Beilage zu Kartoffeln oder auch zu Vollkornnudeln. Würzen Sie immer mit ganzen Pfefferkörnern aus der Mühle gemahlen, der Geschmack ist großartig – und die Gesundheit kommt nicht zu kurz.

Blumenkohl, Broccoli, Rosenkohl, grüne Erbsen, Karotten oder Spinat enthalten auch im gegarten Zustand noch genügend wertvolle Inhaltsstoffe, wobei Eisen (2.900 µg) bei Spinat hervorsticht. Als Beilagen mit feiner Sauce zu frischen Kartoffeln sind diese Gemüsesorten ein vollwertiger Mahlzeit-Abschluss.

Schwarzwurzeln – nur einfach abgebürstet und gewaschen – immer mit der Schale gekocht oder sogar mit Schale gegessen, geben zusammen mit Butter und Quark (oder anderem Gemüse) einen besonders herzhaften Geschmack. Ihre riesige Menge an Faserstoffen (18,3%) sorgt für eine besonders gute Verdauung.

Rotkohl, Rotkraut, Blaukraut, frisch gekocht ergeben mit ihrem wunderbaren Aroma zusammen mit Kartoffeln ein gut schmeckendes Mahl.

VOLLKORNPRODUKTE

Vollkorn-Nudeln schmecken erfahrungsgemäß erst ab dem vierten Essen richtig gut – unser Geschmack muss erst auf die Neuerung „trainiert" werden. Doch glauben Sie mir: Sie werden die weißen, leeren Teigwaren nicht mehr anrühren wollen! Herzhaft und gut sättigend, bereichern Vollkorn-Nudeln aus dem vollen Weizen- oder Dinkel-Korn Ihren Speiseplan. Zusammen mit einer Sauce aus frischen Tomaten zubereitet, mit Pilze in Sahnesoße oder einfach mit geriebenem Käse, machen sie das Menu komplett.

BROT

Worin genau besteht eigentlich der Unterschied zwischen „normalem" Brot zum Vollkornbrot? Vergleichen wir einmal:

Inhaltsstoffe	Roggenbrot	Roggen-Vollkornbrot	
Eiweiß	6,2 %	6,8 %	
Davon Methionin	60 mg	100 mg	Eine der wichtigen Aminosäuren
Kohlenhydrate	45,8 %	38,7 %	Weniger ist besser
Faserstoffe	6,5 %	8,1 %	Faserstoffe wirken als Essbremse!

Inhaltsstoffe	Weizenbrot	Weizen-Vollkornbrot	
Eiweiß	7,6 %	7,0 %	
Davon Methionin	130 mg	140 mg	
Kohlenhydrate	49,0 %	40,7 %	Weniger=Vit.Bedarf geringer
Faserstoffe	3,2 %	7,4 %	Mehr als verdoppelte Essbremse!

Weiße Brötchen, so genannte „Semmeln", haben sogar einen Kohlenhydratanteil von 55,5% und verursachen lediglich zusätzlichen Hunger. Greifen Sie also lieber zum **Vollkornbrötchen!**

Vollkornbrote kommen in ihrer Zusammensetzung dem ganzen Korn näher und erzeugen durch den Verzehr keinen weiteren Essbedarf.

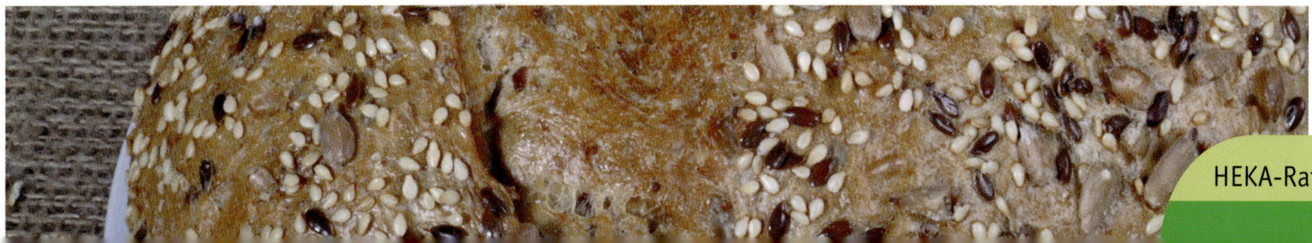

KÄSEKUCHEN

Zutaten Mürbeteig	
1	Eigelb
100 gr.	Butter
150 gr.	Weizen
40 gr.	Honig

Zutaten Füllung	
7	Eier
130 gr.	Honig
500 gr.	Quark Halbfettstufe
1	Zitrone (Schale abgerieben)
50 gr.	Butter
1	gehäufter Eßlöffel Weizen
1	gehäufter Eßlöffel Speisestärke
1	Glas Kirschen

VOLLKORN-WAFFELN

Zutaten (4 Personen)	
110 gr.	Butter
100 gr.	Honig
3	Eier
260 gr.	frisch gemahlenes Weizenmehl
185 ml.	Milch
3/4	Päckchen Backpulver

APFEL-MUFFINS

Zutaten	
170 gr.	Butter
100 gr.	Honig
3	Eier
250 gr.	frisch gemahlenes Weizenmehl
1	gestr. Teelöffel Backpulver
2	große Äpfel

CRÉPES

Zutaten	
200 ml	Milch
200 ml	Mineralwasser
140 gr.	Dinkelvollkornmehl
3	Eier
50 gr.	Akazienhonig

MILCH

FETTANTEIL: ***Verschiedener Milcharten***

Mensch	Kuh	Ziege	Schaf	Esel	Pferd
12,4 %	*12,7 %*	*13,2 %*	*19,3 %*	*8,5 %*	*11,2 %*

Für Kinder und Jugendliche ist Milch wichtig, denn in ihr sind zahlreiche, wertvolle Inhaltsstoffe sowie ein genügender Anteil an ungesättigten sowie hoch ungesättigten Fettsäuren vorhanden. Auf den Fettanteil müssen sie nicht mehr unbedingt achten, zumal wenn kein tierisches Schlachtfett mehr auf Ihrem Speiseplan steht.

BUTTER

Wenn Sie die Inhaltsstoffe von Butter und Margarine im „Souci-Fachmann-Kraut" vergleichen, fällt auf, dass die Butter reich an den meisten Mineralien, Vitaminen und Aminosäuren ist. Sie enthält auch essentielle (wesentliche) hoch ungesättigte Fettsäuren und sogar das seltene Vitamin B 12.

Pflanzen- oder Standard-Margarine dagegen, enthält gerade einmal zwei Mineralien (Butter: 15) sowie vier Vitamine (Butter: 14).

Dr. med. M. O. Bruker sagt dazu: „Die Menschen auf unserer Erde haben seit Jahrtausenden das Milchfett in Form von Milch, Sahne oder Butter genossen und sind dadurch nicht krank geworden. Butter hat nie eine Arteriosklerose erzeugt oder einen Herzinfarkt begünstigt. Die starke Zunahme der Gefäßerkrankungen und des Infarkts ging nicht mit einer entsprechenden Steigerung des Butterkonsums einher."

Dr. Bruker weist auf die Überlegenheit des Naturfetts Butter gegenüber jedem anderen, künstlich erzeugten Fett – beispielsweise Margarine – hin. Mit seiner Jahrzehnte währenden klinischen Erfahrung belegt er, dass Butter das bekömmlichste Fett ist.

SAHNE

Zur Saucen- oder Suppenzubereitung empfehle ich gerne Sahne. Natürlich können Sie ebenso **Schlagsahne** herstellen. Soll diese süß sein, geht das mit Akazienhonig bestens. Gleich zu Beginn geben sie dazu einen vollen Teelöffel in die flüssige Sahne, verrühren das Ganze und schlagen die Sahne anschließend (1/4 Liter Sahne).

BUTTERMILCH

Buttermilch unterstützt das Wachstum und ist demnach gerade für Kinder förderlicher als Vollmilch. Alle milchsauren Speisen regen die Verdauung an. Die Milchprodukte enthalten übrigens das Vitamin B 12. Da wir nur sehr wenig dieses Vitamins täglich benötigen, decken schon einige wenige Milcherzeugnisse unseren gesamten Bedarf.

NATUR-JOGHURT

Dieses wertvolle Nahrungsmittel sollten Sie immer ohne jegliche Zusätze genießen.

QUARK

Quark lässt sich wunderbar mit frischen Kräutern mischen, oder Sie servieren ihn wie bereits erwähnt ganz einfach mit Pellkartoffeln und Butter. Was früher noch ein „Arme-Leute-Essen" war, avancierte bis heute zum „Kluge-Leute-Essen"!

WEICH-KÄSE

Weichkäse ist wie Quark der Natur am nächsten. Trotzdem brauchen andere Käsesorten – egal bei welchem Fettanteil – auf Ihrem Tisch nicht fehlen. Wechseln Sie oft und genießen Sie!

FETTE UND ÖLE

Milch- und Pflanzenfette sowie Pflanzenöle eignen sich wunderbar für jede Zubereitung.

KOKOSFETT

Kokosfett eignet sich besonders für **hohe Temperaturen**, wie sie zum Beispiel beim Frittieren (schwimmend in Fett ausbacken) oder längerem Braten vorkommen. Zwar enthält Kokosfett vorwiegend gesättigte Fettsäuren, jedoch sind eben nur diese besonders hitzestabil.

BUTTER ZUM GAREN

Butter eignet sich sehr gut zum Dünsten oder Garen. Letzteres ist eine besonders gute Methode zur Zubereitung bei geringstem Verlust an Nährstoffen. Garen Sie bei milder Hitze, im eigenen Saft oder unter Zugabe von wenig Wasser und Butter, jedoch immer bei verschlossenem Deckel.

BUTTER ZUM BACKEN

Die Vollkornbäckerei mit Butter und Honig wird nicht nur Ihre Kinder begeistern!

SONNENBLUMENÖL

Für **kalte, rohe Salate** oder herzhafte, saure oder süße (mit Honig) **Saucen,** ist dieses Öl bestens geeignet. Es enthält nur 8% an gesättigten Fettsäuren, weitere 15% an ungesättigten sowie **75 % hoch ungesättigte Fettsäuren (essentielle)** – Gesundheit pur!

EIER

„Essen wir alles was uns die Natur schenkt und alles was die Tiere gern geben."

Gehen wir davon aus, dass uns die Hühner ihre Eier auch gerne geben und genießen wir die Vielfalt der Zubereitungsmöglichkeiten.

Eier: Gekocht, gebraten als Spiegelei, als Rührei, gestreckte Rühreier, mit Einlagen, Eier im Nest, überbackene Eier, Eierkuchen (auch gefüllt) sowie Omelett und so weiter... Dabei sind all die genannten Speisen sowohl schnelle als auch einfache Zubereitungen.

Von der großen Vielzahl an Mineralien, den fettlöslichen Vitaminen A, D, E und K, den Vitaminen B2 bis **B12** sowie allen wesentlichen Aminosäuren, werden selbstverständlich einige Inhaltsstoffe bei der Verarbeitung verloren gehen, jedoch bleiben die Fettsäuren interessant:

Eier verfügen über 3,1% an gesättigten, 4,2% an einfach ungesättigten und 1,8% an mehrfach ungesättigte Fettsäuren.

Diese Bilanz ist also gar nicht schlecht!

Was aber ist drin im Ei?

INHALTSSTOFFE: *EI*

Wasser	Eiweiß	Fett	Kohlenhydrate	Mineralstoffe
74,4 %	*12,8 %*	*11,3 %*	*0,7 %*	*1,0 %*

Das vorhandene Cholesterin (0,39%) kann unser Körper gut verarbeiten, weil wir ja nicht jeden Tag Eier essen und inzwischen vor allem die drei täglichen Wurst- und Fleischmahlzeiten fehlen.

MAILLARD-REAKTION

Maillard entdeckte bereits im Jahre 1912 eine Reaktion, die beim **Grillen, Rösten, Braten, Frittieren, Toasten und Backen** von Nahrungsmitteln auftritt.

90 Jahre später, also 2002, wurden wir in Deutschland wieder von Wissenschaftlern an diese Schadstoffe erinnert, die bei der „Maillard-Reaktion" entstehen: Die Bräunung der stärker erhitzten Nahrung deutet auf das giftige und Krebs fördernde Acrylamid hin.

Ich möchte nicht weitere Ängste schüren, aber der Hinweis darauf soll genügen, dass je stärker verbrannt die Eier oder Kartoffeln beim Braten oder Frittieren werden, umso mehr der schädlichen Stoffe entstehen.

Geben wir uns jedoch mit weniger Bräune zufrieden und genießen wir diese Speisen nicht gerade jeden Tag, dann können wir sie uns bedenkenlos schmecken lassen.

Das Angebot an frischen Lebensmitteln bei Obst, Gemüse und Kräutern ist natürlich noch viel größer, als es sich bis hier aufführen ließ. Lassen Sie sich bei der Auswahl immer von folgendem Gedanken leiten:

„Frisch, vorzugsweise aus unserer Region und der Jahreszeit entsprechend."

Unsere Verdauungs-Enzyme haben sich an die Lebensmittel angepasst, welche auf unseren Böden und bei hiesigem Klima wachsen. Somit können wir diese Nahrung auch viel besser verwerten als jahreszeitfremde bzw. importierte. Viele Japaner, zum Beispiel, essen nur den Reis, der in ihrer Region wächst.

Wenn in einem asiatischen Kulturkreis zum Beispiel Algen ganz bestimmte Wirkungen erzielen, dann werden diese Mittel bei uns ganz andere Reaktionen hervorrufen. Denn auch die Darmbakterien unterscheiden sich deutlich voneinander.

Heimisch geprägte Ernährung – mit Ausnahmen wie Annanas, Orangen oder Kiwi – hat auf jeden Fall einen günstigeren Einfluss auf unser Wohlbefinden.

Ich wünsche Ihnen einen gesunden Appetit!

OPTIMALER TAGESBEDARF

Unsere empfohlenen Nährstoffmengen pro Tag und Person entsprechen in etwa dem Vorschlag der Deutschen Gesellschaft für Ernährung (DGE, 2000(6)).

Der Übersichtlichkeit halber sind jeweils die Mengen für Männer (25 bis 50 Jahre) gewählt, da diese für Frauen nahezu gleich sind:

Wir haben im Ganzen vier Tageskörbe gefüllt, und vergleichen deren jeweilige Inhaltsstoffe mit der DGE-Empfehlung:

Auf den folgenden Seiten werden die entsprechenden Lebensmittel zu den verschiedenen Körben dargestellt. Natürlich „fehlen" in diesen Körben die Getränke sowie weitere Lebensmittel zur Zubereitung. Diese Aufstellung soll Ihnen aber eben „nur" – so übersichtlich wie möglich – Anhaltspunkte liefern, inwieweit bestimmte Lebensmittel-Zusammenstellungen unseren Tagesbedarf decken.

Die angegebenen Mengen an Inhaltsstoffen sind Richtwerte, die nach Reifegrad, Lagerzeit oder Herkunft abweichen können!

*Schätzwerte; Bedarf kann noch nicht mit genügender Genauigkeit bestimmt werden (Quelle: DGE, 2000).

**Salm, Lachs enthält bei einer Menge von 150g = 1.125mg Omega-3-Fettsäuren, Vit. D = 24µg und Niacin = 11,250µg.
Es empfiehlt sich, einmal pro Woche Fisch zu essen.

Omega-3-Fettsäuren (Eicosapentaensäure) ist in den meisten Fischen enthalten. Einen höheren Anteil weisen die folgenden auf: Bückling, Hering (auch mariniert), Makrele, Scholle, Brasse, Lachs, Salm und weitere.

Diesen Fettsäuren vom „Omega-3-Typ", welche im Öl von Kaltwasserfischen vorkommen, werden besonders günstige Wirkungen bzgl. Arteriosklerose und Herzinfarkt zugeschrieben. Darauf aufmerksam wurde man dadurch, dass Eskimos, die natürlich viel Fisch essen, kaum zu koronaren Erkrankungen neigen, obwohl sie ja selten frisches Obst und Gemüse verzehren.

Omega-6-Fettsäuren sind hochungesättigte (wesentliche) Fettsäuren, wie Linol-Säure, Linolensäure und Arachidonsäure. Die Nüsse in der Hafer-Kraft-Mischung sind reich an diesen Fettsäuren.

***Im Korb 4 fehlt Käse. Wir erreichen die Empfehlung nicht, bei: Protein (Eiweiß), Calcium, Zink, Chlorid, Vitamin D und nur knapp hinsichtlich B12. Käse enthält diese Bestandteile reichlich, insbesondere der Emmentaler (45% Fett i.Tr.); 100g täglich würden uns folgendes liefern:

Kalorien	398	kcal
Proteine	28,6	g
Calcium	1030	mg
Zink	4600	µg
Chlorid	420	mg
Selen	11	µg
Vitamin D	1	µg
Vitamin B12	3	µg

Sie können natürlich auch anderen Käse wählen, jedoch muss man ggf. eine größere Menge essen, um die gleichen Inhaltsstoffe aufzunehmen.

Fehlende Inhaltsstoffe gleichen Sie bitte durch entsprechende ergänzende Lebensmittel aus. Nur die Vollständigkeit einer Frucht oder z. B. eines Milchprodukts gibt Ihnen die Gewähr, dass die Stoff-Verteilung in Ihrem Körper wunschgemäß funktioniert.

Übrigens: Ist Ihnen aufgefallen, dass Sie bei unseren Körben kaum die Mindestmenge an Kalorien erreichen? Aber Sie wissen ja: Das Zählen von Kalorien gehört der Vergangenheit an!

Nährstoffe		Tägl.Menge DGE-Empf.	Korb 1 Frühling	Korb 2 Sommer	Korb 3 Herbst	Korb 4 Winter
Energie	Kcal	2900	1800	2360	2298	***2428
Proteine (Eiweiß)	g	59	73	71,9	77,0	51,3
Fettsäuren	%E	30	90g	118g	122g	140g
Omega 3	%E	*0,5	**-	**-	**1125mg	**-
Omega 6	%E	2,5	28g	27g	26,9g	28,2g
Cholesterin	mg	300	610	295	277	515
Kohlenhydrate	%E	>50	166g	170g	165g	222g
Faserstoffe (Ball.)	g	30	33	40	39	49
Mineralstoffe						
Natrium	mg	*550	970	929	1209	1145
Kalium	mg	*2000	3300	3320	3585	4801
Magnesium	mg	350	468	447	445	493
Calcium	mg	1000	1392	1381	959	***542
Mangan	mg	2-5	6,4	7,4	6,3	7,1
Eisen	mg	10	14	14	12,4	12,9
Kupfer	mg	*1,0-1,5	3,4	3,3	2,5	2,1
Zink	mg	10	12,9	12,2	9,7	8,9
Nickel	µg	*25-30	229	253	260	268
Chrom	µg	30-100	37	58	52	46
Phosphor	mg	700	1750	1598	1568	1269
Chlorid	mg	*830	944	714	536	***574
Fluorid	mg	3,8	0,48	0,28	0,31	0,38
Jodid	µg	200	61	23	84	54
Selen	µg	*30-70	40	48	75	***34
Vitamine						
A	mg	1,0	1,05	5,12	4,8	6,6
D	µg	5,0	4,0	2,0	**25	***4
E	mg	*14	19,8	19,9	21,7	22,1
K	µg	*70	134	139	378	559
B1	mg	1,2	1,4	1,4	1,5	1,7
B2	mg	1,4	1,6	1,2	1,3	1,5
B6	mg	1,5	2,3	2,2	2,3	3,1
Niacin	mg	16	9,8	9,0	**18,2	9,8
Pantothens.	mg	*6,0	5,9	3,5	5,5	5,7
Biotin (H)	µg	*30-60	73	47	52	63
Folsäure	µg	400	530	342	354	406
B12	µg	3,0	5,0	4,0	9,0	***3,0
C	mg	100	218,5	238,2	411	490

Korb 1

Frühling

1. FRÜHSTÜCK

07:00 Uhr

70g	*Erdbeeren*
70g	*Kiwi*
50g	*Himbeeren*
100g	*Banane*

2. ZWEITES FRÜHSTÜCK

10:00 Uhr

100g	*Apfel*
100g	*Hafer-Kraft-Mischung*

3. MITTAGESSEN

12:00 Uhr

50g	*Kopfsalat*
50g	*Butter*
200g	*Spargel*
200g	*Kartoffeln*

4. ZWISCHENMAHLZEIT

15:00 Uhr

200g	*Apfel*

5. ABENDESSEN

18:00 Uhr

100g	*Spiegelei*
50g	*Käse*
20g	*Butter*
100g	*Vollkornbrot*

Korb 2

Sommer

1. FRÜHSTÜCK

07:00 Uhr

100g	*Wassermelone*
100g	*Heidelbeeren*
100g	*Pfirsich*
100g	*Banane*

2. ZWEITES FRÜHSTÜCK

10:00 Uhr

100g	*Kirschen*
100g	*Hafer-Kraft-Mischung*

3. MITTAGESSEN

12:00 Uhr

50g	Grüner Salat
100g	Tomaten (Soße)
100g	Käse
100g	Vollkornnudeln

4. ZWISCHENMAHLZEIT

15:00 Uhr

100g	Apfel
100g	Karotte

5. ABENDESSEN

18:00 Uhr

50g	Radieschen
50g	Paprika
50g	Butter
100g	Vollkornbrot

Korb 3

Herbst

1. FRÜHSTÜCK

07:00 Uhr

100g	*Weintrauben*
100g	*Banane*
70g	*Kiwi*
70g	*Ananas*

2. ZWEITES FRÜHSTÜCK

10:00 Uhr

100g	*Apfel*
100g	*Hafer-Kraft-Mischung*

3. MITTAGESSEN

12:00 Uhr

50g	*Kopfsalat*
100g	*Broccoli*
100g	*Karotte*
150g	*Lachs / Salm*

4. ZWISCHENMAHLZEIT

15:00 Uhr

100g	*Pflaumen*
100g	*Apfel*

5. ABENDESSEN

18:00 Uhr

50g	*Käse*
50g	*Butter*
100g	*Vollkornbrot*
100g	*Sauerkraut*

Korb 4

Winter

1. FRÜHSTÜCK

07:00 Uhr

100g	*Honigmelone*
100g	*Banane*
70g	*Kiwi*
70g	*Ananas*

2. ZWEITES FRÜHSTÜCK

10:00 Uhr

100g	*Orange*
100g	*Hafer-Kraft-Mischung*

3. MITTAGESSEN

12:00 Uhr

100g	*Chicorée*
100g	*Maronen*
50g	*Butter*
150g	*Rotkraut*
200g	*Kartoffeln (Püree)*

4. ZWISCHENMAHLZEIT

15:00 Uhr

100g	*Apfel*
100g	*Karotte*

5. ABENDESSEN

18:00 Uhr

100g	*Rührei*
50g	*Butter*
100g	*Vollkornbrot*
100g	*Sauerkraut*

WO KAUFEN WIR EIN?

Das kleine Lebensmittelgeschäft um die Ecke, wo gibt es das noch? In unserem Stadtteil ist glücklicherweise noch eins übrig geblieben, keine 10 Minuten zu Fuß erreichbar. Ein junges Ehepaar kämpft erfolgreich gegen den Trend.

Frisches Obst und Gemüse, schon frühmorgens auf dem Großmarkt mit Liebe ausgesucht, begeistert die Kunden. Hier entscheidet nicht der Preis, hier sind Frische und Geschmack maßgebend.

Hier ist die Welt in Ordnung.

Eine Tomate schmeckt nach Tomate, und eine Ananas erhalten Sie genau im gewünschten Reifegrad, so dass der Zeitpunkt des Genießens zum Erlebnis wird. Die Chefin berät auch zu möglichen Zubereitungen des reichhaltigen Gemüseangebots. Und auf Wunsch bekommen Sie alle Lebensmittel sogar bis in die Küche geliefert.

Was das Einkaufen angeht, steht einer gesunden Ernährung nichts im Wege.

Ergänzen lassen sich diese Einkäufe noch durch den Wochenmarkt und den Hofladen beim Biobauern.

Biologischer Anbau in unserer Region ist auf dem Vormarsch, und die Böden werden geschont. So wird beispielsweise die gleiche Frucht erst nach einer „Regenerationszeit" von fünf Jahren erneut angebaut. Konventionelle Landwirte arbeiten dagegen oft mit einer Fruchtfolge von nur drei Jahren.

Aber Achtung:

Biologisch ist nicht gleich biologisch!

Seitdem Discounter den „Bioeffekt“ erkannt haben und dessen Zuwachsrate konsequent nutzen, gilt hier besondere Vorsicht! Supermärkte können nämlich in der Hauptsache nur Eines – und das ist „billig“.

Welchen Preis zahlen wir aber wirklich für Billigprodukte?

1 Die Pestizid-Belastung der zumeist im Ausland billig eingekauften Produkte ist deutlich höher, weil die Gesetze dieser Länder das oft ermöglichen. Es sei an das Kapitel 2F erinnert: „Giftcocktail in Obst und Gemüse“.

2 Eine Kartoffel, in Polen geerntet, nach Italien transportiert, zu toter, hochkonzentrierter Stärke verarbeitet und als Menschen-Mast-Futter im Hamburger Discounter-Regal wieder aufgetaucht, hat immerhin fast 3.000 km auf europäischen Straßen zurückgelegt.

3 Mit der Maxime „Billig“ sind vor unserer Haustüre nicht nur die Arbeitsplätze verloren gegangen. Die Mitarbeiter in den Märkten arbeiten für Hungerlöhne und eine Tomate sieht zwar toll aus, schmeckt aber nach gar nichts mehr. Kunden dieser Märkte wissen also oftmals gar nicht, wie etwas wirklich Frisches schmeckt.

Dieser Preis ist entschieden zu hoch! Außerdem opfern wir noch unsere Gesundheit und selbst der letzte Rest an Lebensmittelversorgung „vor Ort“ geht auch noch verloren.

Biologisch heißt im eigentlichen Sinn: „Ohne Gifte in unserem Gebiet angebaut!“

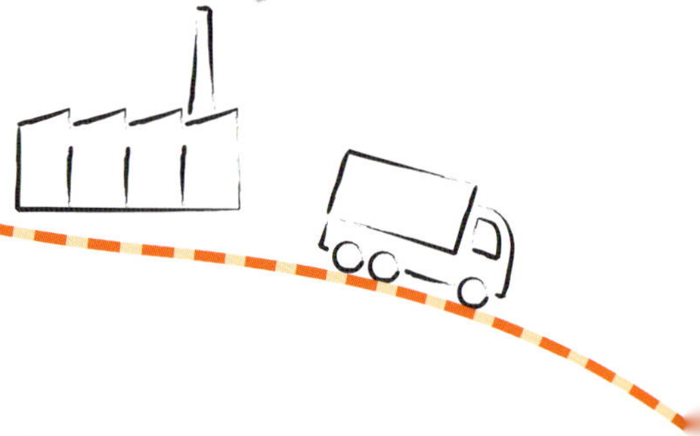

Was kostet der Einkauf?

Im Hofladen oder bei unserem Lebensmittelhändler mag der vordergründig sichtbare Preis für echte Frische hier und da etwas höher erscheinen.

In der Summe allerdings zieht uns der clevere Discounter wesentlich mehr Geld aus der Tasche. Ganze Angebots-Orgien täuschen uns „günstig“ vor, füllen aber letztlich nur unsere Hüften und machen uns obendrein finanziell ärmer.

An den Wocheneinkauf haben sich die meisten von uns gerne gewöhnt. Eine schier ewige Haltbarkeit der schön verpackten Nahrung, finden wir noch praktischer. Sie erleichtert unsere Einkaufs- und Essensplanung, berücksichtigt aber nicht, dass diese Nahrungsmittel voller Chemie sind und jede Menge Dickmacher enthalten.

Tatsache ist: Mit dem Discounter schaffen wir die gesunde Ernährung nicht!

Vision

Noch nie war unsere Anbautechnik so weit fortgeschritten und der Überfluss an Lebensmitteln dementsprechend groß wie heute.

Deshalb gibt es keinen günstigeren Zeitpunkt, sich auf eine gesunde Ernährung und den frischen Einkauf in ihrer Region umzustellen. Ungezählte neue Arbeitsplätze könnten bei uns entstehen und es würde sich wieder lohnen, die Früchte von unseren Bäumen abzuernten.

Biologische Anbauflächen wachsen ständig und so werden auch Sie mit Ihrer Umstellung diese positive Entwicklung fördern.

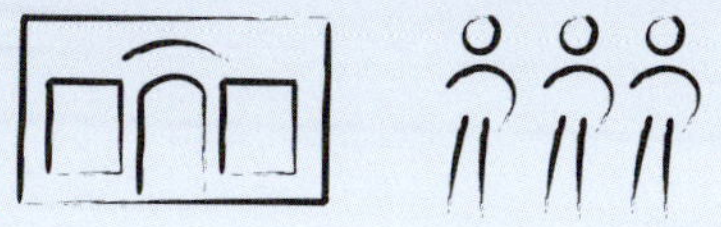

Die Zukunft gehört dem biologisch anbauenden Gärtner in unserer Region.

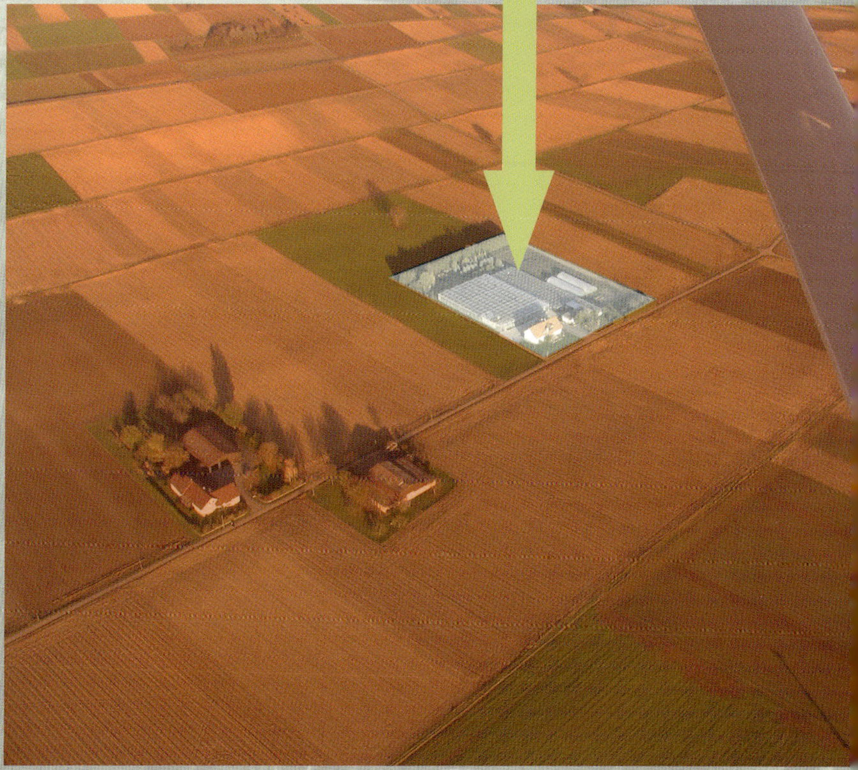

Der folgende Vergleich ist interessant:

Es braucht die gleiche Landfläche, um:

Einen Jäger zu ernähren,

Zehn Bauern satt zu machen oder

Hundert Gärtnern eine Existenz zu sichern.

RESTAURANT-BESUCH

Können Sie überhaupt noch essen gehen?

Ja, Sie können!

Sprechen Sie bereits bei der Bestellung im Restaurant über Ihre Wünsche, dann funktioniert das bestens.

Getränk

Gutes Wasser, ob mit oder ohne Kohlensäure, bietet Ihnen jedes Restaurant an.

Salat

Einen frischen Salat gibt es in der Regel bereits zu Beginn des Menus. Der darf in Ihrem Fall natürlich durchaus etwas größer ausfallen.

Suppe

Eine klare oder Creme-Gemüse-Suppe ist ebenso machbar, allerdings sollte die darauf aufbauende Brühe auch von Gemüse stammen.

Der Einwand, Sahne bestehe ebenfalls aus tierischem Fett, ist nicht berechtigt. Es besteht ein großer Unterschied zwischen dem Fett, welches aus der Milch von Tieren stammt und dem Fett von getöteten Tieren.

Wir können sicher sein, dass in der Milch, die ja ursprünglich für das (Tier-) Baby bestimmt war, kein schädlicher Stoff enthalten ist. Einen solchen Fehler hat die Schöpfung sicherlich nicht gemacht. Dagegen befinden sich im Fleisch eines gewaltsam gestorbenen Tieres eine Menge an Stresshormonen und Leichengiften, die bestimmt nicht das Frisch-Zellen-Wachstum in unserem Körper fördern.

Hauptmahlzeit

Fisch sollte nur mit einer Gemüsebeilage bestellt werden. Eine sahnehaltige Rieslingsauce passt hervorragend dazu.

Niemals darf man zu Fisch eine stärkehaltige Beilage wählen, wie beispielsweise Kartoffeln, Reis oder Teigwaren. Sie wissen es ja bereits: Die Verdauungsfrage, ob mit Säure oder Lauge, wird damit durcheinander gebracht.

Fische sind natürlich auch Lebewesen, und wer sie nicht essen mag, kommt dem Grundsatz „Alles was die Natur gibt und was die Tiere gerne geben" noch ein Stück näher. Für mich selbst ist einmal pro Woche Fisch akzeptabel, denn mich haben die guten Omega-3-Fettsäuren überzeugt.

Hauptmahlzeit

Gemüse, gedünstet in einer Auswahl, gerne auch mit Spiegelei, stellt eine vollkommene Hauptmahlzeit dar. Hierzu passen hervorragend Kartoffeln (als Salzkartoffeln, Bratkartoffel oder Rösti von frischen Kartoffeln). Eine passende Sauce mit Sahne macht auch dieses Menu perfekt.

Nudeln sowie Reis stellen in Restaurants oftmals ein Problem dar, weil sie aus vollem Korn oder Naturreis meist nicht vorrätig sind.

Dessert

Mit der Hauptmahlzeit können Sie ohne weiteres Ihr Essen beschließen. Sie werden gegenüber anderen Gästen mit Ihrer Essensweise überhaupt nicht „auffallen".

So einfach ist es, auch im Restaurant, gesund zu essen.

Guten Appetit!

ÄRZTLICHE UNTERSUCHUNG LIEFERT BEWEIS

Risikofaktor Nr. 1 für Atherosklerose ist die Ernährung.

Häufigste Ursache von Herzinfarkt, Schlaganfall und Durchblutungsstörungen ist nun mal diese schleichende Verstopfung der Blutbahnen.

Eine Blutuntersuchung zeigt Ihnen heute schon wie hoch Ihr Verstopfungs-Risiko bereits ist.

Was bringt mir die gesunde Ernährungsweise?

Ich wollte es genau wissen und ließ mir für die folgenden Untersuchungen Blut abnehmen:

WICHTIG ZU WISSEN:

Lassen Sie sich nicht erst zum Zeitpunkt eines Herzinfarkts auf die Risikofaktoren untersuchen, Sie kämen um Jahrzehnte zu spät!

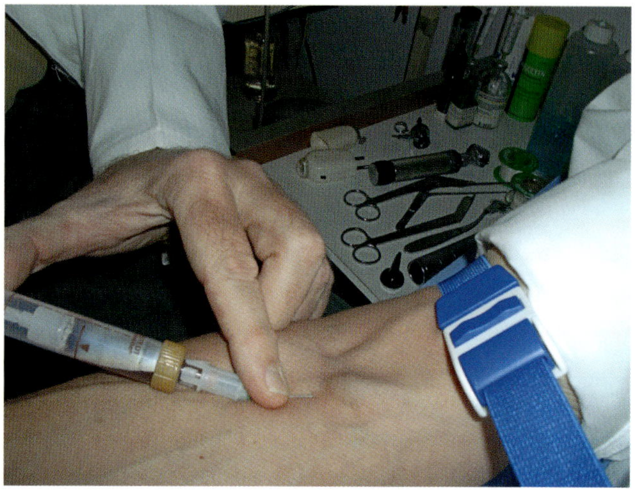

ATHEROSKLEROSE-RISIKO — Stand 06.12.2004

TEST	ERGEBNIS		RICHTWERT		ERKLÄRUNG
Homocystein	17,5	ymol/l	bis	12	Eiweiß-Stoffwechsel
Ges. Cholesterin	180	mg/dl	bis	200	Cholesterin aller Lipoproteine
Apolipoprotein A1	175	mg/dl		115-190	Protektive Lipoproteine
Apolipoprotein B	66	mg/dl		70-160	Atherogene Lipoproteine
Apo-A/-B-Quotient	2,7	mg/dl	ab	1,4	Rechenwert Atheroskler. Risiko
Triglyceride	49	mg/dl	bis	175	Triglyceride aller Lipoproteine
Lipoprotein (a)	195	mg/dl	bis	300	Atherogenes Lipoprotein
Fibrinogen	278	mg/dl		180-450	Gerinnungsfaktor
LDL-Cholesterin	90	mg/dl	bis	135	Hochatherogenes Lipoprotein
HDL-Cholesterin	69,8	mg/dl	ab	40	Protektives (gutes) Lipoprotein
VLDL-Cholesterin	0	mg/dl	bis	40	Errechnetes Lipoprotein
Ges.-/HDL-Cholesterin	2,3	mg/dl	bis	5	Rechenwert zum Ather. Risiko
LDL-/HDL-Cholesterin	1,3	mg/dl	bis	4	Rechenwert zum Ather. Risiko

IMMUNSTATUS
Grosse Blutbild-Entzündungsparameter

Stand 06.12.2004

TEST	ERGEBNIS		RICHTWERT		ERKLÄRUNG
Leukozyten	3,4	Tsd/µl		4,0-9,4	Weiße Blutkörperchen
Erythrozyten	4,57	Mio/µl		4,5-6,3	Rote Blutkörperchen
Hämoglobin	14,8	g/dl		14-18	Roter Blutfarbstoff
Hämatokrit	43	%		38-52	Anteil roter Blutkörp. an Blutvolumen
MCV (mittl.Ery.Vol.)	93	fl		78-98	Eisengehalt der roten Blutkörperchen
MCH (HbE)	32	pg		26-32	Eisengehalt der roten Blutkörperchen
MCHC (mittl.HB-Konz.)	35	g/dl		32-36	Eisengehalt der roten Blutkörperchen
Thrombozyten	150	Tsd/µl		150-440	Blutplättchen

IMMUNSTATUS
Differenzial-Blutbild

Stand 06.12.2004

TEST	ERGEBNIS		RICHTWERT		ERKLÄRUNG
Neutrophile	53,7	%		50-70	Ant. d. weißen Blutk. im Blutausstrich
Lymphozyten	36,2	%		25-40	Ant. d. weißen Blutk. im Blutausstrich
Monozyten	8,1	%		2-13	Ant. d. weißen Blutk. im Blutausstrich
Eosinophile	1,7	%	bis	7	Ant. d. weißen Blutk. im Blutausstrich
Basophile	0,3	%	bis	4	Ant. d. weißen Blutk. im Blutausstrich
Sonstige	0,0	%	bis	3	Ant. d. weißen Blutk. im Blutausstrich
Quick	100			70-100	Blutgerinnung
CRP quantitativ	< 0,1		bis	6	Entzündungswert
Immunglobulin A	2,72	g/l		0,7-4,0	Eiweißfraktionen im Blut
Immunglobulin B	12,3	g/l		7-16	Eiweißfraktionen im Blut
Immunglobulin M	0,52	g/l		0,4-2,3	Eiweißfraktionen im Blut

IMMUNSTATUS **Serum-Eiweiß-Elektrophorese** **Eiweiß-Zusammensetzung**					**Stand 06.12.2004**
TEST	**ERGEBNIS**		**RICHTWERT**		**ERKLÄRUNG**
Albumin	68,0	%		54,0-68,0	Wichtigste Klasse der Eiweiße
Alpha 1-Globulin	2,2	%		1,7-3,6	Aufteilung der Eiweißfraktionen
Alpha 2-Globulin	6,9	%		7,5-14,5	Aufteilung der Eiweißfraktionen
Beta-Globulin	6,8	%	bis	6,7-11,0	Aufteilung der Eiweißfraktionen
Gamma-Globulin	16,1	%	bis	11,0-22,0	Aufteilung der Eiweißfraktionen

CHRONISCHE MÜDIGKEIT				**Stand 06.12.2004**
TEST	**ERGEBNIS**		**RICHTWERT**	**ERKLÄRUNG**
TSH-0 basal	1,24	mU/ml	0,3-3	Hormon, Schilddrüse
Ferritin	192,5	ng/ml	33,0-266	Speichereisen
Vitamin B12	249,0	pg/ml	211-911	Vitamine
Folsäure	11,7	ng/ml	2,6-14,6	Vitamine
Selen	74,0	yg/l	53-105	Spurenelemente
Zink	920	yg/l	700-1200	Spurenelemente

Ursachen chronischer Erschöpfungszustände können sein: Mangel an Eisen, Spurenelementen oder Vitaminen, Störungen des Hormonsystems, chronische Infektionen, Stress,psychische und physische Überlastung.

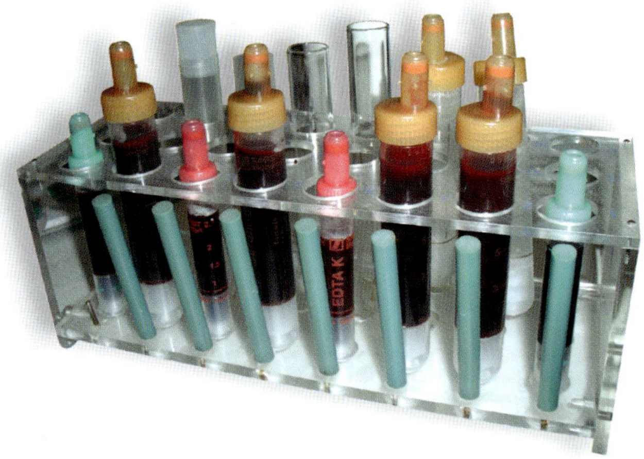

ANTIOXYDANTIEN-STATUS				Stand 06.12.2004
TEST	**ERGEBNIS**		**RICHTWERT**	**ERKLÄRUNG**
Vitamin E	14,7	mg/l	5-20	Antioxidans
ß-Carotin	493	yg/l	150-1250	Antioxidans Vorläufer (Vitamin A)
Glutathion-Peroxidase	61,6	U/g Hb	27,5-73,6	Körperliches Antioxidans
Superoxidismutase	1180	U/g Hb	600-1200	Körperliches Antioxidans

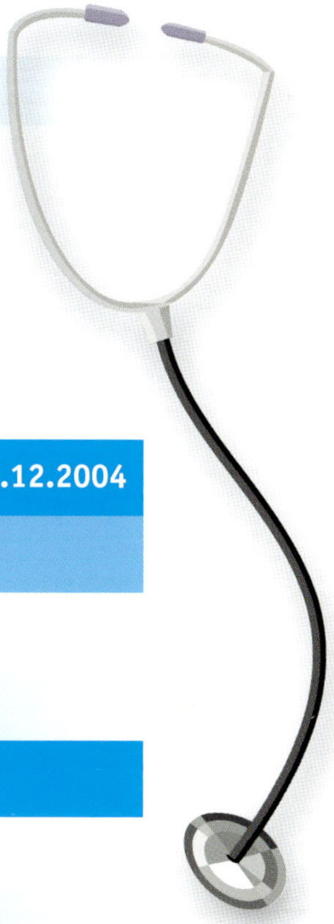

Oxidativer Stress wird in Verbindung gebracht mit der Entstehung von:

- Atherosklerose über oxidiertes LDL, Herz- und Kreislauferkrankungen
- Karzinomen von Lunge, Haut, Speiseröhre, Magen, Darm, Prostata
- Alterungsprozessen wie Hautalterung, Katarakt und abnehmende Leistung

Blutzucker				Stand 06.12.2004
TEST	**ERGEBNIS**		**RICHTWERT**	**ERKLÄRUNG**
Glukose kapillär l	75	mg/dl	60-109	Blutzucker
HbA1c	4,7	%	4,3-6,1	Langzeitzucker
Harnsäure				
Harnsäure	5,4	mg/dl	bis 7,0	Gichtparameter
Harnstoff	26	mg/dl	10-50	Nierenwert
Nierenfunktion				
Kreatin	0,98	mg/dl	bis 1,30	Nierenwert
Leber				
Gamma-GT 37°C	33	U/l	bis 66	Leberwert

„Menschen mit solchen Blutwerten brauchen überhaupt keinen Arzt“,

waren die Worte des Doktors, als er mir die Ergebnisse präsentierte. Was man allein mit Gesunder Ernährung und Bewegung erreichen kann, ohne auch nur ein einziges künstliches Präparat einzunehmen, zeigen diese Resultate.

Selbstverständlich müssen Sie nicht alle diese Laborwerte ermitteln lassen. Wählen Sie gemeinsam mit Ihrem Arzt, die für sie wichtigsten Positionen aus.

Dies ist der beste Nachweis über Ihre Fortschritte in „gesunder Lebensweise“.
Und glauben Sie mir, es motiviert fantastisch.

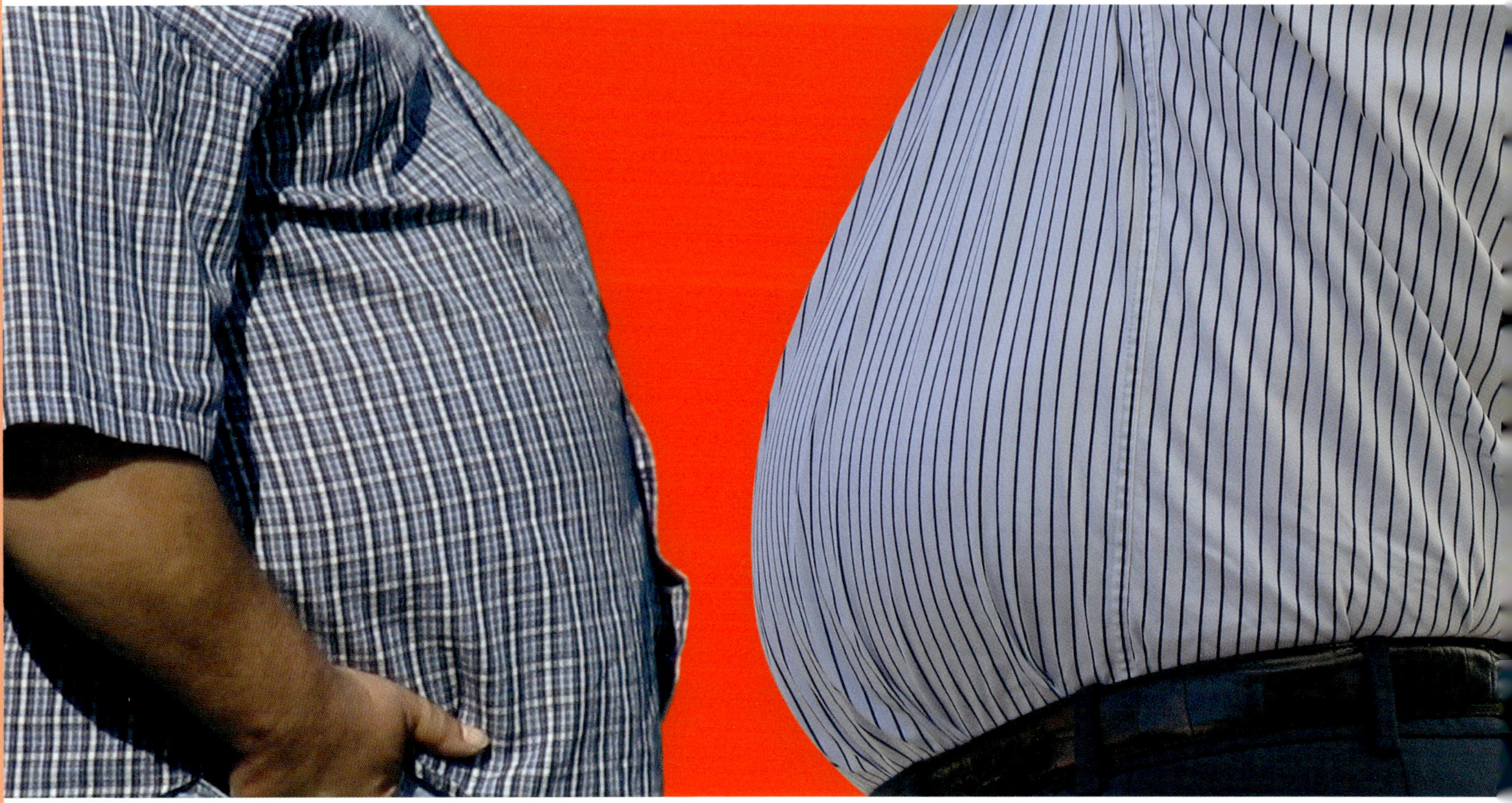

4. Nie wieder dick und krank

ZÄHNE ZEIGEN ERNÄHRUNGSFEHLER ZUERST

Zähne signalisieren uns – geradezu als Frühwarnsystem – was in 10, 20 oder 30 Jahren mit unserem Körper passieren wird. Denn je mehr Schäden unser Gebiss aufweist, umso wahrscheinlicher werden wir von Krebs und Arteriosklerose sowie deren Folgen heimgesucht.

Zucker-Konzentrate spielen in diesem Drama die Hauptrolle. Ob wir heute Limonaden, Fruchtsäfte, Vitamingetränke, Instant-Getränke mit Kakaogeschmack, alle Konserven, Ketchup, Senf, Fertiggerichte oder sogar Müsliriegel und vieles andere mehr anrühren – mit diesen Fabrikprodukten kommen wir an den Zucker-Konzentraten nicht vorbei! Oft steht noch nicht einmal „Zucker" ausdrücklich auf der Verpackung, sondern nur „Kohlenhydrate" oder „Saccharose"! Wehe dem Unwissenden…

„Michigan-Untersuchung"

In großen Kinderheimen Amerikas wurden Kinder folgendermaßen ernährt:

Sie bekamen viel Gemüse, davon einen Teil als Rohsalat, täglich frisches Obst, wenig Fleisch und fast gar keinen Fabrikzucker.

Dabei hatten fast alle Kinder völlig gesunde Zähne.

Anschließend wurde über einen Zeitraum von fünf Monaten jedem Kind eine tägliche Fabrikzuckermenge von 200g in Süßspeisen gereicht. Am Ende der fünf Monate waren bereits 44% der Kinder an Zahnkaries erkrankt. Anschließend ließ man die Zuckerzulage wieder weg, und **die Karies kam zum Stillstand**.

Zucker als Sprengstoff

Mit einfachem Zucker-Konzentrat lässt sich ein gefährlicher Sprengstoff herstellen. Das unterstreicht die Verbrennungskraft von reinen Kohlehydraten.

Die Löslichkeit dieser Zuckerkonzentrate in Wasser und allen Körperflüssigkeiten ist unbegrenzt und seine Resorption (Aufnahme gelöster Stoffe in Blut und Lymphbahn) geschieht explosionsartig.

Der Autor hat sich selbst von dem erschreckend hohen Zuckergehalt in den Getränken überzeugt.

Der Zuckergehalt wurde hier mit einem Refraktometer gemessen.

Osmotischer Druck

Wer hat nicht schon beim Essen von etwas Süßem den stechenden Schmerz an einem nicht mehr ganz einwandfreien Zahn verspürt? Der Schmerz trat praktisch zur exakt gleichen Zeit auf, als das Süße den Zahn berührte.

Was war die Ursache?

Eine amerikanische Arbeit „Zahnkaries in ihrer Beziehung zum osmotischen Druck" von Dr. Eckermann zeigte einen Zusammenhang des Speichelflüssigkeits-Drucks im Inneren der Zähne zum so genannten osmotischen Druck einer Zuckerlösung.

Dieser Druck beträgt im Speichel wie im Zahn 6 bar, doch er steigt auf 36,8 bar an, sobald konzentrierter Zucker ins Spiel kommt – und das geradezu explosionsartig! Unsere Zähne sind porös und haben feinste Risse, durch die der Speichel dringt, doch mit dem Zucker werden sie geradezu von innen heraus „gesprengt". Die Erosion, wie wir sie vom Hochgebirge her kennen, ist unaufhaltsam, solange wir dem konzentrierten Zucker erliegen.

Um eine Vorstellung von diesen Druckverhältnissen zu bekommen, sei folgender Vergleich gegeben: In Ihrem Autoreifen herrscht ein Luftdruck von etwa 2 bar...

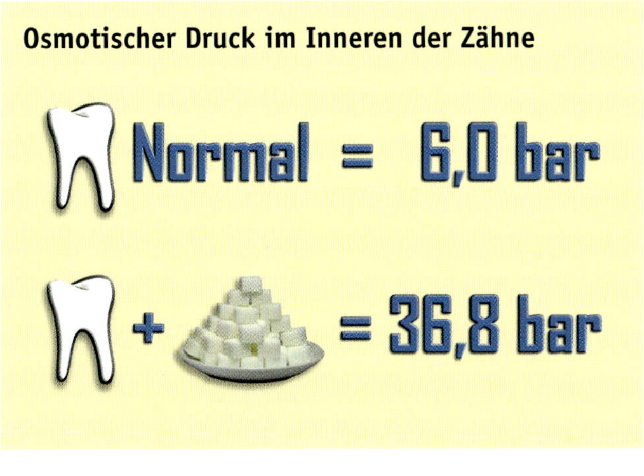

Industrie-Zucker entwickelt aufgrund seines außerordentlichen Lösungsvermögens diesen extrem hohen, zerstörerischen Lösungsdruck (osmotischen Druck).

Calcium

Bei Anwesenheit von Zucker steigt die Löslichkeit von Calcium bis über 30%. Das wiederum bedeutet, dass mit der Fabrik-Zucker-Durchdringung unserer Zähne auch noch zusätzlich Calcium herausgelöst wird.

Honig

In diesem Zusammenhang muss sicher der Honig erwähnt werden. Wir brauchen den Honig aus vielen vorgenannten Gründen und dürfen ihn ebenso genießen. Verdünnt in Getränken, in Saucen, in Speisen oder in Gebackenem kommen alle seine gesundheitsfördernden Wirkungen zur Geltung. Ich würde Honig auch auf einem Butterbrot akzeptieren, doch nur mit dem Löffel pur gegessen achte ich selbst darauf, den direkten Zahnkontakt zu vermeiden.

Obwohl der Vergleich des osmotische Drucks von natürlichem Honig zum industriellen Zucker sicher zugunsten des Honigs ausfiele, trinke (spüle) ich sofort etwas nach dem Honiggenuss.

Traubenzucker – unser wichtigster Betriebsstoff

Nur: Welcher Traubenzucker ist damit gemeint?

Die Natur liefert diesen Treibstoff, ohne den keine Zelle oder kein Organ leben kann, in ausreichender Menge, jedoch immer im Verbund mit allen weiteren Lebensstoffen. Jede Stärke- und Zuckerart wird von unserem Verdauungssystem letzten Endes in Traubenzucker verwandelt. Die gleichzeitig vorhandenen Lebensstoffe der Naturfrüchte werden dann je nach verlangter Leistung zur restlichen Verwertung benötigt.

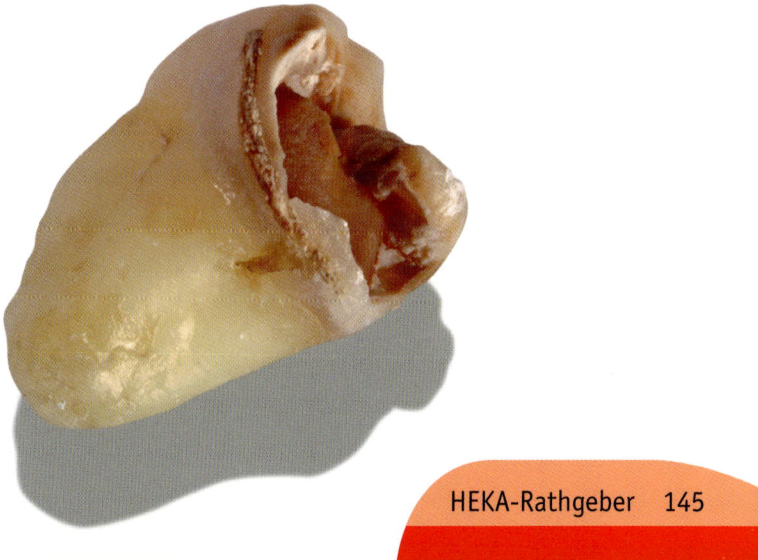

Essen wir jedoch **isolierten Traubenzucker** (oder Fabrikzucker) erfolgt die Assimilierung (Anpassung) schon in Sekunden. Energie für Muskel-, Nerven- und Drüsenfunktionen liefern diese Konzentrate im direkten Moment zwar auch, nur die Nebenwirkungen sind fatal.

Unsere Bauchspeicheldrüse spielt verrückt, das bekannte Wechselspiel zwischen Überzucker und Unterzucker ist die Folge. Die den unnatürlichen Nahrungsmitteln fehlenden Lebensstoffe müssen irgendwo im Körper „zusammengeklaut" werden, und zu allem Überfluss wird der letztlich nicht mehr vernünftig verwertbare Zuckerüberschuss **in Fett verwandelt**. Zuletzt bleibt uns ein Mangel an Mineralien und Vitaminen. Und der wiederum ist Ursache für eine **erhöhte Infektanfälligkeit**, wie verschiedene Untersuchungen bestätigen.

Isolierte Stärke unterstützt die schädliche Wirkung der Zucker-Konzentrate.

Die schönsten Kronen vom besten Zahnarzt helfen uns nicht, das Problem der Müllablagerungen abzustellen. Treten die Durchfluss-Störungen auf, ist es oft zu spät und spätestens dann möchte man gerne all sein erarbeitetes Geld „nur für Gesundheit" hergeben. Doch dann ist es zu spät...

Jetzt wird deutlich was Reichtum ist!

Wenn wir aber **rechtzeitig** wissen, wie wir auf natürlichste Art unsere Gesundheit erhalten können und es auch tun, dann sind wir wirklich reich.

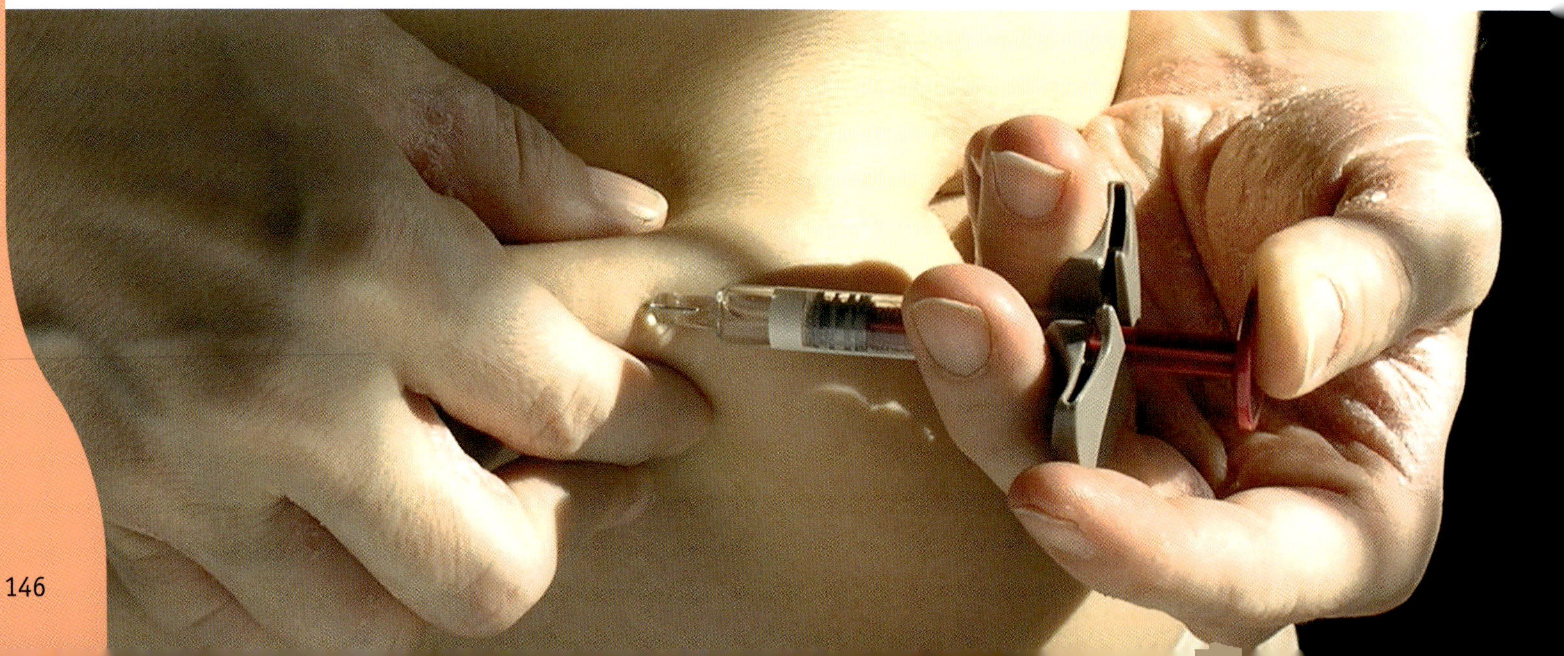

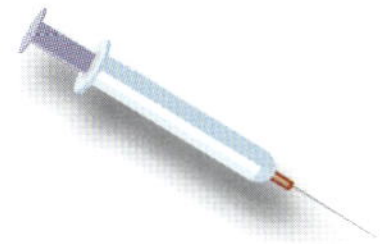

„TIM HAT ZUCKER“ EINE TRAURIGE GESCHICHTE

Eine Mutter berichtet über Ihre Erfahrungen, in „Zucker 03/2004“

Tims Mutter und ihr Lebenspartner hatten keine Ahnung, dass Tim Zucker haben könnte. Nur sein ständiger Durst bereitete ihnen mehr und mehr Sorgen – er trank mindestens drei Liter am Tag, war geradezu süchtig nach Flüssigkeit.

Daraufhin ging die junge Mutter mit ihrem Sohn zum Arzt.

Die Diagnose ergab „Zucker“ (so genannte Diabetes mellitus, Typ 1), worauf Tim noch in der gleichen Stunde ins Krankenhaus kam und die Ärzte sofort mit seiner Versorgung begannen.

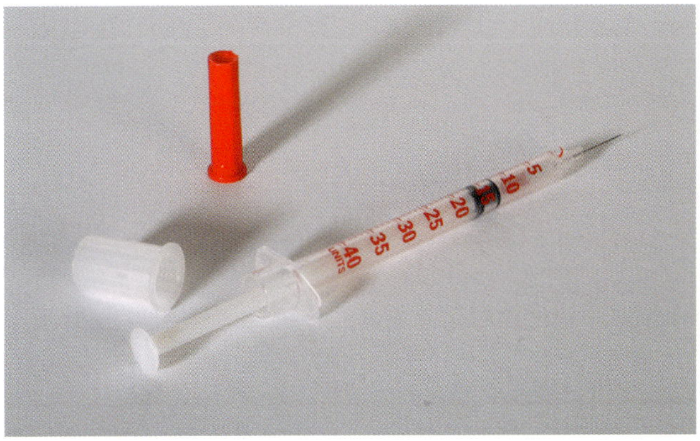

Zunächst wurde ein fester Spritzenplan erstellt, an den Tim sich von nun an zu gewöhnen hatte. **Viermal am Tag wurde gespritzt, fünfmal täglich der Blutzucker gemessen..** Es sei sehr schwierig gewesen, so die Mutter, Tim mit seinen drei Jahren zu erklären, warum dies alles passiert und was die Behandlung bezwecken soll.

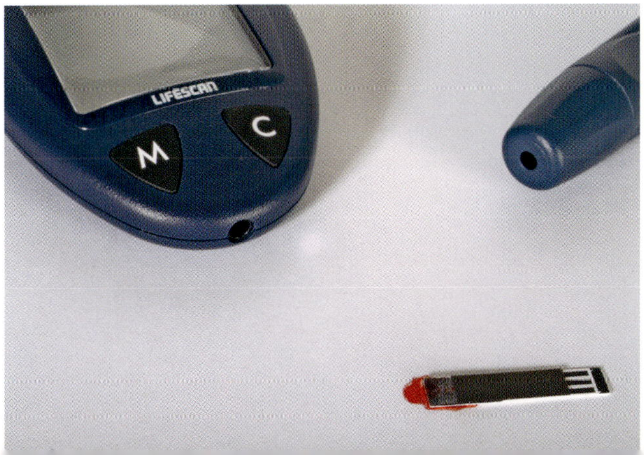

Gleich im Anschluss begann für Tims Mutter eine Schulung zum Thema „Zuckerkrankheit“ und wie sie selbst und ihr Kind zukünftig damit umgehen müssen. Es wurde erklärt, wie der Blutzucker zu messen und das Insulin zu spritzen sei. Die Tagesabläufe der Mutter wurden zur Belastung: Morgens Diabetesschulung, anschließend Ernährungsberatung und am Nachmittag wartete Tim in der Klinik auf sie... Doch nach acht langen Wochen Klinikaufenthalt konnte Tim endlich mit seiner Mutter nach Hause.

Von dem Tag an begann für die zwei ein völlig neues Leben. „Der erste Tag war ein Alptraum, da Tim sich weigerte, sich von mir spritzen zu lassen“, erinnert sich seine Mutter. Zu Anfang wollte er darüber hinaus nicht richtig essen. Doch die Mutter nahm sich Zeit und versuchte Tim in aller Ruhe zu erklären, dass sie genau das gleiche mache wie auch die Schwestern im Krankenhaus. Erst als sie ihrem Sohn zu verstehen gab, wie wichtig die Messung und das Spritzen für ihn sei, und dass er wieder in die Klinik müsse, wenn er sich nicht von ihr behandeln lassen würde, klappte es. Nach einigen Problemen mit dem Essen bekamen sie ihre Prozeduren in den Griff.

Achtung: Unterzucker!

Mehrere Tage vergingen, alles lief wie gewünscht, bis Tim eines Nachts seine erste Unterzuckerung bekam. Er saß im Bett und schrie vor Angst. Die Mutter wusste im ersten Moment nicht was sie tun sollte, da sie bei ihm noch nie eine Unterzuckerung erlebt hatte.

Tim saß in seinem Bettchen, weinte laut vor Angst, verkrampfte seinen ganzen Körper und erkannte seine Mutter nicht mehr. Erst als sie ruhig auf ihn einsprach, eine Blutzuckerkontrolle durchführte und ihn mit einem 0,2 Liter-Tetrapack Orangensaft versorgte, beruhigte er sich wieder. Für die Mutter war es natürlich extrem schwer, ihren kleinen Jungen leiden zu sehen, wenn er diese Anfälle bekam.

War Tim zu Beginn seiner Therapie noch häufig unterzuckert, so kommt das heute – zwei Jahre später – glücklicherweise ganz selten vor.

Soweit die Geschichte der Mutter einer betroffenen Familie.

Zucker gilt als eine unheilbare Krankheit und bedeutet ein Leben mit erheblichen Einschränkungen und Risiken.

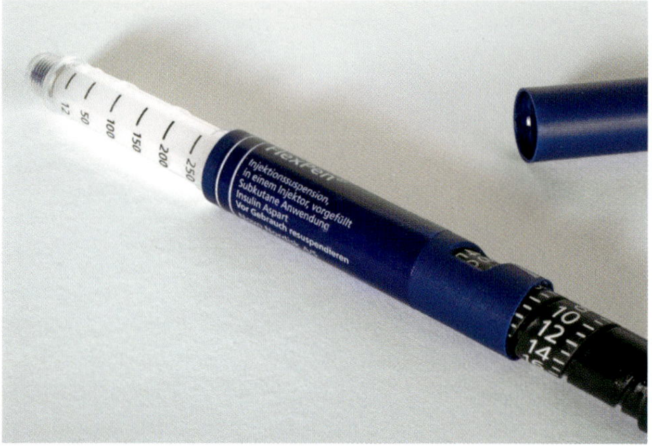

Ursachen, die zur Zucker-Krankheit führen:

Isolierter Zucker überlastet unsere Bauchspeicheldrüse. In der Folge reagiert sie mit einer zu starken Insulinproduktion, woraufhin das gesamte aufgenommene Zucker-Konzentrat sofort von der Leber in Form von Glykogen gespeichert wird. Dieses wiederum wird später als Fett in den Fettzellen des Körpers eingelagert.

Nun bleibt im Blut zu wenig Zucker übrig und es entsteht zwangsläufig eine Unterzuckerung. Diese kann sogar soweit gehen, dass der Betroffene ins Koma fällt.

Werden nun die so genannten „Inselzellen" der Bauchspeicheldrüse ständig auf diese Weise überlastet, dann stellen sie ihre Insulin bildende Funktion irgendwann ein – es entsteht Diabetes.

Vererbung

Die Ernährungsgewohnheiten der Eltern, insbesondere der Mutter während der Schwangerschaft und Still-Zeit, haben starke Auswirkungen auf das Kind. Die Tatsache, dass Zucker heutzutage immer frühzeitiger auftritt, findet auch hier ihre Begründung.

Das Deutsche Diabetes-Zentrum Düsseldorf schreibt am 3. März 2005:

Unausgewogene Ernährung mit ungebremster Kalorienzufuhr und Bewegungsmangel stehen auf der Liste der Verantwortlichen ganz oben. Nach Auswertung aller Daten einer Langzeitbeobachtung (15 Jahre) zeigte sich, dass regelmäßiger **Fast-Food-Konsum** tatsächlich mit einem Gewichtsanstieg und der **Zunahme von Insulinresistenz** (Zuckererkrankung) verbunden war.

Die Ernährungsempfehlung des Diabetes-Zentrums deckt sich übrigens mit der des HEKA-Rathgebers zu 100%, was die Empfehlungen hinsichtlich Obst, Gemüse, Vollkornprodukten und Fisch anbelangt.

Der Irrtum – Fruchtzucker für den Diabetiker

Dr. med. M. O. Bruker weist in seinem Buch „Zucker Zucker" daraufhin, dass der Fruchtzucker (Fructose) auch für den Zuckerkranken eine nachteilige Wirkung hat. In diesem Fall ist die Fructose nämlich ein Isolat, dem exakt die Vitalstoffe fehlen, die sonst in der natürlichen Frucht vorhanden wären.

Dr. Bruker führt ein weiteres Beispiel an:

Bereits 1929 beobachtete der Mediziner und Diabetesforscher Banting während einer Reise durch Panama, dass Diabetes bei den Zuckerrohrarbeitern nicht vorkam, obwohl die Leute dort durch das Kauen von Zuckerrohr große Mengen von Zucker konsumierten. Bei den spanischen Arbeitgebern und Vorarbeitern jedoch, die den „reinen" Rohrzucker (aus dem gleichen Zuckerrohr heraus isolierter Zucker) aßen, war die Erkrankungsrate an Diabetes ungewöhnlich hoch.

Rohrohrzucker ist übrigens ebenso ein Konzentrat!

Das Buch „Diabetes" von Dr. Bruker kann ich nur jedem empfehlen, der an Zucker erkrankt ist.

ZUCKER-VERZEHR EXPLODIERT

Wirklich zuverlässige Zahlen über den tatsächlichen Zuckerverzehr lassen sich heute kaum mehr erheben. Die Ideen der Industrie, uns Menschen nahezu alles zu „versüßen", haben den tatsächlichen Zuckerverzehr unüberschaubar werden lassen.

Eine Zahl lässt die befürchtete Verbrauchssteigerung allerdings hochrechnen.

Laut dpa-Meldung vom Sept. 2004 gab es in Deutschland 8 Millionen Zuckerkranke und für das Jahr 2010 rechnet man bereits mit 10 Millionen Erkrankten. Diese Zahlen hatte der Diabetikerbund errechnet. Zunehmend seien vor allem auch Kinder betroffen. Nach dieser Hochrechnung wird also im Jahr 2010 jeder 8. Deutsche betroffen sein.

Rechnen wir diese Zahlen weiter, so wird im Jahr 2050 **jeder Zweite in Deutschland** von der Insulinspritze abhängig sein!

Bereits heute ist die Anzahl der Amputationen im Zusammenhang mit der Zuckerkrankheit erschreckend. Sie erinnert schon an die Zahlen der letzten Weltkriege.

Diabetiker sind auch öfter von einem Schlaganfall oder einem Herzinfarkt betroffen. Ebenso besteht das Risiko einer Erblindung.

Eine Zusammenfassung aller konzentrierten Zuckersorten oder Süßungsmittel, die Sie unbedingt meiden sollten:

Rohrzucker weiß und braun, Vollrohrzucker, Rohrohrzucker, Fruchtzucker, Traubenzucker, Milchzucker, Malzzucker, Sucanat, Rübensirup, Ahornsirup, Birnendicksaft, Ur-Süße, Ur-Zucker, Melasse, Maltodextrin, Frutilose, Gerstenmalz und noch viele andere mehr. (u.a. nach Dr. med. M. O. Bruker).

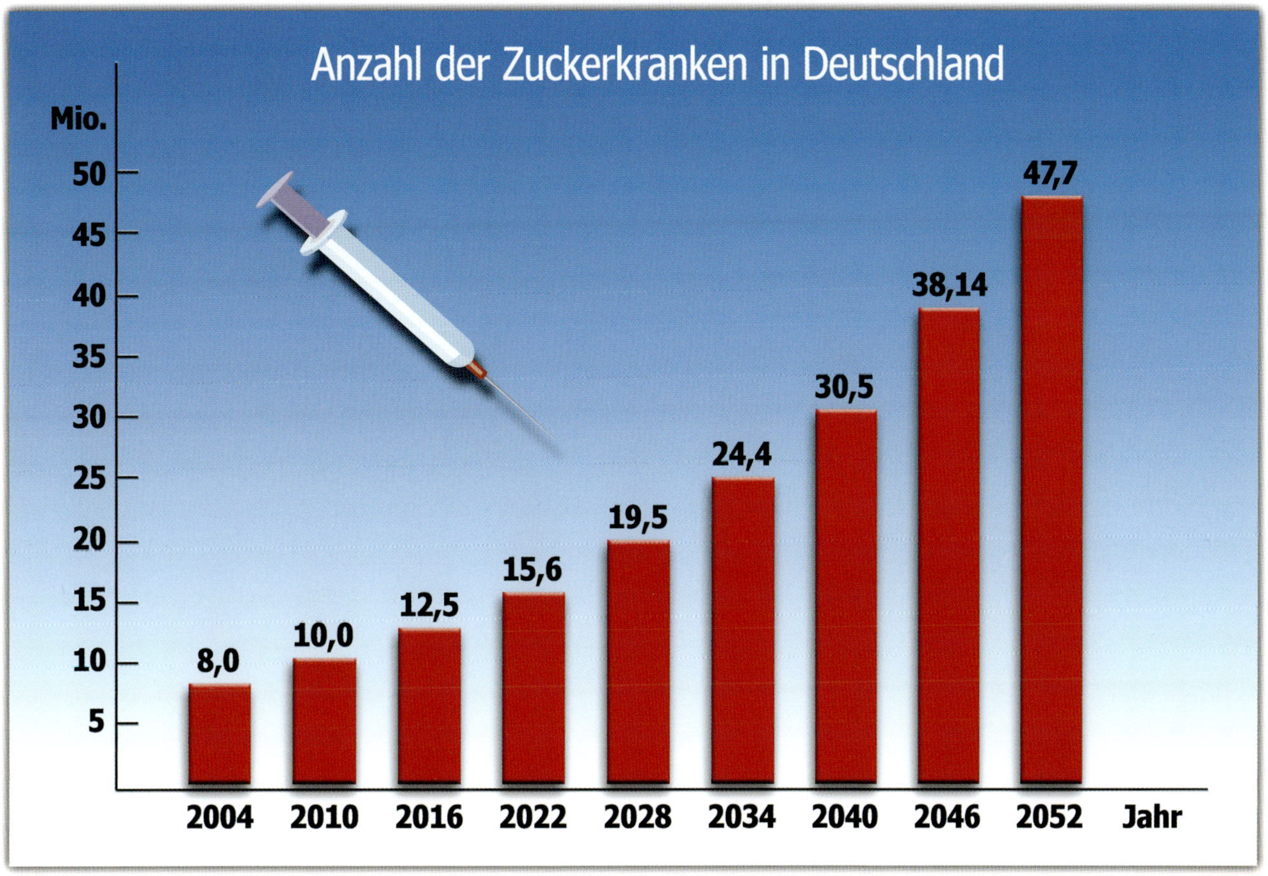

TURBO-MAST FÜR DEN MENSCHEN

Verfahren zur Plastikherstellung verwandeln Stärke aus Kartoffeln, Reis und Mais in extrem fein aufgeschlossene Grundstoffe, aus denen später Kartoffel-Chips, Pommes frites, Brot oder Gebäck entstehen.

Diese extrudierte Stärke verhält sich beim Verzehr wie reiner Traubenzucker!

Was mal ein Lebensmittel war, wird zunächst zu Rohmaterial vermischt, geknetet, unter Druck gesetzt, erwärmt, gekocht, gekühlt oder gefriergetrocknet.

Diese tote Masse wird später unter hoher Temperatur und hohem Druck durch so genannte Extruder-Düsen plastifiziert. Diese Kunststoffgebilde werden anschließend wiederum fein zermahlen und genau wie Mehl weiter verarbeitet.

Unmittelbar nach der Austrittsdüse kann das Stärkematerial aber auch durch schlagartige Ausdehnung zu schaumartigen Snacks in alle denkbaren Formen gebracht werden. Ob dabei Flips, Würstchen, Kugeln, Dinos, Krokodile oder Bärchen herauskommen ist unwichtig – Hauptsache das Produkt findet kleine oder große (breite) Käufer...

Bei Verzehr dieser „Nahrungsmittel“ entspricht der folgende, explosive Insulinanstieg aber exakt dem von reinem Traubenzucker – obwohl es nicht dessen Süße aufweist. Diese Insulinreaktion wird mit Cornflakes, gepufftem Getreide und so genannten „technischen Zuckern“ wie Maltose sogar noch übertroffen. Dummerweise ist Maltose in nahezu allen Industrienahrungsmitteln enthalten.

Verlockende Industrienahrung, die keinerlei Lebensstoffe mehr enthält, dafür aber reich an Fett und Emulgatoren ist, täuscht dem Konsument lediglich ein Geschmackserlebnis vor und reizt gleichzeitig den betrogenen Esser zum Übermaß.

Die Verdaulichkeit dieser Kunstnahrung erreicht einen Grad von fast 100 % !

Ein Ausnutzungsgrad von dem jeder Schweine-Mäster träumen würde, wenn es denn die Tiere vertragen könnten!

Die allerdings bekommen bei einer so hohen Verdaulichkeit des Futters Magengeschwüre – und das bevor sie ihr Schlachtgewicht erreicht haben. Gegenüber der Menschennahrung darf nämlich das Schweinefutter nur 80% seiner Energie zur Wachstumsförderung nutzen, mindestens 20% „Verdauungsbremser“ (Faserstoffe) müssen enthalten sein. Denn nur dann kann das Schwein seinen eigenen Schlachttermin erleben.

Das Schwein ersetzt als „Modelltier“ in der modernen medizinischen Forschung häufig den Menschen. Es liegt also auf der Hand, dass wir dieses Turbo-Mast-Futter ebenso wenig vertragen. Doch im Gegensatz zum Schwein leistet sich der Mensch dafür einen kostspieligen Gesundheits-Reparaturbetrieb. Und dieser Betrieb „verschlingt“, so der Münchener Fettstoffwechsel-Professor Peter Schwandt, „jährlich 97% der Kosten unseres Gesundheitssektors. Für das Verhindern von Krankheiten, die Prävention, geben wir indessen nur erbärmliche 3% aus“.

Übrigens: 70% der Gesundheitskosten, die ein Mensch in seinem Leben insgesamt verursacht, fallen im letzten Jahr vor seinem Tod an!

Herzkreislauf- und Krebsforscher haben in den letzten Jahren feststellen müssen, dass es für faserstoffreiche pflanzliche Kost keinen Ersatz gibt. Für Herzinfarkt-gefährdete entpuppten sich Haferflocken demnach geradezu als Lebensretter.

LEBENSGEFÄHRLICHER MENSCHENVERSUCH AUF DER „PRINZ WILHELM“

Nur dem Mediziner Dr. M. O. Bruker ist es zu verdanken, dass das größte Ernährungsexperiment des vergangenen Jahrhunderts, nicht in Vergessenheit geraten ist.

Der kaiserliche Kreuzer „Kronprinz Wilhelm“ mit 1.136 Mann an Bord, hatte am 3. August 1914 Hoboken verlassen. 255 Tage lang kreuzte das Kriegsschiff im Atlantik, ohne einen Hafen anzulaufen. Zahlreiche feindliche Versorgungsfrachter wurden während dieser Zeit von dem 21 Knoten schnellen kaiserlichen Schiff ausgeraubt und anschließend versenkt.

Am 7. Oktober 1914 zum Beispiel wurde der britische Kühldampfer „La Correntia“ gesichtet. Er befand sich auf dem Weg von Argentinien nach London und hatte fünf Millionen Pfund frisches Rindfleisch an Bord. Bevor das Schiff versenkt wurde, stopfte man die großen Kühlräume der „Kronprinz Wilhelm“ mit Rippen- und Lendenstücken zum Platzen voll. Außerdem wurden noch 150.000 Pfund Fleisch eingepökelt. Daraufhin konnte jedem Mann pro Tag drei Pfund Fleisch zu essen gegeben werden.

Es war demnach so viel Fleisch an Bord, dass es für Jahre genug gewesen wäre.

Die Soldatenkost musste geradezu als „überdurchschnittlich gut“ bezeichnet werden, und in ihrer Vielfalt wäre sie mit der Verpflegung an Krankenhäusern oder gar Hotels durchaus vergleichbar gewesen.

Neben dem hervorragenden, frischen Fleisch hatte man des Weiteren Dosengemüse, Auszugsmehl, Margarine, Kaffee, Tee, Kakao, Schinken, Speck, Zucker, Zwieback, Corned Beef, Champagner, Bier, Wein und andere Spirituosen sowie Biskuits und feinste Gebäcke in riesigen Mengen an Bord. Um bloß all die Mengen von Köstlichkeiten auf dem Schiff unterbringen zu können, hatte man sogar das Vollgetreide (Weizen) als „unnötigen Ballast“ über Bord geworfen...

Am 11. April 1915 allerdings musste der Kreuzer Hilfe suchend mit der letzten Mannschaftskraft in James River bei Newport vor Anker gehen, denn an Bord war eine unheimliche Krankheit ausgebrochen.

Die Besatzung litt an Lähmungserscheinungen, Muskelschwund, starken Schmerzen, Blutarmut und konnte sich kaum noch auf den Beinen halten. Ganze einhundert Mann mussten als todkrank bezeichnet werden und man rechnete nur noch mit ihrem Tod. Alle anderen waren sehr krank. Die einzige Ausnahme bildeten die Offiziere: Sie fühlten sich leidlich bis gut. Das Anlaufen des Hafens war letztlich nur noch gelungen, weil die gesamte Mannschaft ihre ganze Kraft zusammengenommen hatte.

Was aber war nun die Ursache für diese Katastrophe?

Zunächst glaubte man (so stand es in den amerikanischen Fachblättern), die deutschen Matrosen seien das Opfer von poliertem Reis geworden und wären an Beriberi erkrankt. Das nahm man zumindest so lange an, bis man von Alfred W. McCann folgendes zu lesen bekam: „Der Kreuzer hätte noch monatelang seine Kriegsarbeit weiter verrichten können, wenn die typisch amerikanischen Mahlzeiten ihn nicht daran gehindert hätten.“ Und weiter schrieb McCann: „Polierter Reis hatte mit der geheimnisvollen Krankheit soviel zu tun, wie das Hufeisen mit dem Blitz.“

Schaut man sich den Speiseplan der „Kronprinz Wilhelm“ einmal genauer an und betrachtet man weiter die Vorräte, die noch reichlich vorhanden waren, so wird schnell klar, dass die Mannschaft des Kreuzers während ihrer Zeit auf See unfreiwillig eines der größten „Ernährungsexperimente“ aller Zeiten über sich hat ergehen lassen müssen...

Das Wenige, was den versenkten Schiffen an Frischobst und Frischgemüse abgenommen worden war, kam ausschließlich den Offizieren zugute. Denen ging es – gemessen am Zustand der restlichen Mannschaft – entsprechend gut.

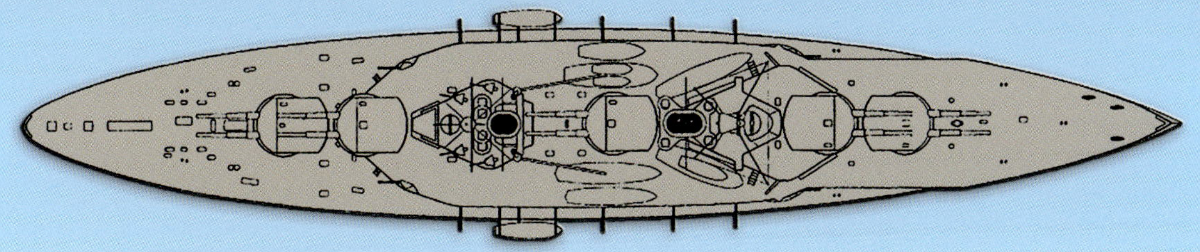

Die Ursache für die der Beriberi gleichenden Krankheit war also nicht etwa geschälter Reis, denn den gab es nur etwa alle drei Wochen. Vielmehr war die lebensstoffarme Mangelkost, die sich aus Konserven und Präparaten zusammensetzte, für die Misere verantwortlich. Werfen Sie einmal einen Blick auf den Speiseplan, wie er während der mehr als acht Monate dauernden Kreuzfahrt üblich und alltäglich war:

Montag

Frühstück: Käse, kondensierte Milch, Weißbrot, Margarine (Oleo), Kaffee, Zucker.

Mittagessen: Erbsensuppe, Büchsengemüse im Büchsensaft serviert, Roastbeef im Topf, gekochte Kartoffeln, Weißbrot, Margarine (Oleo), Kaffee, kondensierte Milch, Zucker.

Dienstag

Frühstück: Wurst, Weißbrot, Margarine (Oleo), geröstete Kartoffeln, kondensierte Milch, Kaffee, Zucker.

Mittagessen: Kartoffelsuppe, Büchsengemüse im Büchsensaft serviert, Roastbeef im Topf, gekochte Kartoffeln, Weißbrot, Margarine (Oleo), Kaffee, kondensierte Milch, Zucker.

Mittwoch

Frühstück: Cornedbeef, Weißbrot, Margarine (Oleo), geröstete Kartoffeln, Kaffee, kondensierte Milch, Zucker.

Mittagessen: Rindssuppe, Roastbeef, gekochte Kartoffeln, Weißbrot, Margarine (Oleo), Kaffee, kondensierte Milch, Zucker.

Donnerstag

Frühstück: Geräucherter Schinken, Käse, Weißbrot, Margarine (Oleo), Kaffee, kondensierte Milch, Zucker.

Mittagessen: Linsensuppe, Rinderbraten, geröstete Kartoffeln, Weißbrot, Margarine (Oleo), Kaffee, kondensierte Milch, Zucker.

Freitag

Frühstück: Gekochter Reis, Käse, Weißbrot, Margarine (Oleo), kalter Braten, Kaffee, kondensierte Milch, Zucker.

Mittagessen: Erbsensuppe, Salzfisch und Topffleisch, gekochte Kartoffeln, Büchsengemüse mit der Büchsensoße serviert, Weißbrot, Margarine (Oleo), Kaffee, kondensierte Milch, Zucker.

Samstag

Frühstück: Cornedbeef, Käse, geröstete Kartoffeln, Weißbrot, Margarine (Oleo), kondensierte Milch, Zucker.

Mittagessen: Kartoffelsuppe, Roastbeef, gekochte Kartoffeln, Weißbrot, Margarine (Oleo), Kaffee, kondensierte Milch, Zucker.

Sonntag

Frühstück: Gedämpftes Beef, Käse, geröstete Kartoffeln, Weißbrot, Margarine (Oleo), Kaffee, kondensierte Milch, Zucker.

Mittagessen: Beefsuppe, Topffleisch, Büchsengemüse im Büchsensaft serviert, gekochte Kartoffeln, Weißbrot, Margarine (Oleo).

Die Abendmahlzeiten bestanden aus geröstetem Fleisch oder kaltem Braten, Haschee von Cornedbeef, gedämpften Beef mit Kartoffeln oder kaltem Roastbeef mit Weißbrot, Margarine (Oleo), Kaffee, kondensierter Milch und Zucker.

Ab Mitte Januar beobachtete der Schiffsarzt bei einzelnen Besatzungsmitgliedern eine auffallende Blässe sowie erweiterte Pupillen und Kurzatmigkeit. In der zweiten Februarhälfte klagten einige bereits über geschwollene Knöchel und Schmerzen in den Beinen. Ende März wurde die Lage katastrophal: Innerhalb kürzester Zeit war der stolze Kreuzer zum Hospitalschiff geworden.

Bezeichnend ist, dass es schließlich nicht ein Arzt war, der zur Gesundung der kranken Besatzung beitrug – die versammelte Ärzteschaft stand hilflos vor den Symptomen und rätselte – sondern der bereits erwähnte Nahrungsmittelchemiker Alfred McCann. Ihm war nämlich aufgefallen, dass in der **einseitigen Verpflegung**, wie sie die Matrosen bekamen, **natürliche Wirkstoffe fehlten, die nur in frischen Lebensmitteln ausreichend vorkommen**, was zwangsläufig zu den bestehenden Mangelerscheinungen führen musste. Seine „Theorie" wurde von Fachkapazitäten allerdings müde belächelt. Seine anschließend durchgeführte Praxis sollte ihm allerdings zu seinem Recht verhelfen:

Eine frischkostreiche, vollwertige Nahrung führte innerhalb kürzester Zeit zur Heilung selbst der aussichtslos erscheinenden Fälle.

Dr. A. von Borosini übersetzte die Aufzeichnungen von W. McCann. Aus ihnen geht eindeutig hervor, dass der Schiffsarzt der „Kronprinz Wilhelm", Dr. Perrenon, „nicht nur sein Unwissen frei eingestand, sondern ebenso freimütig von einem Nichtarzt, wenn auch einem Chemiker, zu lernen bereit war".

In seinem Vortrag „Ungeahnte Wirkungen falscher und richtiger Ernährung", den Bircher-Benner am 23. März 1927 in Stuttgart hielt, sagte er zu dieser Katastrophe auf dem Kreuzer „Prinz Wilhelm":

„McCann nennt dieses Geschehnis ein Ernährungsexperiment in großem Stil. Er hat recht... die Anlage des Experimentes:

Eine reichliche Nahrung mit allem, was die alte Ernährungslehre nur verlangen kann, abwechslungsreich, eiweißreich, kalorienreich, ganz nach dem Geschmack der Leute. Kein Physiologieprofessor der alten Schule könnte daran etwas aussetzen. Er würde sie für kräftig erklären, ja für gesund. Ihr Stil ist der jeder üblichen Massenernährung."

Ich aber erlaube mir die Frage: „Auch heute noch – im 21. Jahrhundert?"

PFLANZEN-, FLEISCH- ODER ALLESFRESSER?

Ist der Mensch ein Pflanzen-, Fleisch- oder Allesfresser? Das ist eine Frage, die wir uns immer wieder stellen. Was aber ist nun richtig?

Zunächst klären wir, was den Menschen vom Fleischfresser anatomisch unterscheidet:

	Mensch	Fleischfresser
Zähne/ Kiefer	Unsere Zähne sind zum Beißen, Kauen und Mahlen bestens geeignet, und mit der auch in seitliche Richtung möglichen Kieferbewegung unterstützen wir das.	Er kann lediglich Beißen und Reißen sowie seinen Kiefer ausschließlich auf- und abbewegen.
Speichel/ Magensäure	Unser Speichel ist alkalisch und enthält das Enzym Ptyalin für die Verdauung von Stärke. Im Magen wird im Vergleich zum Fleischfresser nur ein Zehntel an Salzsäure abgesondert.	Der Speichel ist säurehaltig für die Verdauung tierischen Eiweißes. Im Magen wird im Vergleich zum Menschen die 10-fache Menge an Salzsäure abgesondert.
Därme	Die Gesamtlänge der Därme entspricht etwa 12-mal der Körperlänge und ist für eine langsamere Ausscheidung (wie bei Pflanzenfressern) ausgelegt.	Die Darmlänge entspricht nur etwa 3-mal der Körperlänge, sie ist also für die schnelle Ausscheidung faulender Reste ausgelegt.
Schweiß	Wir können über unsere Poren schwitzen wie alle Pflanzenfresser auch.	Diese können den Schweiß nicht über ihre Haut absondern.
Uricase/ Harnsäure	Uns fehlt – wie auch allen Pflanzenfressern – das Enzym Uricase. Die bei der Fleischverdauung anfallende Harnsäure kann von uns deshalb nicht umgewandelt werden. Unsere Leber kann nur eine kleine Menge Harnsäure ausfiltern. Harnsäurekristalle lagern sich in unseren Gelenken ab, und zwar mit äußerst schmerzhaften Folgen. Lesen Sie hierzu auch das Kapitel 4.g. „Tote Tiere rächen sich".	Er besitzt das Enzym Uricase und spaltet die Harnsäure in Allantoin und CO2. Seine Leber kann die 10- bis 15-fache Menge an Harnsäure ausfiltern.
Urin	Bei gesundem Menschen ist der Urin alkalisch.	Der Urin ist sauer.
Leichengift	Für uns sind die Ptomaine (Leichengifte), welche bei Eiweißfäulnis auftreten, giftig (Beispiel: Cadaverin u.a.).	Er kann selbst nach Tagen einen in der Sonne liegenden Kadaver mit Genuss verschlingen.

Anatomisch besitzen wir Menschen also keine einzige Voraussetzung, die darauf hinwiese, dass wir zum Verzehr von Fleisch geschaffen seien. Nicht einmal unsere Hände sind dafür geeignet Tiere zu töten, sie aufzureißen oder deren Fell ohne Werkzeuge vom dampfenden Körper zu ziehen.

Psychologisch sind wir erst recht nicht auf das Essen von Fleisch eingerichtet. Es ist die Frage, ob allein jeder Tausendste Mensch überhaupt in der Lage wäre, (ohne Not) ein Tier zu töten, es zuzubereiten und dann aufzuessen...

Gerade Kinder dürfen ohnehin nicht erfahren, was alles passiert ist, bevor die Wurst auf dem Frühstückstisch liegt. Man kann das auch Verdrängung nennen.

Warum essen wir Menschen dann überhaupt Fleisch?

Trotz seines vegetarischen Erbes hat sich der Mensch auf dem Weg seiner Entwicklung an Fleischkost angepasst. Der Grund war Mangel an pflanzlicher Nahrung.

Klima-Veränderungen zu Beginn des Pliozän (jüngste Stufe des Tertiärs) verursachten einen Rückgang der üppigen Regenwälder. Die in den Wipfeln der Bäume lebenden Menschenaffen, die bislang ausreichend Früchte und Blätter als Nahrung fanden, mussten nun in Savannen und Steppen ihr Überleben sichern – auch mit Fleisch.

Nur diese Linie der Menschenaffen überlebte vor etwa vier Millionen Jahren in Ostafrika, wo später auch die Wiege der Menschheit stand.

Einem einzigen Stamm des frühsteinzeitlichen Australopithecus-Ur-Menschen gelang das Überleben durch die Erfindung räuberischer Strategien. Diese sicherten ihm das Fleisch von Tieren oder Seinesgleichen immer dann, wenn es nicht ausreichend pflanzliche Nahrung gab.

Der mit rein vegetarischer Nahrung weiter lebende Urmensch starb vor etwa zwei Millionen Jahren wegen Nahrungsmangel aus.

Betrachten wir die Situation von heute:

Zu keiner Zeit in der Menschheitsgeschichte, hat es einen solchen Überfluss an tierischer und zugleich pflanzlicher Nahrung gegeben. Und zu keiner Zeit hat das im Übermaß genossene tierische Eiweiß, zusammen mit dem Fett und dem Cholesterin, zu derart zahlreichen Erkrankungen geführt.

Die üppige, bis drei Mal tägliche Fleisch- und Wurst-Ration, ist, nicht zuletzt aufgrund des niedrigen Preises, zu einem gesundheitlichen Problem geworden. Der Suchtfaktor, insbesondere der von Schweinefleisch, unterstützt diese Problematik zusätzlich.

Schweinefleisch, das zu einem gewissen Anteil in kaum einer Wurstsorte fehlt, soll dem Menschenfleisch geschmacklich am nächsten kommen...

Haben wir also doch mehr von unseren überlebenden, primitiven Vorfahren an Instinkten übernommen als wir ahnen?

TOTE TIERE RÄCHEN SICH

Wer gibt dem Menschen das Recht, derart mit seinen Mitgeschöpfen zu verfahren?

Schweinemast

Bereits 10 Wochen nachdem es in das künstliche Licht seiner Welt hineingeboren wurde, hat ein kleines Ferkel sein Geburtsgewicht von etwa 1.000 Gramm um das 25-Fache vermehrt. Bis zu diesem Zeitpunkt gab es für den Nachwuchs eine gewisse Bewegungsfreiheit: Gemeinsam mit seinen Geschwistern „lebte" es innerhalb einer Box, noch zusammen mit der Mutter.

Aber jetzt, mit 25 Kilo Gewicht, beginnt der Ernst des Lebens für das junge Schwein – die Mast fängt an.

Einzelbox, kaum Bewegung und kein Auslauf. Denn Schweinemäster müssen von nun an, in der kürzesten Zeit, das Schlachtgewicht erzielen. Da stört jede Art von Bewegung... Ob es ein Bauchgurt mit einer kurzen am Boden verankerten Kette ist, oder eine Stange über dem gequälten Tier... Unsere Tierschutzbestimmungen gelten nicht außerhalb von Deutschland... Was zählt, ist der Preis. Gewinn muss erzielt werden, auch unter dem gnadenlosen Preisdruck der Discounter.

90 Tage dauert diese Tortur, dann bringt unser Schwein ganze 100 Kilo auf die Waage!

Es hat nie die Sonne gesehen, keine Wiese und keinen Baum, bevor es zu seinem letzten Gang getrieben wird. Und es ahnt sehr wohl, dass etwas Schreckliches passieren wird. Jedes Stückchen Fleisch und so mancher Wurstzipfel würde uns im Halse stecken bleiben, sollten wir nur einmal die Todesschreie dieser gequälten Geschöpfe hören.

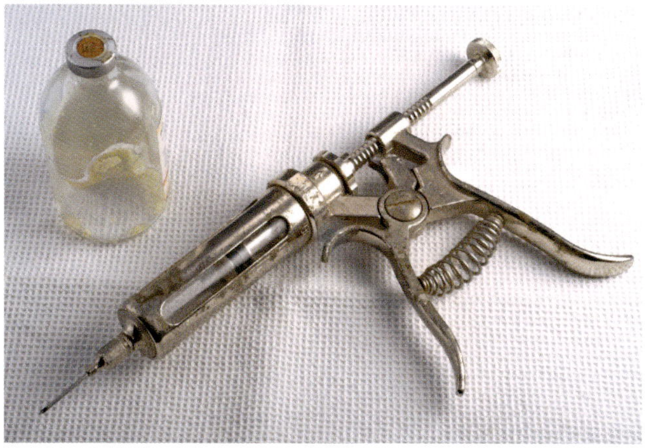

Antibiotika

Schon längst ist aus der Tiermast eine industrielle Produktion geworden. Ohne Antibiotika ist diese „Fleischproduktion" gar nicht mehr denkbar. Sei es zur Vorbeugung von Infektionen, oder um die Vorteile der schnelleren Gewichtszunahme zu nutzen. Die Mäster haben nämlich herausgefunden, dass man mit dem Einsatz von Antibiotika Futterkosten sparen kann. Denn wie wir wissen, wirkt das Antibiotikum nicht nur gegen schädliche Bakterien, sondern zerstört auch lebenswichtige Darmbakterien. Die Letzteren fallen somit als „Mitesser" weg.

Antibiotika werden sogar zur Kühlung von „Frischfleisch" eingesetzt, um die Haltbarkeit zu verlängern. Was nützt es uns, dass diese Praxis in Deutschland verboten ist? Für „Billig-Einkäufer" gibt es keine Grenzen. Heute wird die Hälfte der weltweiten Antibiotika-Produktion allein in der Landwirtschaft verbraucht.Letzten Endes nehmen alle Fleischesser dieses Medikament mit Ihrer Nahrung auf.

Antibiotika gehören zu den wichtigsten Arzneimitteln für den Menschen. Ihre lebensrettende Wirkung können sie aber nur entfalten, wenn wir sie äußerst sparsam einsetzen.

Thyreostatika und Beruhigungsmittel

Als die Forderung der Verbraucher nach magerem Fleisch umgesetzt wurde, kamen bei den entsprechenden Züchtungen vermehrt stressanfällige Schweinerassen heraus. Dem drohenden Herzinfarkt dieser Spezies musste also mit entsprechenden Medikamenten begegnet werden. Seitdem werden so genannte Thyreostatika verwendet, welche die Schilddrüsenfunktion der Tiere herabsetzen. Wenn auch in diesem Fall deren Anwendung in Deutschland verboten ist, so ist der Verkauf dieses Fleisches sicher möglich.

Zugelassen sind in der BRD nur Beta-Rezeptorenblocker und Tranquilizer. Und während in Deutschland wenigstens noch 3 Tage von der Verabreichung bis zur Schlachtung vergehen sollen, verzichten einige EU-Mitglieder gänzlich auf diese Wartezeit. Und doch: Selbst bei uns sind größte Zweifel angebracht, weil der höchste Stress unmittelbar vor der Schlachtung entsteht.

Anabolika

Clenbuterol und Salbutamol sind Pharmazeutika, welche über Beta-Rezeptoren die Herzkranz- und Muskelgefäße erweitern und so den Kreislauf stimulieren. Man fand heraus, dass das ursprünglich für den Menschen vorgesehene Präparat Salbutamol bei Schweinen eine Verminderung des Fettanteils zugunsten des Muskelgewebes bewirkte (z. B. eine Verminderung der Rückenspeckdicke).

Anabolika greifen in den Hormonhaushalt des Körpers ein und bewirken eine verstärkte Eiweißbildung, sie wirken alle als **Sexualhormone**. Bei Kälbern als Masthilfsmittel eingesetzt, erbringen sie zum Beispiel eine bis zu 15 Prozent höhere Gewichtszunahme.

Weitere Tierarzneimittel

Die Pharmaindustrie schätzt nach Baltes „Lebensmittelchemie" die Anzahl der verschieden eingesetzten Präparate auf inzwischen etwa 2.000 (!) – und diese wiederum mit etwa 250 Wirkstoffen für die Therapie von Tieren.

Leichenstarre – Leichengift

Die Totenstarre setzt bis zu zwei Stunden nach Eintritt des Todes ein. Um das Lösen der Starre abzuwarten, wird das Fleisch mehrere Tage „abgehängt", das wird auch als „Reifen" bezeichnet. Frischer kann also das Fleisch nicht sein, als dass die Zeit für das Abklingen der Leichenstarre (Muskelverkürzung) zuvor verstrichen sein muss.

Und nur mit besonderen Maßnahmen kann die Entstehung von Leichengiften unterbunden werden. Was für den Fleischfresser harmlos ist, wirkt schließlich für den Pflanzenfresser wie auch für den Menschen als Gift. Sicher gibt es noch weitere, durch die Tötung entstandene Giftstoffe, mit denen sich die Tiere – gewissermaßen „im Nachhinein" – für ihren gewaltsamen Tod rächen.

Tiermast - ein ökologisches Problem!

Sinnloses Abholzen des Regenwalds für Weideflächen!

Vergeudung wertvollen Ackerlandes!

Für 1 Kilo Rindfleisch werden 17 Kilo Getreide verbraucht! Auf einem Hektar Land kann durch Rindfleischproduktion 1 Person ernährt werden, mit Weizen aber werden 15, mit Kartoffeln 22 und mit Kohl sogar 23 Menschen satt!

Trinkwasser-Mangel ein Problem für die Menschheit!

Den Wasserbedarf für die Produktion von Lebensmitteln haben Landwirtschaftsexperten der Universität von Kalifornien folgendermaßen errechnet:

Wasserbedarf für die Produktion von Lebensmitteln

je 500 g	Liter
Salat	*87*
Tomaten	*87*
Karotten	*125*
Hühnerfleisch	*3.085*
Schweinefleisch	*6.170*
Rindfleisch	*19.737*

Wie lange wohl können sich die Menschen eine solche Verschwendung von kostbarem Trinkwasser noch leisten…?

Exkremente aus der Massentierhaltung

Das dicke Ende kommt bekanntlich noch: Fäkalien aus der Tiermast, einschließlich der gewaltigen Menge an Pharmazeutika, sind zu einem gigantischen Umweltproblem geworden. Und ein großer Teil davon landet im Grundwasser.

Das Time Magazin schrieb bereits 1999: „In den Vereinigten Staaten produzieren Nutztiere mittlerweile 130 Mal mehr Exkremente als Menschen…"

Übrigens: Schweine sind Allesfresser und können, wie erwähnt, nicht schwitzen! Schweinefleisch enthält daher viel mehr Gifte als das bei Rind-, Schaf-, Ziegen- oder Pferdefleisch der Fall ist. Schweinefleisch gilt sehr oft als Ursache für Krebs und Herz-Kreislaufprobleme.

Stellen wir uns folgende Frage:

„Gibt es einen einzigen vernünftigen Grund, warum wir Fleisch essen sollten?" Doch sicher nicht aus der Not des Überlebens heraus! Zumal es, bei den heute verzehrten Mengen, unserer Gesundheit wohl eher schadet…

Mahlzeiten, egal ob zu Hause oder in Gaststätten, bestehen zu 4/5 aus Fleischgerichten. Dieser hohe Anteil führt zu einer Überlastung von Leber und Nieren, erhöht die Entzündungsbereitschaft sowie die Anfälligkeit gegenüber Infektionen aller Art.

Wer aufhört Fleisch zu essen, wird dankbar feststellen, dass sich die Haut positiv verändert und sich sein gesamtes Befinden deutlich verbessert.

Wenn ich nur an meine Rückenprobleme denke, die mich noch vor Jahren plagten und heute festselle, dass ich ohne jegliche Schmerzen das Leben genießen darf… Dann denke ich an die vielen Millionen Menschen, die nur mit Medikamenten ihre furchtbaren Gelenk- und Gliederschmerzen ertragen können. Würden sich diese Geplagten allein das Fleischessen abgewöhnen, könnten sie auf diese Art ihre Übersäuerung in der kürzesten Zeit abbauen. Denn die Harnsäure-Kristalle sind es, die als Folge des Fleischverzehrs die Schmerzen im gesamten Bewegungsapparat sowie Gicht und Rheuma verursachen.

Einschränkung

Stellt der Verzicht auf Fleisch eine Einschränkung in unserem Leben dar? Wenn wir alle vorgenannten Tatsachen und Zusammenhänge betrachten, dann sicher NEIN.

Denn wirkliche Einschränkungen sind die Folgen des Fleischessens, für die Betroffenen.

Was sind die Tiere für uns Menschen wirklich? Dürfen wir unsere Mitgeschöpfe und Freunde so quälen?

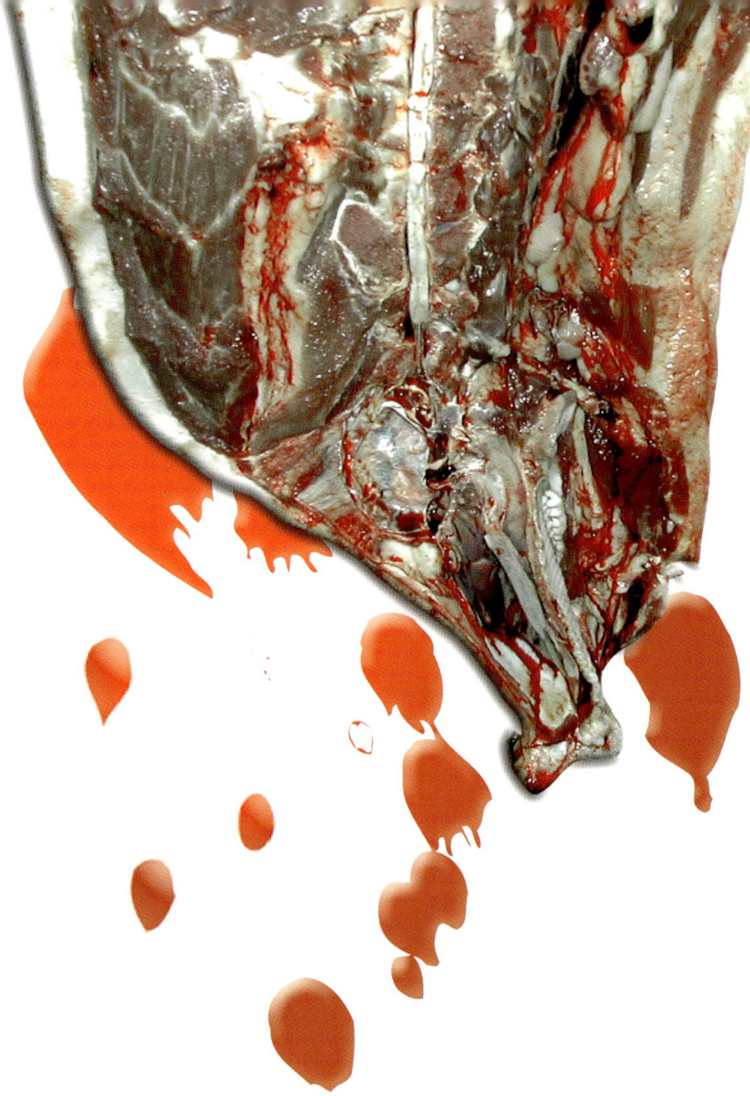

DER SCHWEINEMÄSTER

John Robbins hat sein Erlebnis mit dem Besitzer eines Schweinemast-Betriebs in seinem Buch „Food Revolution“ niedergeschrieben. Die Abschrift folgt mit der freundlichen Genehmigung des Hans Nietsch Verlags in Freiburg.

Vor vielen Jahren traf ich in Iowa einen Mann, der mir, ehrlich gesagt, auf Anhieb nicht besonders sympathisch war. Er führte einen, wie er es nannte, „Betrieb, der Schweinefleisch produziert“. Ich hätte es eher als eine „Hölle für Schweine“ bezeichnet.

Die Bedingungen waren brutal. Die Schweine wurden in Käfigen gehalten, die kaum größer als ihre Körper waren, und diese Käfige waren in drei Reihen übereinander gestapelt. Ihre Seiten und Böden bestanden aus Stahlstreben, sodass die Exkremente der oberen und mittleren Tiere durch die Öffnungen auf die Tiere darunter fielen.

Der Besitzer dieses Alptraums wog, da bin ich mir sicher, mindestens 120 Kilogramm. Noch beeindruckender fand ich jedoch, dass er aus Beton gemacht zu sein schien. Seine Bewegungen waren von einer Eleganz, die sich nur unwesentlich von der einer Mauer unterschied.

Was ihn noch unattraktiver machte, war seine Sprache. Sie bestand vornehmlich aus Grunzlauten, die in meinen Ohren alle sehr ähnlich und gewiss nicht angenehm klangen. Als ich sah, wie er sich bewegte und sein Erscheinungsbild eine Weile auf mich wirken ließ, dachte ich mir, dass seine Probleme wohl kaum daher rührten, dass er es an diesem Morgen nicht geschafft hatte, seine Yoga-Übungen zu machen.

Ich hielt mich mit meiner Meinung über ihn und seinen Betrieb jedoch zurück, da ich verdeckt ermittelte. Ich wollte möglichst viel über die moderne Fleischproduktion in Erfahrung bringen, indem ich Schlachthäuser und Massentierhaltungsbetriebe aufsuchte. Natürlich hatte ich keinen verräterischen Aufkleber auf meinem Auto, und meine Frisur und Kleidung waren so gewählt, dass sie keinen Hinweis darauf gaben, dass ich vielleicht eine andere philosophische Neigung hatte, als es in der Gegend üblich war. Ich sagte dem Farmer, ich sei ein Forscher, der über Tierzucht schreibe, und bat ihn um ein paar Minuten seiner Zeit. Als Antwort grunzte er einige Laute, die ich nicht genau verstand. Ich ging also einfach mal davon aus, dass ich ihm ein paar Fragen stellen durfte und er mich herumführen würde.

In dieser Situation fühlte ich mich nicht gerade wohl. Und das wurde auch nicht besser, als wir einen der Ställe betraten, in dem die Schweine untergebracht waren. Mein Unwohlsein vergrößerte sich sogar noch, denn der Gestank, der mir entgegenschlug, war kaum auszuhalten. Dieses Gebäude stank penetrant nach Ammoniak, Schwefelwasserstoff und anderen giftigen Gasen aus den Tierexkrementen, die viel zu lange angehäuft worden waren.

So ekelerregend der Geruch für mich auch war, ich stellte mir dennoch die Frage, wie das wohl für die Tiere sein musste. Schweine und Hunde besitzen in ihrer Nase 200-mal mehr Riechzellen als wir Menschen. In einer natürlichen Umgebung sind sie beim Stöbern in der Erde dazu in der Lage, fressbare Wurzeln auch dann noch zu riechen, wenn diese tief in der Erde sitzen.

Schweine würden ihren Platz niemals beschmutzen. In Wirklichkeit sind sie sehr saubere Tiere. Ihr schlechter Ruf zeigt nur, wie wenig wir über sie wissen. Hier jedoch waren ihre Nasen von dem permanenten Gestank nach Urin und Fäkalien geplagt. Ich befand mich nur einige Minuten in diesem Gebäude, doch ich sehnte mich verzweifelt nach frischer Luft. Für die Schweine gab es aber kein Entkommen. Sie waren kaum in der Lage, einen einzigen Schritt zu machen. Sie waren gezwungen, diesen Gestank in fast völliger Bewegungslosigkeit zu ertragen. So mussten sie 24 Stunden am Tag und sieben Tage in der Woche leben. Nicht einmal zwischendurch durften sie frische Luft schnuppern oder sich angemessen bewegen.

Der Besitzer dieser Anlage - so viel gestehe ich ihm zu - war so freundlich, all meine Fragen zu beantworten. Diese drehten sich in der Hauptsache darum, welche Medikamente er einsetze, um das afrikanische Schweinefieber, Cholera, Trichinose und andere bei Schweinen häufig vorkommende Krankheiten zu behandeln. Allerdings konnte ich mich weder für ihn noch für seine „Farm" erwärmen. Vor allem in dem Moment nicht, als er gegen einen Käfig trat, weil das Schwein darin zuvor aufgeheult hatte; so brachte er noch mehr Schweine zum Schreien. Es fiel mir immer schwerer, mein Unwohlsein zu verbergen. Kurz kam mir der Gedanke, ihm zu sagen, was ich von den Bedingungen hielt, unter denen seine Schweine leben mussten. Doch ich besann mich eines Besseren. Vor mir stand ganz offensichtlich ein Mann, mit dem man nicht diskutieren konnte.

Nach ungefähr 15 Minuten hatte ich genug und war bereit zu gehen. Ich hatte das Gefühl, dass auch er froh war, mich gleich los zu sein. Dann passierte etwas, das mein Leben für immer verändern sollte - und auch seines. Es begann damit, dass seine Ehefrau hereinkam und mich freundlich einlud, zum Abendessen zu bleiben. Der Farmer zog eine Grimasse, während seine Frau mit mir sprach. Dann drehte er sich pflichtbewusst zu mir um und sagte: „Die Frau möchte, dass Sie zum Abendessen bleiben." Übrigens nannte er sie immer „die Frau".

Ich weiß nicht, ob Sie jemals etwas getan haben, ohne genau zu wissen warum. Ich kann Ihnen auch nicht sagen, warum ich sagte: „Ja, ich würde mich sehr freuen." Ich blieb zum Abendessen, obwohl ich kein Schweinefleisch aß. Ich erklärte einfach, mein Arzt sei sehr besorgt über meinen hohen Cholesterinspiegel. Ich erwähnte weder, dass ich Vegetarier bin, noch dass mein Cholesterinspiegel bei 125 liegt.

Ich bemühte mich, ein höflicher und angenehmer Gast zu sein. Ich vermied alle Themen, die zu einer Auseinandersetzung hätten führen können. Meine Gastgeber (und ihre zwei Söhne, die mit am Tisch saßen) waren sehr freundlich. Sie gaben mir zu essen, und ich merkte plötzlich, dass sie trotz allem auf ihre Art doch sehr anständige Menschen waren. Ich fragte

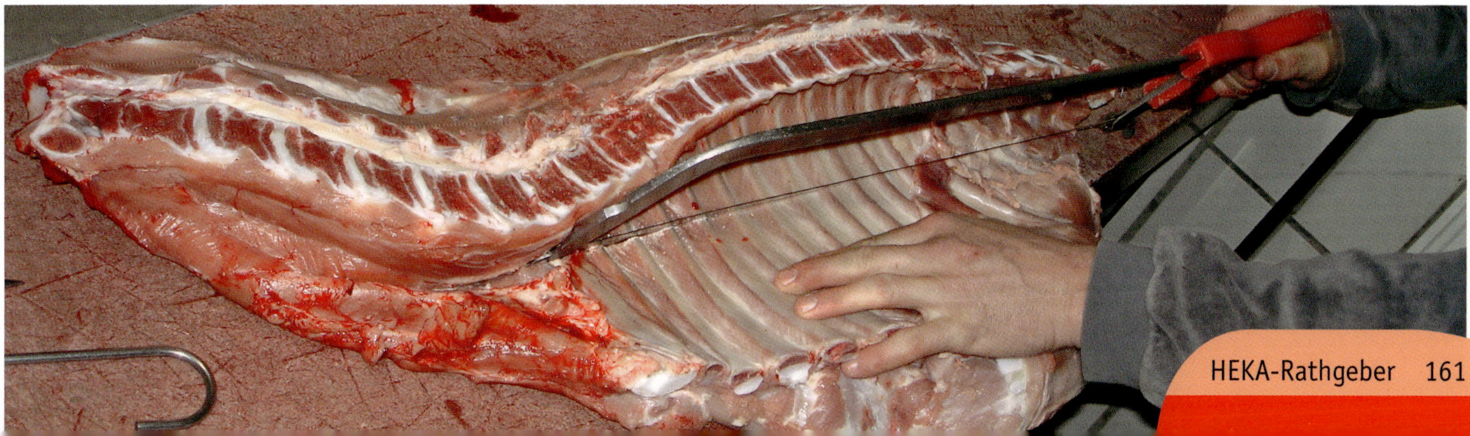

mich, ob ich sie wohl zum Abendessen eingeladen hätte, wenn sie als Reisende in meine Stadt gekommen wären. Wahrscheinlich nicht ... ganz sicher nicht. Doch jetzt saßen sie vor mir und waren überaus gastfreundlich. Ich wusste natürlich, dass wir uns schnell in einem unlösbaren Konflikt wieder finden könnten.

Wir sprachen über das Wetter und über Baseball, den Lieblingssport ihrer beiden Söhne. Und natürlich sprachen wir darüber, wie das Wetter die anstehenden Baseballspiele beeinflussen könnte. Wir waren ziemlich erfolgreich darin, das Gespräch möglichst oberflächlich zu halten und einen weiten Bogen um alle Themen zu machen, die einen Konflikt hätten heraufbeschwören können. Das dachte ich zumindest. Plötzlich und für mich völlig überraschend zeigte der Mann mit dem Finger auf mich und sagte mit äußerst bedrohlicher Stimme: „Manchmal wünsche ich mir, dass ihr Tierschützer einfach tot umfallen würdet."

Ich werde wohl niemals erfahren, woher er wusste, dass ich mit dem Tierschutz verbunden bin. Ich hatte mein Bestes gegeben, nichts zu erwähnen, was diesen Eindruck hätte erwecken können. Allerdings erinnere ich mich noch immer sehr gut daran, wie sich mir bei seinen Worten sofort der Hals zuschnürte. Es kam noch schlimmer. Seine beiden Söhne sprangen in diesem Moment vom Tisch auf, verließen den Raum, knallten die Tür hinter sich zu und stellten den Fernseher laut. Wahrscheinlich wollten sie nicht hören, was nun folgen sollte. Seine Frau räumte das Geschirr ab und schlich in die Küche. Als ich sah, wie sie die Tür hinter sich schloss, und hörte, wie sie sich nun an das Geschirrspülen machte, wurde mir fast schlecht. Sie hatten mich ganz mit ihm allein gelassen.

Um ganz ehrlich zu sein, ich hatte Todesangst. Ein falscher Schritt hätte leicht katastrophale Folgen nach sich ziehen können. Ich versuchte, wieder etwas Kontrolle über meinen Körper zu bekommen, indem ich mich auf meinen Atem konzentrierte. Das funktionierte jedoch aus einem sehr einfachen Grund nicht: Mir stockte in diesem Moment der Atem.

„Was sagen die denn, was Sie so sehr verärgert?", fragte ich schließlich. Dabei sprach ich sehr vorsichtig und besonnen, jedoch sehr darauf bedacht, meine Angst zu verbergen. Ich versuchte, mich ein wenig von der Tierschutzbewegung zu distanzieren, da ich offensichtlich keinen großen Sympathisanten vor mir hatte.

Er stammelte: „Sie werfen mir vor, dass ich meine Tiere misshandle."

„Wie können die so etwas behaupten?", fragte ich, wohlwissend, warum solche Vorwürfe an ihn herangetragen wurden. In diesem Augenblick ging es mir jedoch nur darum, aus dieser Situation wieder heil herauszukommen. Sehr zu meiner Überraschung war seine Antwort zwar ärgerlich, aber gut formuliert. Er teilte mir ganz genau mit, was Tierschutzgruppen zu Betrieben wie dem seinen sagen. Er erklärte mir eingehend, was sie gegen seine Art des Umgangs mit den Tieren einzuwenden haben. Dann ließ er mich wissen, wie sehr er es hasse, als grausam bezeichnet zu werden. Die Tierschützer sollten sich doch gefälligst um ihre eigenen Angelegenheiten kümmern.

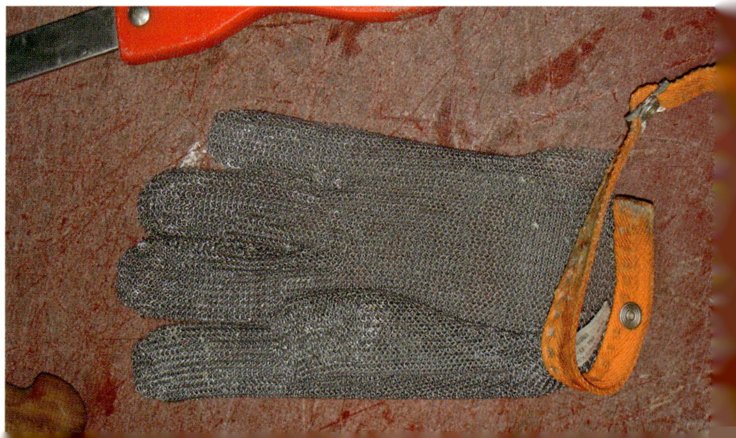

Während ich ihm zuhörte, begann ich mich wieder etwas zu entspannen. Mir wurde klar, und darüber war ich sehr glücklich, dass er mir nichts Böses wollte und nur Luft ablassen musste. Ein Teil seiner Frustration rührte daher, dass er sich selbst nicht ganz wohl dabei fühlte, wie er mit den Tieren umging - dass er sie etwa in so kleinen Käfigen hielt, ihnen so viele Medikamente gab und die Frischlinge kurz nach der Geburt von der Mutter trennte. Er sah einfach keine andere Möglichkeit. Wenn er es anders machen würde, hätte er wirtschaftliche Nachteile und ginge im Wettbewerb unter. So mache man das eben heute, sagte er, und so müsse er es eben auch machen. Ihm gefiele das nicht. Doch noch weniger gefiele ihm, für das angeklagt zu werden, was er tun müsse, um seine Familie zu ernähren.

Zufällig war ich gerade eine Woche zuvor in einem noch viel größeren Schweinemastbetrieb gewesen.

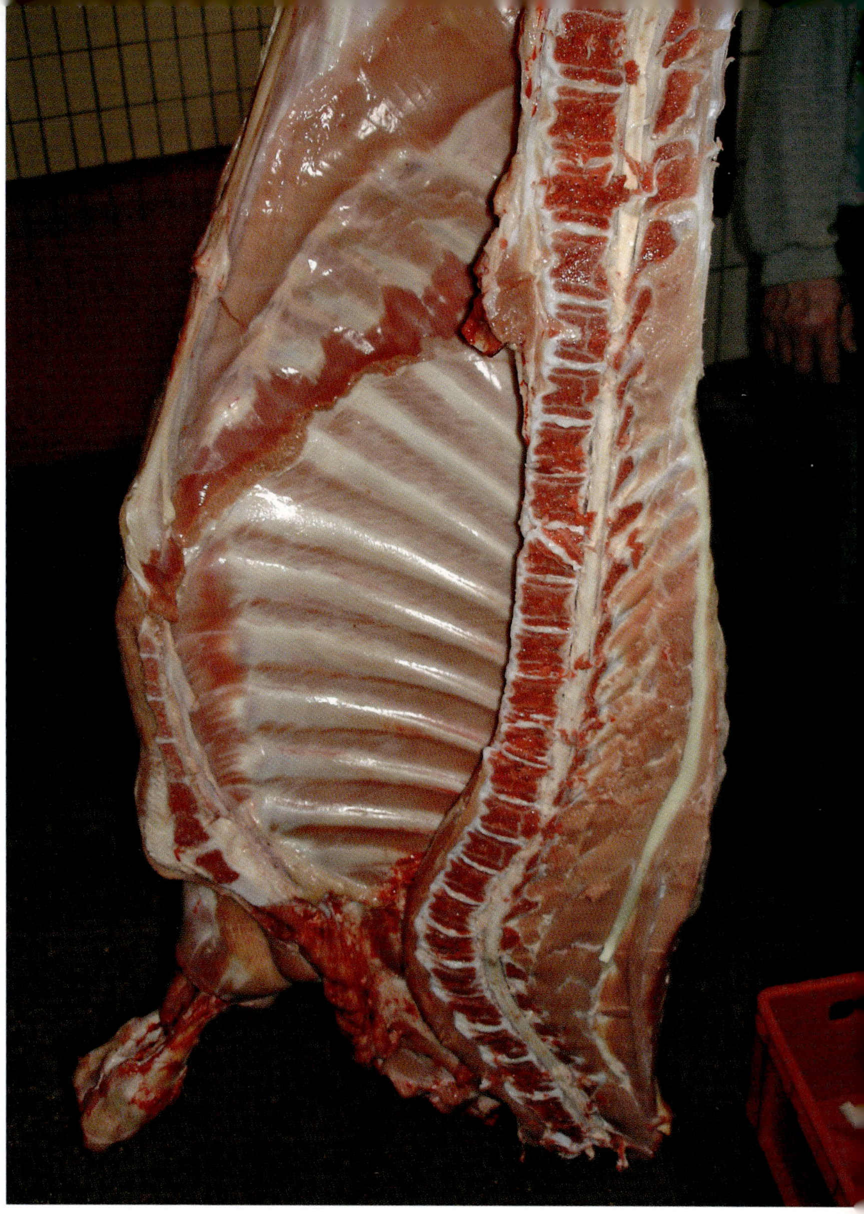

Dort hatte ich erfahren, dass die Schweinemast immer mehr mechanisiert werden solle, damit die kleinen Züchter nicht mehr mithalten könnten. Was mir dort gesagt worden war, bestätigte all das, was ich nun von ihm hörte. Und ich begann allmählich, das Dilemma zu verstehen, in dem sich dieser Mann sah. Ich befand mich in seinem Haus, weil seine Frau und er mich eingeladen hatten. Ich brauchte mich nur umzuschauen, um zu begreifen, dass sie hart ums Überleben kämpfen mussten. Die Einrichtung war spartanisch. Materiell schien es dieser Familie äußerst schlecht zu gehen.

Dieser Mann sah in der Schweinezucht die einzige Möglichkeit, für sich und seine Familie den Lebensunterhalt zu verdienen. Also züchtete er Schweine, obwohl er die Art, wie das zu geschehen hatte, stark missbilligte. Immer wieder beteuerte er, wie sehr er die Methoden der modernen Massentierhaltung verabscheue. In diesen Momenten erinnerte er mich an die Tierschützer, von denen er sich manchmal wünschte, dass sie tot umfallen würden.

Im Laufe unseres Gesprächs wuchs meine Achtung vor diesem Mann, den ich noch vor wenigen Stunden innerlich aufs Schärfste verurteilt hatte. Er besaß viel Anstand. Und er wünschte sich sehr, dass sich die Bedingungen in der Tiermast irgendwie verbesserten. Je mehr ich jedoch das Gute in ihm zu sehen begann, umso mehr fragte ich mich, wie er seine Schweine nur auf diese Weise behandeln konnte. Ich ahnte noch nicht, dass ich es schon bald herausfinden sollte...

Während wir uns weiter unterhielten, machte er plötzlich ein todunglückliches Gesicht. Er beugte sich nach vorn und hielt seine Hände vors Gesicht. Er sah aus wie ein gebrochener Mann. Ich dachte, dass ge-

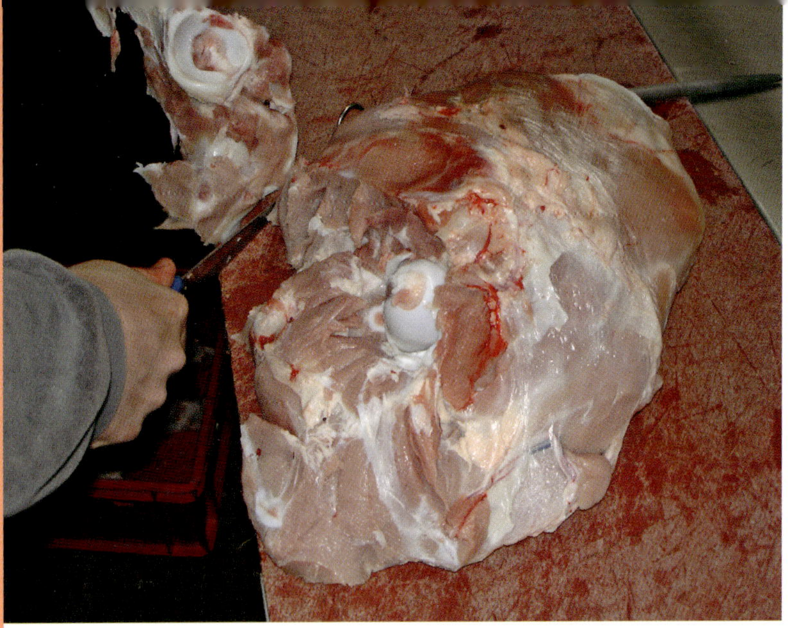

rade etwas ganz Schlimmes passierte: Hatte er etwa einen Herzinfarkt? Einen Schlaganfall? Es fiel mir schwer, zu atmen und klar zu denken.

„Was ist los?", frage ich ihn.

Es dauerte eine Weile, bis er antwortete. Ich war erleichtert, als ich ihn wieder etwas sagen hörte, obwohl das, was er sagte, kaum zur Klärung der Situation beitrug.

„Es ist nicht so schlimm", sagte er, „und ich möchte nicht darüber sprechen." Als er das sagte, machte er eine Handbewegung, als ob er etwas von sich weg schieben wolle. Wir setzten unsere Unterhaltung fort, aber ich fühlte mich äußerst unwohl. Ich fühlte mich verwirrt. Irgendetwas Dunkles, Schweres lag in der Luft. Ich wusste weder, was es war, noch, wie ich damit umgehen sollte.

Einige Zeit später wiederholte sich diese Situation. Wieder wirkte er zutiefst niedergeschlagen und von seinen Gefühlen überwältigt. Ich saß da und es fiel mir schwer, seinen Zustand mit anzusehen. Ich spürte förmlich, wie er litt. Ich bemühte mich, einfach präsent zu sein. Ich vermochte kaum noch zu atmen.

Auf einmal blickte er zu mir auf und ich merkte, dass seine Augen feucht waren.

„Sie haben Recht", sagte er.

Normalerweise mag ich es, wenn man mir sagt, dass ich Recht habe. In diesem Moment hatte ich aber nicht die geringste Ahnung, wovon er sprach.

Er fuhr fort: „Kein Tier sollte so behandelt werden. Und Schweine erst recht nicht. Wussten Sie, dass Schweine sehr intelligente Tiere sind? Sie sind sogar freundlich, wenn man sie richtig behandelt. Ich mache das nicht."

Seine Augen füllten sich mit Tränen. Er erzählte mir, dass er sich gerade an ein Erlebnis aus seiner Kindheit erinnert habe, das er für viele Jahre verdrängt habe. Allmählich wurde diese Erinnerung immer deutlicher. Er ließ mich wissen, dass er auf einer kleinen Farm im ländlichen Missouri aufgewachsen sei. Sein Zuhause sei eine altmodische Farm gewesen, auf der die Tiere frei umherliefen. Es habe Weiden und Wiesen gegeben, und alle Tiere hätten Namen gehabt. Er sei das einzige Kind seiner Eltern gewesen. Sein Vater sei sehr dominant gewesen. Er habe sich als Kind oft einsam gefühlt, weil er keine Geschwister gehabt habe. Nur unter den Tieren habe er Freunde gefunden, insbesondere bei einigen Hunden. Zu meiner großen Überraschung erzählte er mir davon, dass er auch ein Schwein als Haustier gehabt habe.

Während er von diesem Schwein sprach, wirkte er wie ein ganz anderer Mensch. Zuvor hatte er mit einer sehr monotonen Stimme erzählt. Doch plötzlich wurde seine Stimme lebendig. Seine Körpersprache, die bis dahin eher bemitleidenswert wirkte, erschien mir auf einmal frisch und munter.

Er erzählte, wie er im Sommer in der Scheune geschlafen habe. Dort sei es kühler gewesen als im Haus. Sein Hausschwein habe neben ihm gelegen, und er habe ihm seinen Bauch gestreichelt.

Auf der Farm habe es einen kleinen See gegeben, in dem er gern gebadet habe, wenn es heiß war. Doch einmal sei einer der Hunde ihm dabei immer wie-

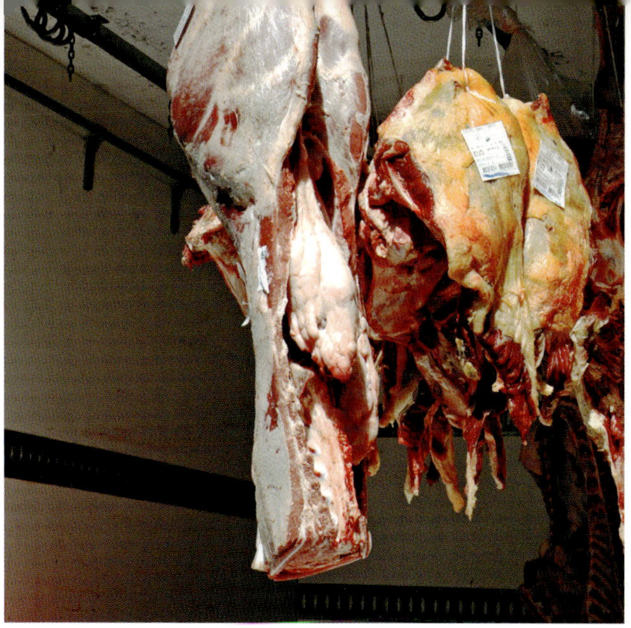

der auf den Rücken gesprungen und habe ihn daran gehindert, schwimmen zu lernen. Da sei sein Hausschwein dazu gekommen und habe bewiesen, dass es die Situation genau verstanden habe.

Das Schwein sei ebenfalls ins Wasser gesprungen und ihm zu Hilfe geeilt: Es habe sich zwischen ihn und den Hund begeben. Immer wenn der Hund ihn aufs Neue anspringen wollte, habe ihn das Schwein zurückgehalten.

Ich saß also da und hörte zu, wie mir der Schweinezüchter von seinem früheren Hausschwein erzählte. Wir erfreuten uns gemeinsam an dieser Geschichte und waren erstaunt, welche Wendung unser Gespräch genommen hatte. Doch dann verdunkelte sich seine Miene erneut und zeigte tiefe Niedergeschlagenheit. Wiederum spürte ich, wie traurig er sich innerlich fühlte. Ich merkte, wie er gegen Angst und Schmerz ankämpfte. Doch ich wusste nicht genau, was in ihm vorging oder wie ich ihm helfen könnte.

„Was ist mit dem Schwein geschehen?", fragte ich ihn.

Er seufzte und mir schien, es läge das Leid der ganzen Welt in diesem Seufzer. Dann sagte er mit leiser Stimme: „Mein Vater wollte mich zwingen, es zu schlachten."

„Haben Sie es getan?", fragte ich.

„Ich lief weg, konnte mich aber nicht verstecken. Sie fanden mich." „Was passierte dann?"

„Mein Vater stellte mich vor die Wahl."

„Welche?"

„Er sagte zu mir: „Entweder schlachtest du dieses Tier oder du bist nicht länger mein Sohn.'"

Was für eine Entscheidung, dachte ich bei mir. Es kommt so häufig vor, dass Väter ihren Söhnen beibringen, keine Gefühle zu zeigen und stark und mutig zu sein. Und allzu oft erziehen sie ihre Söhne so zu Kaltblütigkeit und Herzlosigkeit.

„Also habe ich es getan", sagte er, während die Tränen an seinen Wangen herabflossen. Ich sah, wie stark seine Gefühle waren. Noch vor wenigen Stunden war ich der festen Überzeugung gewesen, dass dieser Mann völlig gefühllos sei. Jetzt saß er vor mir, einem Fremden, und weinte. Dieser Mann, den ich als grausam und herzlos eingeschätzt hatte, war in Wirklichkeit ein Mensch, der zu tiefem Mitgefühl fähig war. Mein erster Eindruck war falsch, völlig falsch gewesen. Einige Minuten später wurde mir klar, was hier geschah: Der Schweinezüchter hatte sich an etwas erinnert, das unerträglich schmerzhaft für ihn gewesen war. Also hatte er sich von dieser Erfahrung und den Gefühlen, die damit verbunden waren, distanziert. Er hatte sich verschlossen. Es war einfach zu leidvoll, als dass er sich damit weiter hätte beschäftigen können.

Er traf damals irgendwo in seiner jungen, noch formbaren Psyche die Entscheidung, dass er niemals wieder so sehr verletzt werden und niemals wieder so stark empfinden wollte. Er errichtete in seiner Psyche eine Mauer um dieses Erlebnis und den damit verbundenen Schmerz. Hinter dieser Mauer lagen seine Liebe und seine Zuneigung zu diesem Schwein. Hinter dieser Mauer lag sein Herz. Und nun, viele Jahre später, stand er vor mir als ein Mann, dessen Beruf es ist, Schweine zu schlachten. Noch immer, so dachte ich mir, befand er sich auf der Suche nach der Anerkennung seines Vaters. Es ist mitunter unglaublich, sagte ich zu mir selbst, was Männer tun, um die Anerkennung ihrer Väter zu bekommen.

Nun sah ich die Wahrheit. Seine Steifheit war kein Mangel an Gefühl, wie ich zuerst gedacht hatte, sondern das genaue Gegenteil. Sie war ein Zeichen dafür, wie empfindlich er unter der Oberfläche war. Wäre er nicht so empfindsam gewesen, dann hätte ihn das Erlebnis in seiner Kindheit auch nicht so sehr verletzt. Die Anspannung in seinem Körper, die mir sofort an ihm aufgefallen war, und seine „raue Schale" zeigten nur, wie tief er verletzt war und wie stark die Gefühle waren, die sich hinter dieser Fassade verbargen.

Ich hatte ihn verurteilt. Ehrlich gesagt, hatte ich ihn gnadenlos verurteilt. Doch für den Rest des Abends saßen wir zusammen, und ich war dankbar für jenen Teil in ihm, der stark genug war, ihm diese lange verdrängte und zutiefst schmerzhafte Erinnerung zu ermöglichen. Ebenso glücklich war ich darüber, dass ich nicht in meinen Vorurteilen stecken geblieben war. Denn sonst hätte ich ihm nicht den für die Erinnerung an sein traumatisches Kindheitserlebnis nötigen Raum geben können.

Wir verbrachten noch viele Stunden gemeinsam und sprachen über alle möglichen Dinge. Nach allem, was ich an diesem Abend über ihn erfahren hatte, machte ich mir große Sorgen um ihn. Die Diskrepanz zwischen seinen Gefühlen und seiner Lebensführung war gewaltig. Was sollte er tun? Die Schweinezucht war alles, was er gelernt hatte. Er hatte keinen Schulabschluss und konnte noch nicht einmal besonders gut lesen. Wer würde ihn anstellen, wenn er sich um einen anderen Job bemühte? Er war nicht mehr der Jüngste. Wer würde an ihn glauben und in ihn investieren?

Als es am späten Abend schließlich Zeit wurde aufzubrechen, gingen mir viele Fragen durch den Kopf. Ich hatte keine Antwort. Etwas gedankenlos hatte ich einen Witz gemacht. „Vielleicht könnten Sie Brokkoli oder so etwas anbauen." Er schaute mich an, als hätte er nicht die geringste Vorstellung davon, was ich meinte. Mir kam in den Sinn, dass er Brokkoli womöglich nicht kannte.

Wir verabschiedeten uns als Freunde. Obwohl wir uns nur selten sehen, sind wir über die Jahre hinweg Freunde geblieben. Ich schloss ihn in mein Herz und halte ihn in der Tat für einen Helden. Ich war von dem Mut beeindruckt, der es ihm ermöglichte, diese schmerzhafte Kindheitserinnerung zuzulassen. Sie werden gleich sehen, dass er noch viel mutiger ist, als ich dachte.

In meinem Buch Ernährung für ein neues Jahrtausend habe ich ihn zitiert und zusammengefasst, was er mir an jenem Abend erzählte. Ich hielt meine Ausführungen kurz und verzichtete darauf, seinen Namen zu erwähnen. Ich dachte mir, dass es für ihn eher von Nachteil sein würde, mit mir in Verbindung gebracht zu werden, da viele seiner Nachbarn in Iowa ebenfalls Schweinezüchter sind.

Als das Buch veröffentlicht wurde, schickte ich ihm ein Exemplar. Ich hoffte, dass er damit einverstanden war, was ich über unseren gemeinsamen Abend geschrieben hatte. Ich nannte ihm die Seite, auf der es um unser Gespräch ging. Einige Wochen später erhielt ich einen Brief von ihm. „Lieber Mister Robbins", begann er, „vielen Dank für das Buch. Als ich es sah, bekam ich einen Migräneanfall."

Als Autor will man natürlich einen Einfluss auf seine Leser ausüben. Doch nicht unbedingt so.

Er erklärte mir, dass die Kopfschmerzen so schlimm wurden, dass „die Frau" ihm vorschlug, das Buch vielleicht doch zu lesen. Sie meinte, es könne eine Verbindung zwischen den Kopfschmerzen und dem Buch geben. Nach seiner Einschätzung machte das aber überhaupt keinen Sinn. Dennoch las er das Buch, weil „die Frau" mit diesen Dingen in der Vergangenheit häufig Recht gehabt habe.

„Sie schreiben gut", meinte er. Ich kann Ihnen sagen, dass mir diese drei Wörter mehr bedeuteten als das überschwängliche Lob, das mir die New York Times zuteil werden ließ. Er ließ mich wissen, dass es für ihn sehr hart gewesen sei, das Buch zu lesen. Er erkenne immer mehr, dass es ihm nicht möglich sein würde, seinen Beruf weiter auszuüben. Seine Kopfschmerzen seien schließlich immer schlimmer geworden und hätten angehalten bis zu dem Morgen, an dem er das Buch zu Ende gelesen hatte. Er habe die ganze Nacht durchgelesen, sei ins Badezimmer gegangen und habe in den Spiegel gesehen. „Ich entschied also in diesem Moment, dass ich meine ganze Herde verkaufen und meinen Betrieb aufgeben werde. Ich weiß aber noch nicht, was ich jetzt machen werde. Vielleicht kann ich ja Brokkoli anbauen, wie Sie es vorgeschlagen haben."

Er verkaufte schließlich seinen Betrieb in Iowa und zog nach Missouri zurück, wo er mit seiner Familie einen kleinen Hof kaufte. Dort lebt er noch heute und betreibt so etwas wie eine Musterfarm. Er widmet sich nun dem biologischen Gemüseanbau - ich bin mir sicher, dass auch Brokkoli dabei ist - und verkauft seine Ware auf den Märkten in der Region. Er besitzt noch immer Schweine, aber nur zehn, und diese leben nicht in Käfigen. Er tötet sie noch nicht einmal. Stattdessen hat er eine Vereinbarung mit den Schulen in seiner Region getroffen. Die Schulkinder machen Ausflüge zu seiner Farm und dürfen dort mit den Schweinen spielen. Er zeigt ihnen, wie intelligent Schweine sind und wie freundlich sie sein können, wenn man sie richtig behandelt. Jedes Kind hat bei ihm die Möglichkeit, einem Schwein den Bauch zu streicheln. Er ernährt sich überwiegend vegetarisch. Er hat viel an Gewicht verloren, und sein Gesundheitszustand hat sich enorm verbessert. Glücklicherweise geht es ihm auch finanziell mittlerweile deutlich besser als früher.

Können Sie verstehen, warum ich diesen Mann in mein Herz geschlossen habe? Können Sie nachvollziehen, warum er für mich ein Held ist? Er hat den großen Sprung gewagt. Er hat alles riskiert. Er hat alles hinter sich gelassen, was seine Menschlichkeit zu ersticken drohte. Er hat diesen Sprung gewagt, obwohl er nicht wusste, welche Folgen das haben würde. Er ließ ein Leben hinter sich, von dem er wusste, dass es falsch war, und beschloss, nach dem Leben zu suchen, das für ihn richtig ist.

Wenn ich mir viele der Dinge ansehe, die heute in der Welt geschehen, habe ich manchmal Angst, dass die Menschheit es nicht schaffen wird, ihre Probleme zu lösen und für ihr Überleben zu sorgen. In solchen Momenten denke ich an diesen Mann und seine innere Kraft. Und wenn ich daran denke, dass es noch viele andere Menschen gibt, deren Herz im gleichen Takt schlägt, dann glaube ich, dass wir es doch schaffen werden.

Mitunter bin ich der Ansicht, dass es zu wenige Menschen gibt, die sich für die so dringend notwendigen Veränderungen einsetzen. Doch dann erinnere ich mich daran, was ich über den ehemaligen Schweinezüchter dachte, als ich ihn das erste Mal sah. In diesem Moment wird mir klar, dass die Helden und Heldinnen überall unter uns sind. Nur kann ich sie nicht immer erkennen, weil ich meine eingeschränkten Vorstellungen davon habe, wie sie aussehen oder sich verhalten müssten. Manchmal sind es meine eigenen Überzeugungen, die mich behindern.

Der ehemalige Schweinezüchter ist einer meiner Helden, weil er mich daran erinnert, dass wir aus den Käfigen ausbrechen können, die wir uns selbst und gegenseitig bauen. Er erinnert mich daran, dass wir etwas viel Besseres aus unserem Leben machen können. Er ist einer meiner Helden, weil er mich daran denken lässt, welche Hoffnungen ich für mein eigenes Leben habe.

Als ich ihn erstmals sah, hätte ich es niemals für möglich gehalten, dass ich einmal so etwas sagen würde. Doch das zeigt nur, wie überraschend das Leben mitunter sein kann. Wir können nie wissen, welche Erfahrungen das Leben für uns bereithält. Der ehemalige Schweinezüchter zeigt mir, dass wir die Kraft des menschlichen Herzens niemals unterschätzen sollten. Ich bin glücklich, dass ich jenen Abend mit ihm verbringen durfte. Ich bin dankbar, dass ich ihm eine Hilfe darin sein konnte, seinen Weg im Leben zu finden. Ich weiß, dass meine Anwesenheit ihm in irgendeiner Weise dienlich war. Doch ich weiß auch, und das nur zu gut, dass ich weit mehr bekommen als gegeben habe.

Für mich ist es ein Segen, wenn sich der Schleier von unseren Augen lüftet, sodass wir das Gute in anderen erkennen können. Manche mögen sich nach Reichtum oder ekstatischen Bewusstseinszuständen sehnen, doch für mich liegt genau hier der Zauber und die Schönheit des menschlichen Lebens.

BRIEF EINES VATERS

John Robbins erhielt diesen Brief von einem erfolgreichen Anwalt. In seinem Buch „Food Revolution" hat er ihn wiedergegeben. Auch diese Abschrift erfolgt mit der freundlichen Genehmigung des Hans Nietsch Verlags in Freiburg.

Lieber Mr. Robbins,

Ihr Buch Ernährung für ein neues Jahrtausend hat auf mich und meine Familie einen großen Einfluss gehabt. Vor etwa zwei Jahren hätte ich Sie für dieses Buch am liebsten umgebracht. Lassen Sie mich erklären, warum.

Ich bin ein außergewöhnlich erfolgreicher Mann. Ich bin es gewohnt, dass alles nach meinen Vorstellungen läuft. Eines Tages ließ mich meine Tochter Julie wissen, dass sie Vegetarierin werden wolle. Sie hatte Ihr Buch gelesen. Ich dachte, das sei doch lächerlich, und bestand darauf, dass sie mit diesem Unsinn aufhöre. Als sie mir nicht gehorchte, wurde ich wütend. „Ich bin dein Vater", sagte ich. „Ich weiß es besser als du."

„Ich bin deine Tochter", antwortete sie. „ Und es ist mein Leben." Wir haben uns immer wieder über dieses Thema gestritten. Unser Verhältnis wurde zunehmend schlechter, und den Tiefpunkt erreichten wir stets dann, wenn wir uns in eine endlose Vegetarismus-Debatte verstrickten. Ich war sehr verärgert. So wie ich es sah, verhielt sie sich respektlos und böswillig. Ich dachte, sie wolle einfach nur ihren Willen durchsetzen. Das Gleiche sagte sie über mich.

Am Anfang zwangen meine Frau und ich sie dazu, Fleisch zu essen. Sie regte sich dabei aber so auf, dass wir unsere gemeinsamen Mahlzeiten nicht mehr genießen konnten. Schließlich gaben wir auf, obwohl wir uns noch immer im Recht sahen. Wir erlaubten ihr, vegetarisch zu essen. Ich sagte ihr allerdings, was ich davon hielt. „Es ist in Ordnung, idealistisch zu sein", sagte ich zu ihr, „du solltest dabei aber mit beiden Füßen auf dem Boden bleiben." „Es ist in Ordnung, ein Rechtsanwalt zu sein", sagte sie zu mir, „du solltest aber dein Herz dabei nicht verschließen." Es war ein einziges Ärgernis.

An meinem Geburtstag brachte sie mir Frühstück ans Bett. Ich sah jedoch weder Schinken noch Wurst. Sogar die Eier fehlten. Es kam wieder zu Spannungen. Ich erinnerte sie daran, dass es mein Geburtstag sei, nicht ihrer. Daraufhin erklärte sie mir, wie Schweine und Hühner behandelt würden, und zitierte aus Ihrem Buch. Das war nicht das, was ich gleich am Morgen hören wollte, erst recht nicht an meinem Geburtstag.

Nach ihrem Schulabschluss zog Julie aus. Ich war eigentlich froh, weil ich es wirklich leid war. Bei jeder Mahlzeit kam es zu einer Diskussion: Ich wollte, dass sie Fleisch aß, aber sie weigerte sich. Sie wollte, dass ich aufhörte, Fleisch zu essen, doch ich weigerte mich. Es gab nie Frieden. Doch als sie weg war, vermisste ich sie. Die Streitereien vermisste ich nicht, aber ich vermisste Julie viel mehr, als ich es erwartet hatte.

Einige Jahre später fand Julie einen Ehemann, und kurz darauf wurde sie schwanger. Als unser Enkel geboren wurde, war ich der glücklichste Mensch der Welt. Natürlich war dieses Gefühl nur von kurzer Dauer. Ich hätte es wissen sollen. Julie hatte vor, unseren Enkel vegetarisch zu ernähren. Das ging mir nun eindeutig zu weit. „Du kannst dein eigenes Leben ruinieren, wenn du willst", sagte ich zu ihr, „aber auf keinen Fall darfst du die Gesundheit dieses unschuldigen Jungen ruinieren. „Nach meinem Empfinden war das, was sie tat, Kindesmisshandlung. Ich überlegte sogar, ob ich mich mit den zuständigen Behörden in Verbindung setzen sollte. Ich dachte, diese würden sie entweder dazu zwingen, unseren Enkel vernünftig zu ernähren, oder ihn aus ihrer Obhut befreien. Nur meine Frau konnte mich davon abbringen, diesen Schritt zu tun.

Das Ganze wurde schließlich so schlimm, dass Julie den Kontakt zu mir abbrach. Diese dämliche Besessenheit von vegetarischer Ernährung hatte mich nicht nur um die Beziehung zu meiner Tochter gebracht. Jetzt hinderte sie mich sogar daran, meinen Enkel zu sehen, weil Julie ihn von mir fernhielt. Ich fühlte mich, als ob man mich ausgesperrt hätte.

Ich dachte, dass ich zumindest versuchen sollte, die Tür wieder etwas zu öffnen. Also ließ ich Julie über meine Frau fragen (in dieser Zeit weigerte sich Julie sogar, mit mir zu sprechen), was sie sich zum Geburtstag wünschte. Sie sagte, dass sie sich von mir mehr als alles andere wünsche, dass ich Ihr Buch

Ernährung für ein neues Jahrtausend lese. Ich ließ sie wissen, dass das unmöglich sei, da es zu viel Zeit in Anspruch nehmen würde. Sie sagte, dass ich für jede Stunde, die ich darin läse, genauso lange meinen Enkel sehen könnte. Sie war schon immer sehr schlau. Sie weiß, wo meine Schwachstellen liegen.

Also, Mr. Robbins, habe ich Ihr Buch gelesen. Ich habe es ganz durchgelesen, jedes Wort. Was mich am meisten entsetzt hat, war Ihre Beschreibung davon, wie Tiere behandelt werden. Ich hatte keine Ahnung, dass es so schlimm ist. Es ist grauenvoll, und ich stimme mit Ihnen völlig darin überein, dass man das nicht weiter geschehen lassen darf Ich weiß, was Grausamkeit ist, aber das ist zu viel!

Ich weiß, dass Sie all das schon oft gehört haben, doch kein Buch, das ich jemals gelesen habe, hatte einen ähnlich großen Einfluss auf mich. Ich war einfach überwältigt.

Ich rief Julie an, als ich das Buch fertig gelesen hatte. „Ich habe dir doch gesagt, dass du mich nicht anrufen sollst", sagte sie sofort, als sie hörte, dass ich es war. „Ja", sagte ich, „aber ich habe das Buch gelesen, und ich möchte, dass du zum Abendessen zu uns kommst und den Jungen mitbringst."

Mr. Robbins, ich bin ein stolzer Mann, und was ich ihr als nächstes sagte, fiel mir nicht leicht. Ich wusste aber, dass ich es sagen musste, also sagte ich es. „Liebe Julie, bitte vergib mir. Es wird keinen Streit mehr geben, wenn du zu uns kommst. Ich habe einen furchtbaren Fehler gemacht, und ich verstehe das jetzt. Wenn du kommst, wird es kein Fleisch geben, für niemanden."

Auf der anderen Seite der Leitung war es still. Später erfuhr ich, dass sie weinte, doch in dem Moment merkte ich es nicht. Ich wusste nur, dass ich noch etwas anderes sagen musste. „ Und es wird in diesem Haus niemals mehr Fleisch geben, das aus Massentierhaltung stammt."

„Machst du Witze?"

„Nein", sagte ich, „ich meine es ernst."

„Dann kommen wir", sagte sie.

Und ich meinte es wirklich ernst. Es hat seitdem bei uns kein Fleisch mehr gegeben. Wir kaufen es einfach nicht mehr. Julie zeigt uns, wie man vegetarische Burger, Tofu und viele andere Dinge zubereitet, über die ich mich früher lustig gemacht habe. Es stört mich überhaupt nicht mehr. Ich betrachte es als eine Art Abenteuer.

Seitdem waren sie viele Male bei uns zum Abendessen. Es waren glückliche Abende. Mr. Robbins, können Sie verstehen, was mir das bedeutet? Ich habe meine Tochter wieder und meinen Enkel. Meine Tochter ist ein wunderbarer Mensch. Und unser Enkel hatte noch nie eine Erkältung, eine Ohrinfektion oder irgendeine der anderen Krankheiten, die Kinder in seinem Alter oft bekommen. Julie sagt, das liege daran, dass er so gut ernährt wird. Ich sage, es liegt daran, dass er die beste Mutter der Welt hat.

Was diesen Tieren angetan wird ist großes Unrecht. Sie haben Recht. Tiere sollten niemals auf diese Weise behandelt werden. Nie. Nie. Nie. Nie. Nie.

Ich verspreche Ihnen das, was ich auch Julie versprochen habe. Ich werde niemals mehr ein Stück Fleisch essen, das von einem Tier stammt, das so behandelt wurde.

Wenn Julie heute sagt, dass Tiere ihre Freunde sind und sie ihre Freunde nicht isst, sage ich nichts mehr dagegen, so wie ich das früher tat. Ich lächele nur. Ich freue mich, dass ich mich mit einem so außergewöhnlichen Menschen wieder gut verstehe. Und ich bin froh, dass ich meinem Enkel in die Augen schauen kann, in dem Wissen, dass ich dazu beitrage, die Welt zu einem besseren Ort für ihn zu machen.

Mit respektvollen Grüßen...

AGGRESSIVITÄT - HÄFTLINGE LIEFERN BEWEISE

Konzentrierte Kohlenhydrate und Verhaltensstörungen, diesen Zusammenhang untersuchte Dr. Diana Fishbein, Professorin für Kriminologie an der Universität Baltimore.

Sie teilte 104 Insassen der Lantana State-Besserungsanstalt (Florida) in zwei Gruppen auf. Dann setzte sie die erste Gruppe auf eine Ernährung mit sehr wenig raffinierten Kohlenhydraten, vor allem ohne weißes Mehl und weißen Zucker. Die andere Gruppe erhielt die traditionelle Ernährung, reich an raffinierten Kohlenhydraten.

Fishbein fand heraus, dass in der ersten Gruppe die objektiv messbaren Verhaltensstörungen deutlich abnahmen. Diese Versuchsgruppe zeigte eine sehr niedrige Rate an Gesetzesbrüchen, Disziplinarproblemen und Gewalttätigkeiten im Vergleich mit der zweiten Gruppe und den Gefängnisinsassen im Allgemeinen.

Als die erste Versuchsgruppe im Anschluss an die Untersuchung wieder die normale Gefängniskost erhielt, bemerkten sowohl die Aufsichtsbeamten wie auch die Insassen selbst den Unterschied in ihrem Verhalten, Aussehen, Schlafgewohnheiten, Angstzuständen und Aggressionen. Laut Dr. Fishbein baten die Insassen selbst darum, wieder die an konzentrierten Kohlenhydraten arme Kost zu bekommen. In Florida erwägt man aufgrund der Studie eine Reformierung der Gefängniskost.

Isolierte Zucker

Dr. Stephen J. Schoenthaler, Professor für Soziologie an der Universität South Mississippi, führte einen Doppelblindversuch mit 68 inhaftierten männlichen Jugendlichen an der Haftanstalt Tidewater in Chesapeake, Virginia durch.

Die Gefängniskost wurde in insgesamt 10 Punkten verändert, die Auswirkungen dieser Veränderung auf die Gefängnisinsassen wurden 7 Monate lang beobachtet.

Die Änderungen: Gesüßte Getränke sowie Limonaden wurden durch ungesüßte Säfte ersetzt, Tafelzucker durch Honig. Bei allen Kochrezepten wurde statt Zucker Honig verwendet. Es gab keinerlei gesüßten Frühstücksbreie oder Müslis mehr. Süße Desserts und Zwischenmahlzeiten wurden durch frische Früchte, Erdnüsse, Kokosnüsse, Karotten u. a. ersetzt. Die Eltern wurden gebeten, keine Nahrungsmittel mit hohem Zuckergehalt an ihre Kinder zu schicken.

Das erstaunliche Ergebnis: Die Zahl der ständig verhaltensauffälligen Jugendlichen sank um ganze 80 Prozent! Und schwere Verhaltensstörungen wurden um 45 bis 55 Prozent weniger beobachtet! Das Ergebnis des Experiments war derart überzeugend, dass die Kost beibehalten wurde.

Gewalt durch wertlose Nahrung

Im März 1981 ordnete das Department für Verbrechensbekämpfung in Los Angeles an, dass in sämtlichen Jugendhaftanstalten keinerlei Süßigkeiten, Limonaden, Schokoladen, Zucker und Produkte aus weißem Mehl mehr angeboten werden dürfen. Darüber hinaus durften nur Lebensmittel mit den niedrigsten Zusätzen verwendet werden. Dazu Department-Sprecher Ray Chivara: „Man kann deutlich den Zusammenhang zwischen Essen und Trinken und der Wirkung auf Laune und Stimmung erkennen, wenn man die Freude sowie der Überwindung der Langeweile bei vielen der jugendlichen Gewalttäter beobachtet."

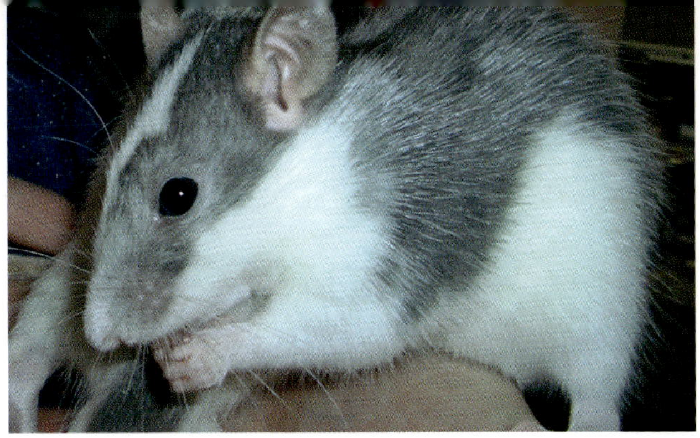

Ein Ratten-Experiment

In einigen Schulen erhalten die Kinder eine sehr drastische Form von Aufklärung über gute Ernährung durch Laborversuche mit Ratten. Drei Rattenpaare wurden mit jeweils unterschiedlicher Nahrung gefüttert. Nach 37 Tagen hatten sich die Tiere sehr ungleich entwickelt:

Rattenpaar	Nahrung	37 Tage später
1.	*Natürliche frische Lebensmittel ohne Konservierungsmittel.*	*Die Ratten schienen ruhig, gesund und glücklich. Sie wuchsen gut und ließen sich anfassen.*
2.	*Hamburger mit Weißbrot, Pommes frites, alte Kohlabfälle, Milch-Shakes, Cola-Getränke, Kirschkuchen und Wasser.*	*Die Ratten waren faul, lustlos und wurden fett. Sie ließen sich kaum berühren, waren kleiner als das erste Paar, das Fell war räudig, die Augen stumpf.*
3.	*Gesüßtes Müsli, Weißbrotprodukte, Pudding, abgepackte Kuchen, süße Brausen, Milch-Shakes, Dosenfrüchte sowie Wasser.*	*Diese Ratten waren nervös, mager, hyperaktiv und zeigten Fellverfärbungen. Sie waren bissig und kleiner als die beiden anderen Paare.*

Dieser Beobachtungszeitraum wurde gewählt, weil 37 Tage im Leben einer Ratte, exakt 3 Menschenjahren entsprechen.

(Sämtliche Beispiele stammen aus „Zucker Zucker" von Dr. med. M. O. Bruker.)

5. Bewegung verlängert Leben

DIE IDEAL-FIGUR SCHLUMMERT IN JEDEM VON UNS

Der Schöpfer hat für jeden von uns eine Ideal-Figur vorgesehen. Einzig ein entgleister Stoffwechsel aufgrund jahrelanger falscher Ernährung hat unsere Körperform mehr oder weniger aus der Ideal-Linie geworfen.

Ein körperliches Gleichgewicht aber, als Vorstufe zur **Traum-Figur**, sichert uns allein eine natürliche, gesunde Ernährungsweise.

Gewarnt werden muss noch einmal vor allen **„Kuren und Diäten"** zur Gewichtsreduktion. Sie bergen die größte **Erkrankungsgefahr** in sich, weil sie einseitig sind und somit bereits bestehende Mangelzustände eher noch verstärken!

Auch von sportlichen Aktivitäten muss dringend abgeraten werden, solange noch ein deutliches Übergewicht besteht! **Fettpolster lassen sich nicht einfach „abschwitzen".** Unser Herz nimmt uns das schneller übel als wir glauben!

Erfüllen Sie sich Ihren Traum

Jetzt, wo wir uns endlich naturgerecht und vollwertig ernähren und die starken Wasserausscheidungen hinter uns haben, können wir ganz langsam unser Bewegungs-Programm starten. Doch Achtung: Je größer Ihr Ballast war, umso vorsichtiger gehen Sie ran und umso mehr Zeit und Geduld brauchen Sie.

Es sind zunächst die einfachen Dinge, wie die Treppe zu nehmen anstatt des Fahrstuhls oder zu Fuß gehen, anstatt das Auto zu benutzen. Bald werden Sie ihre Grenzen erkennen, zum Beispiel in Ihren Kniegelenken. Reagieren Sie auf alle Signale stets rechtzeitig und schalten Sie einen Gang zurück.

Selbst wenn Sie bisher glaubten, sich bereits gesund zu ernähren, aber auf Fleisch partout nicht verzichten wollten – spätestens jetzt werden Ihnen die Harnsäure-Kristalle in den Gelenken zu schaffen machen, denn ohne Abbau derselben geht's einfach nicht.

Sollte die letzte Übergewichtsstufe um nichts in der Welt weichen wollen, dann erhöhen Sie solange den Frischkostanteil, bis Ihre gewünschte Konfektionsgröße passt. Zwischenmahlzeiten lassen Sie bis dahin ebenso weg.

Gehen Sie oft ins Schwimmbad, fahren Sie Rad oder gehen Sie mehr zu Fuß. Steigern Sie aber nur langsam zunächst die Entfernung und erst später die Geschwindigkeit. Bewahren Sie stets Haltung, nehmen Sie die Brust raus, atmen Sie bewusst und überanstrengen Sie sich nicht!

Machen Sie alles an der frischen Luft, bei jedem Wetter, denn Sie wissen ja: Mit der richtigen Kleidung gibt es kein schlechtes Wetter!

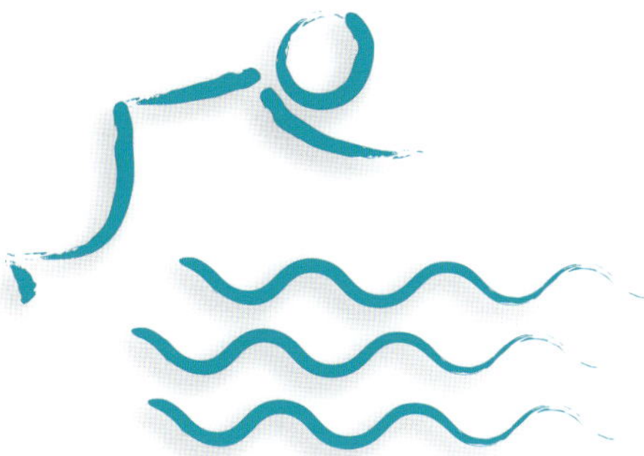

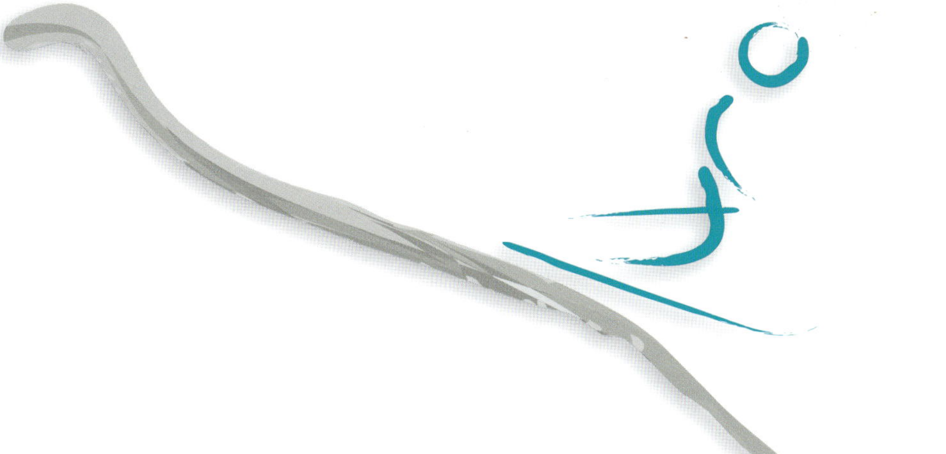

Bleiben Sie mit allen Aktionen unterhalb der Grenze, an der die Anstrengung beginnt. Somit bewegen Sie sich nämlich im Sauerstoffüberschuss-Bereich. Das Gehirn wird von 100 % mehr Sauerstoff durchflutet, der Geist wird kristallklar und hellwach.

Dieser Sauerstoff-Überschuss setzt in unserem Körper Endorphine frei, körpereigene Mittel gegen Schmerzen. Nach etwas mehr als 30 Minuten Bewegung an der frischer Luft werden wir von unserem Körper mit diesem sowie einem weiteren Hormon beschenkt, dem Glücksbotenstoff Serotonin. Serotonin ist ein bekanntes Anti-Depressivum zur Hebung der Stimmung.

Es stimmt also: Man kann tatsächlich seinen Problemen „davon laufen“ (gehen)!

Muskelmasse wächst auch selbst noch im Alter von 70 Jahren.

Das Herz, unser größter und wichtigster Muskel, profitiert natürlich von unserer neuen Bewegungsweise am meisten.

„Use it or loose it!“ – „Benutze es oder verliere es!“ Alle Fähigkeiten oder Muskulatur, die wir nicht mehr nutzen, werden wir verlieren. Zu unserem Glück jedoch können wir jederzeit – und selbst mit 80 Jahren noch – unsere Muskulatur trainieren.

Der Dank dafür ist das jugendliche Aussehen und eine straffere Figur. Auch unsere Knochen werden durch Bewegung gestärkt, denn jede Muskelbewegung pumpt zusätzliches Kalzium in unser Knochengerüst hinein.

Mit einer stärkeren Lunge erhöhen wir zusätzlich die körperliche und geistige Leistungsfähigkeit, sogar unser Immunsystem kann Bakterien, Viren und Krebszellen besser bekämpfen.

Mehr über den Konditionsaufbau lesen Sie im Kapitel 5.c. „So gewinne ich Kondition“.

Ich wünsche Ihnen viel Erfolg bei der Verwirklichung Ihres Figur-Traums – zuerst vor Ihrem Spiegel und später im Sommer-Outfit…

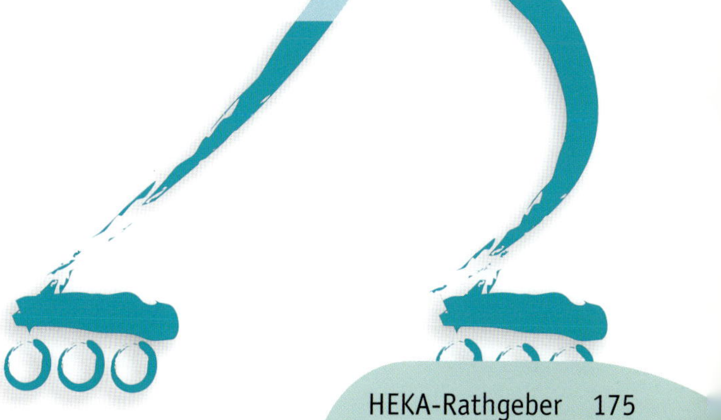

RÜCKENPROBLEME VERSCHWINDEN...

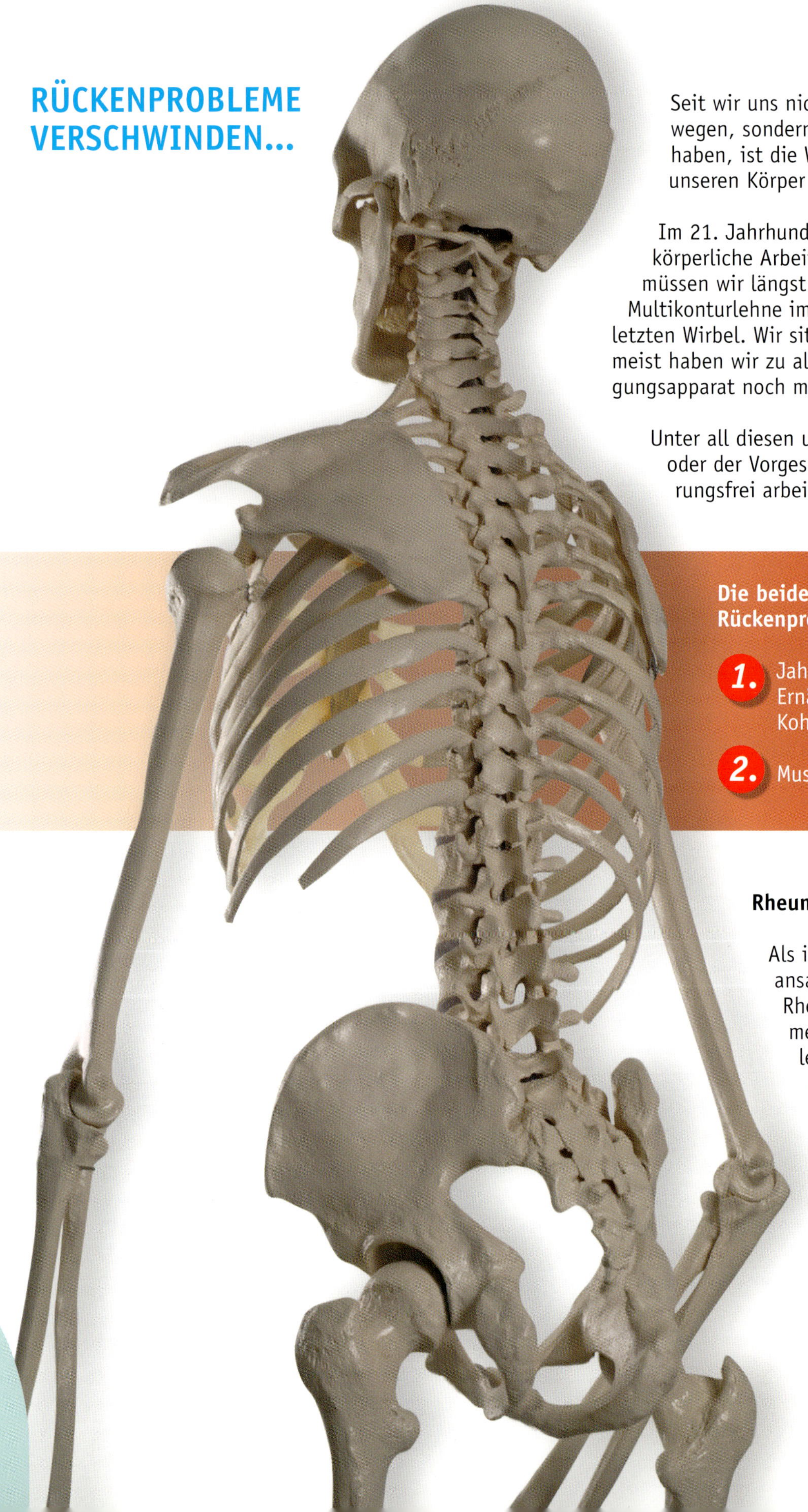

Seit wir uns nicht mehr auf allen Vieren fortbewegen, sondern den aufrechten Gang gewählt haben, ist die Wirbelsäule als Hauptstütze für unseren Körper besonders gefragt.

Im 21. Jahrhundert haben uns Maschinen die körperliche Arbeit abgenommen, auf Bäume müssen wir längst nicht mehr klettern, und die Multikonturlehne im Auto „stützt" auch noch den letzten Wirbel. Wir sitzen sogar beim „Arbeiten". Und meist haben wir zu allem Überfluss unseren Bewegungsapparat noch mit Über-Gewicht beladen.

Unter all diesen ungünstigen Voraussetzungen oder der Vorgeschichte soll unser Rückgrat störungsfrei arbeiten?

Die beiden Hauptursachen für unsere Rückenprobleme sind:

1. Jahrelange zivilisatorische Fehl-Ernährung mit konzentrierten Kohlenhydraten und mit Fleisch;
2. Muskulatur-Abbau.

Rheuma

Als ich mir die statistischen Zahlen ansah, fiel mir auf, dass 80% aller Rheumakranken unter einer oder mehreren weiteren Erkrankungen leiden. Und diese weisen ebenso auf eine einzige Hauptursache, die falsche Ernährung, hin!

44 Millionen Antirheumatika-Verordnungen zählte man im Jahre 1998. Das machte sie zu den meist verschriebenen Arzneimitteln in Deutschland. Analgetika (Schmerzmittel) folgten mit 41 Millionen Verordnungen auf dieser traurigen Hitliste.

Allen Rheuma-Geplagten kann ich nur die praktischen Erfahrungen des Mediziners Dr. M. O. Bruker und dessen Buch **„Rheuma – Ursache und Heilbehandlung“** ans Herz legen.

Natürlich ist maßgeblich entscheidend, inwieweit ein zerstörerischer oder entzündlicher Prozess bereits fortgeschritten ist und dementsprechende Heilungschancen noch bestehen.

Warum habe ich keine Rückenprobleme mehr?

Rückenschmerzen und Probleme mit den Kniegelenken begleiteten mich selbst schon vor 30 Jahren. Orthopäden verschrieben mir Massagen und empfohlen Rücken stützende Sitzgelegenheiten sowie spezielle Bett-Matratzen. Die Ursachen der Schmerzen beseitigte das indes nicht.

Ich hatte große Angst vor dem Älterwerden, schließlich nehmen solche Probleme im Alter eher zu und ich sah mich selbst schon im Rollstuhl.

Damals brachte ich noch 25 Kilo zu viel auf die Waage und ernährte mich „normal“.

Zwar veränderten sich die Schwierigkeiten von Zeit zu Zeit, vor allem nach diversen Diäten, aber mir war klar, dass ich mich an diese unangenehmen Erscheinungen schlichtweg zu gewöhnen hatte. Erst als ich Fleisch und Wurst von meinem Speisezettel strich, spürte ich ein Abklingen der Beschwerden.

Als auch die restliche Ernährung auf gesunde Kost umgestellt war und ich mein Wunschgewicht von 71 Kilo erreicht hatte (bei meiner Größe von 178 cm), waren meine Probleme so gut wie verschwunden. Woran es fehlte war lediglich noch die zu schwache Muskulatur.

Große Bäder oder Gesundheitszentren bieten Ihnen die Möglichkeit zur Messung Ihrer Muskulatur. Dort entdecken Sie, obwohl Sie sich schon recht fit fühlen, Bereiche mit bereits ausreichender Stärke, aber auch Muskeln, welche noch nicht vernünftig trainiert sind.

Letzteres war bei mir im Bereich meiner Rückenmuskeln der Fall. Doch seitdem ich diese in mein Übungsprogramm mit einbeziehe, spüre ich von meiner Wirbelsäule überhaupt nichts mehr. Wenn ich heute an diese schmerzhafte Vergangenheit zurückdenke, fühle ich mich geradezu wie neu geboren. Noch niemals zuvor in meinem Leben habe ich mich wohler gefühlt. Nie war ich zufriedener mit meiner Figur, und das mit den Konfektionsgrößen: Jacke 52 und Hose 48.

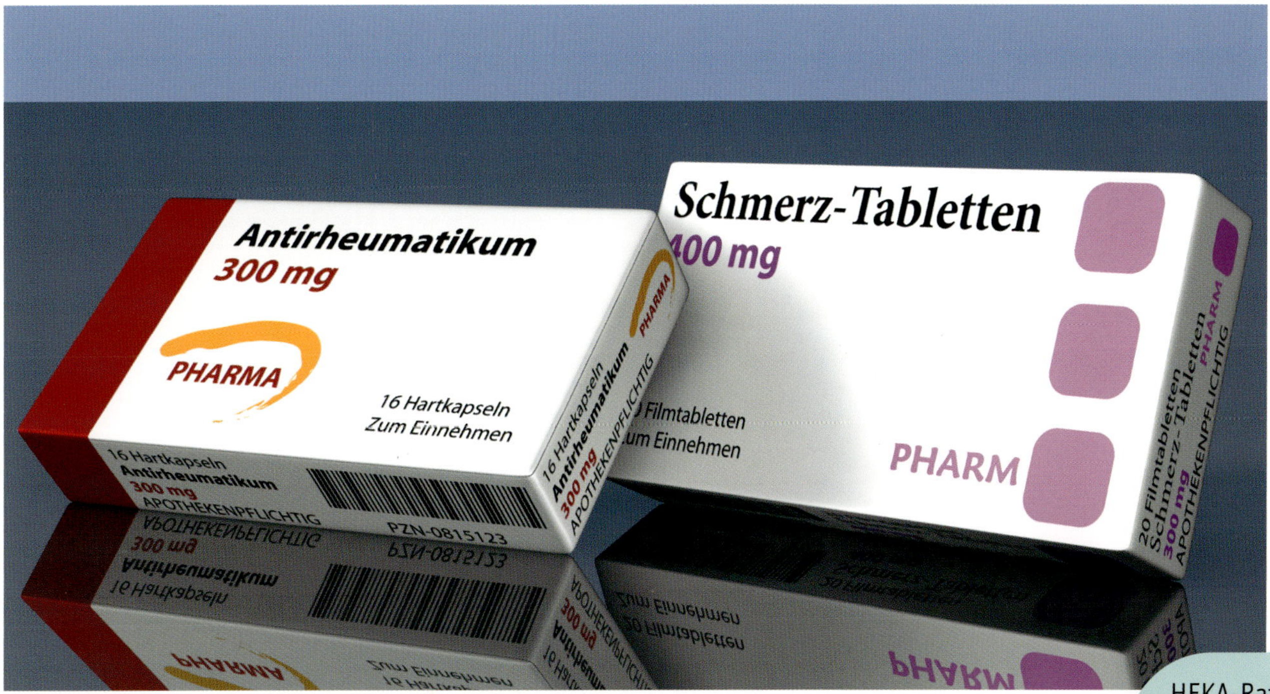

SO GEWINNEN SIE KONDITION

Sitzen

Für unseren Körper ist das Sitzen eine unnatürliche Haltung. Muskulatur und Bewegungsapparat sind stillgelegt und die Durchblutung wird gestört. Dennoch ist es möglich, oder besser ausgedrückt sogar immens wichtig, selbst im Sitzen die Muskulatur noch zu betätigen.

Fuß-Gymnastik während des Sitzens, unterstützt als „Fußpumpe" den Rückfluss des Venen-Blutes und trainiert zu gleicher Zeit die Beinmuskeln.

Wippen Sie mit den Füßen, indem Sie diese auf die Fußspitzen und im Wechsel auf die Fersen stellen. Gleichzeitig spannen Sie die jeweiligen Muskeln an. Nun drehen Sie die Füße bei der gleichen Übung zusätzlich. Beim Fersenstand zeigen die Fußspitzen nach außen und beim Zehenstand nach innen.

Oberschenkel- und Gesäßmuskeln lassen sich ebenso im Sitzen stärken. Spannen Sie dazu wechselweise links und rechts die Muskeln an und lösen sie wieder. Ich darf Ihnen versichern: Das gibt einen knackigen Po, was ja nicht nur für „sie" sondern auch für „ihn" wichtig ist.

Oberkörpertraining sieht folgendermaßen aus: Strecken Sie sich unter wechselndem Anspannen der Muskeln, sowie einer Drehung der Schulter links und rechts und dem Strecken der Arme. Anspannen sowie Lockern wechseln sich alle 5 bis 7 Sekunden ab.

Alle diese Übungen beginnen Sie vorsichtig und steigern Sie erst, wenn keine Schmerzen auftreten. Wiederholen Sie diese Übungen so oft wie möglich.

Grundsätzlich wollen wir natürlich die Sitz-Dauer mit angewinkelten Beinen auf die kürzest mögliche Zeit beschränken.

Stehen

Stehpulte sind durchaus wieder „in", und der ideale Arbeitsplatz ermöglicht beides, sowohl das Sitzen als auch das Stehen.

Trainieren Sie Ihre Beinmuskulatur, indem Sie durch Abrollbewegungen mit beiden Füßen in den Zehenstand gehen und die Fersen dann langsam wieder absenken. Das Gleiche wiederholen Sie einbeinig, und zwar mit links und rechts. So betätigen Sie die „Fußsohlenpumpe" und „Beinpumpe" für den störungsfreien Rückfluss des verbrauchten Blutes zum Herzen.

Übrigens: Die Bein-Venen dienen unserem Körper als große „Blut-Reserve-Gefäße". Und nur eine intakte Beinmuskulatur kann diese dort verstauten Reserven bei Bedarf mobilisieren.

Die Zeit, die wir im Stehen verbringen, können wir natürlich hervorragend nutzen, um alle anderen Körperteile zu strecken.

Gehen

Die wichtigste der uns möglichen Bewegungsformen kommt in der Regel leider zu kurz: Das Gehen.

Alles, was bisher über die Venen und den Rücktransport des Blutes erwähnt wurde, funktioniert natürlich beim Gehen auf ideale Weise. Tun Sie es also so oft wie möglich, bei jedem Wetter an der frischen Luft – am schönsten natürlich in der Natur – und zu allen Jahreszeiten.

Wenn wir dann schon viele Dinge mehr unter Einsatz unserer Beine erledigen, also auch unsere Spaziergänge ausgedehnt haben, können wir etwas mehr System in unseren Konditionsplan bringen.

Kondition

Über 50 Prozent unseres Körpers bestehen aus Muskelgewebe. Und unser wahres **biologisches Alter** spiegelt sich im Zustand eben dieses Gewebes wider. Mit jeder Verbesserung der Muskeln nehmen Sie demnach, auf die natürlichste und wirksamste Weise, direkten Einfluss auf Ihre biologische Uhr.

Merke: Trainieren ja, aber nur mit Sauerstoff-Überschuss!

Eher gesundheitsschädlich als förderlich ist das Training bei zu starker Anstrengung. Dieses führt zu Sauerstoffmangel und dieser richtet Schaden an! Jedes Training muss somit im Sauerstoff-Überschuss-Bereich erfolgen, wenn wir die gewünschte gesundheitliche Wirkung erzielen wollen.

Wo liegt denn nun aber diese entscheidende Grenze zwischen dem gesunden (aeroben) und dem schädlichen (anaeroben) Training?

Diese lassen Sie sich von Ihrem Arzt sagen! Sie sollten ohnehin einen ärztlichen Check durchführen lassen, ehe Sie mit Ihrem Konditionsaufbau beginnen. Dazu gehört in jedem Fall ein Belastungs-EKG auf dem Fahrradergometer.

Mit der vom Arzt empfohlenen Puls-Obergrenze für den Sauerstoff-Überschuss-Bereich (aerober Bereich) stärken Sie nicht nur Ihr Herz, sondern regen die gesamte Durchblutung und Sauerstoffversorgung Ihres Körpers an.

Sie kennen nun Ihren idealen Belastungs-Puls, haben sich zudem einen guten Pulsmesser zugelegt, mit dem Sie Ihre Grenze überwachen können – es kann also losgehen!

Ihr Fitnessprogramm besteht aus zwei Bereichen: Das ist zum einen die Entspannung und zum anderen das eigentliche Training, selbstverständlich inklusive der Dehnung davor und danach. Beides kann zeitlich unabhängig voneinander durchgeführt werden.

Entspannung

Entspannungsübungen führen auf angenehme Weise zu einer Entlastung und zugleich einer Stärkung von Körper und Psyche. Denn:

1. Wir lernen bestimmte Muskelpartien anzuspannen sowie Verspannungen zu lösen.
2. Unsere Kraftspender werden bereits auf schonende Art trainiert.
3. Wir lernen, bewusster zu atmen, tanken Energie und bauen Stress ab.

Schon 15 Minuten täglich zu regenerieren, ist eine der besten Methoden, um Körper, Seele und Geist ins Lot zu bringen.

Ich empfehle Ihnen an dieser Stelle die übersichtliche Anleitung mit der musikalisch unterlegten CD: „Muskel-Entspannung nach Jacobson" von Dr. Friedrich Hainbuch.

Trainings-Einheit

Einmal täglich „ins Schwitzen zu kommen" ist eine altbekannte Regel, wobei es völlig gleich ist, mit welcher Art von Bewegung wir das erreichen. Von Natur her ist der Mensch allerdings als Lauftier konzipiert, dementsprechend steht das **schnelle Gehen** an erster Stelle, denn es entlastet die Gelenke und die Wirbelsäule. Vor allem Ungeübte und Ältere sollten diese Form der Bewegung den Vorzug gewähren. Im Winter stellt Skilanglauf (klassische Technik) den besten Ausgleich dar.

Das nachfolgende Wochen-Pensum ist bereits vollkommen ausreichend und verlängert, wie Langzeitstudien bestätigen, das Leben:

Training	Einheiten	Zeit	Zeit Gesamt
Schnelles Gehen	4	á 40 Min.	160 Min.
Flottes Radfahren	2	á 40 Min.	80 Min.
Schwimmen	1	á 40 Min.	40 Min.

Das ergibt pro Woche 7 Trainingseinheiten mit einem Gesamtaufwand von 280 Minuten.

Maximal 10 Trainingseinheiten in der Woche sollten auch nicht überschritten werden. Diese Zahl empfehlen entsprechende Untersuchungen. Achten Sie bei jeder Einheit immer auf Ihren optimalen Puls! Vor und nach dem Training dürfen Sie unter keinen Umständen das „Dehnen" vergessen! Muskeln verkürzen sich durch Belastung, mit dem Strecken wollen wir das verhindern.

Ich wünsche Ihnen viele Glückshormone (Serotonin) dank Ihrer schnelleren Gangart!

Je flotter wir uns bewegen, umso gemächlicher geht unsere biologische Uhr!

ATMUNG

Entspannungsübungen wie im Kapitel 5.c. beschrieben, waren bereits ein erster Schritt zum bewussteren Atmen.

Die Atmung ist von der Ernährung eigentlich nicht zu trennen. Wir können 60 Tage ohne feste Nahrung sein, 4 bis 5 Tage ohne Wasser, aber nur wenige Minuten ohne Sauerstoff.

Wer sich die längste Zeit an frischer, reiner Luft aufhalten kann, der hat die größte Chance alt zu werden, wie uns viele Hundertjährige beweisen.

Nach der indischen Yogalehre gab Gott jedem Menschen eine bestimmte Anzahl von Atemzügen mit auf seinen Lebensweg. Geht er gut und langsam mit diesen Atemzügen um, wird er sein Leben verlängern, verbraucht er sie aber zu schnell, wird er sein Leben verkürzen. So leuchtet ein, dass derjenige, der durch sein Leben hetzt, ein kürzeres Leben zu erwarten hat.

Interessant sind an dieser Stelle zwei Tierbeispiele:

Der Affe macht 25 Atemzüge pro Minute und wird 25 Jahre alt. Dagegen macht die Schildkröte 3 Atemzüge pro Minute und wird 300 Jahre alt.

Rechnen wir uns nun aus, wie viele Atemzüge jedes Tier in seinem Leben hatte, so ergeben sich 328 Millionen für den Affen und 473 Millionen für die Schildkröte.

	Atemzüge pro Minute	Erreichtes Alter	Atemzüge gesamtes Leben
Affe	25	25 Jahre	328 Mio.
Schildkröte	3	300 Jahre	473 Mio.

Die Lungen- und Herztätigkeit sind eng miteinander verbunden. Sind wir imstande ruhiger und langsamer zu atmen, arbeitet demnach auch unser Herz wirtschaftlicher.

Dr. Fritz Becker zitiert in seinem Buch „100 Jahre alt werden“ die Bühnensängerin Victoria Schröder wie folgt:

Ich empfehle Ihnen die Atemübungen in der Anleitung „Muskel-Entspannung nach Jacobson von Dr. Friedrich Hainbuch (mit beiliegender CD).

„Einatmend und verharrend in der Fülle,
spürst du, in dir lebt Gottes Wille.
Ausatmend und verharrend in der Leere,
löst sich dein Ich von aller Erdenschwere,
so atmest du dich wunderbarerweise
empor in Gottes Schwingungskreise.“

SAUERSTOFF-THERAPIE LEBENSRETTUNG FÜR DEN AUTOR

Es war im Sommer 1984, als mich eine unheimliche Krankheit befiel.

Es begann mit der Entzündung eines Zehengelenks des rechten Fußes, kurz darauf folgte der große Zeh des linken Fußes. Schließlich erreichten die schmerzhaften Entzündungen beide Kniegelenke. Keine ärztliche Untersuchung brachte die Ursache zu Tage. Selbst die Vermutung eines Arztes, mein Leid könne von einer entzündeten Zahnwurzel herrühren, erwies sich (leider) als Irrtum. Und auch die Analyse der Punktatflüssigkeiten betroffener Gelenke, brachte keinerlei brauchbares Resultat.

Als schließlich auch noch beide Hüftgelenke von dieser rätselhaften Entzündung befallen waren, reduzierte sich meine Fortbewegung auf den Einsatz zweier Krücken. Gleichzeitig betrug mein täglicher Gewichtsverlust etwa 400 Gramm, was mich dazu veranlasste auszurechnen, wie viel Zeit mir noch blieb. Denn bei nur noch 54 Kilo war mein Ende absehbar. Die „Ursache" der geheimnisvollen Erkrankung hatte man zwischenzeitlich auch schon gefunden – man hatte sich auf Rheuma geeinigt.

Es war ein Gottesgeschenk, dass mein Arzt noch auf eine ganz andere Idee kam, nämlich in meinem Blut nach Borrelia-Erregern suchen zu lassen.

Sofort nach dem positiven Laborbescheid erhielt ich 10 Antibiotika-Injektionen, jeweils eine täglich. Bereits am 5. Tag stellten sich Besserungen ein, und bis zum 10. Tag war ich nicht nur wieder schmerzfrei, sondern alle Entzündungen waren abgeklungen. Ich war geheilt.

Nur am Rande sei bemerkt, dass die Infektions-Anzeichen der von Zecken übertragenen Borrelia sehr unterschiedlich sein können. Sie können Rückenschmerzen auslösen oder andere entzündliche Erscheinungen hervorrufen. Der Fortgang meiner Infektion hätte unweigerlich zur völligen Lähmung des ganzen Körpers geführt. Zwei dieser schlimmen Beispiele in unserem Stadtteil hatten meinen Hausarzt zu diesem Verdacht geführt.

Zum Ende des Sommers galt ich also als wieder gesund. Ich war sehr glücklich, endlich wieder schmerzfrei gehen zu können. Nur meine Kräfte wollten nicht so recht wieder kommen. Ich fühlte mich um 50 Jahre älter und dementsprechend schwach.

So vergingen die Monate, an meinem Zustand indes änderte sich nichts. Nur eine beharrlich wachsende Verhärtung in meiner linken Achselhöhle machte mir noch mehr Sorgen. Zunächst von der Größe eines Kirschkerns, wuchs sie auf die einer Kirsche und später einer Pflaume. Sie reagierte auf Druck schmerzhaft und wurde immer größer.

Ein halbes Jahr war nach der erfolgreichen Behandlung meiner Borrelia vergangen und mein Arzt, dem ich mein Leben verdanke, hatte keine rechte Idee, wie man die anhaltende Schwäche denn nun beheben solle. Von dem neuen Problem mit der Verhärtung in der Achselhöhle hatte ich niemandem erzählt.

Als Handwerksmeister sah ich das Ganze äußerst praktisch: Wer auch immer dieses Problem genauer untersuchen würde, täte das wohl mit der Entnahme einer Probe, vermutlich mit Hilfe einer Punktionsnadel. Natürlich hatte ich Angst vor einer solchen Untersuchung, gleichzeitig war mir aber klar, dass bei einem bösartigen Befund, die Ausstreuung in den gesamten Körper nicht zu verhindern gewesen wäre.

Eines Nachts – ich konnte ohnehin schlecht schlafen – stieß ich im Fernsehen auf eine Sendung mit Prof. Manfred von Ardenne, in der er seine Sauerstoff-Therapie vorstellte. Diesen Strohhalm ergriff ich umgehend und bestellte noch am nächsten Morgen seine Bücher. Es war nur noch eine Frage von wenigen Tagen, bis ich die erforderliche Ausstattung im Haus hatte und es losging.

Der Physik-Professor hatte am eigenen Körper, im Alter von 60 Jahren, ähnliche Schwächeprobleme erlebt, die nicht behoben werden konnten. Damals war er auf die Idee gekommen, seinen Sauerstoffstatus im Blut zu untersuchen. Sein, als zu niedrig gemessener 02-Gehalt, veranlasste ihn, an sich selbst eine Lösung zu erproben.

Das Ergebnis war die Sauerstoff-Mehrschritt-Therapie.

Ich nutzte damals ein Trimmfahrrad (Ergometer),

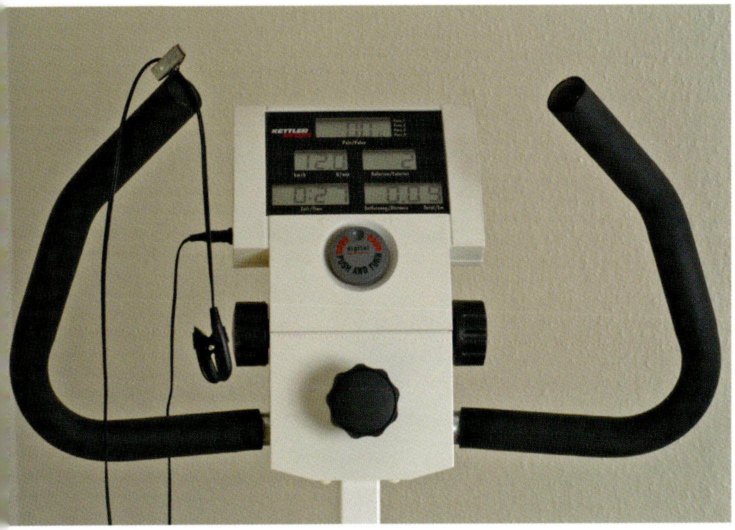

5-Liter-Sauerstoffflaschen mit Armaturen,

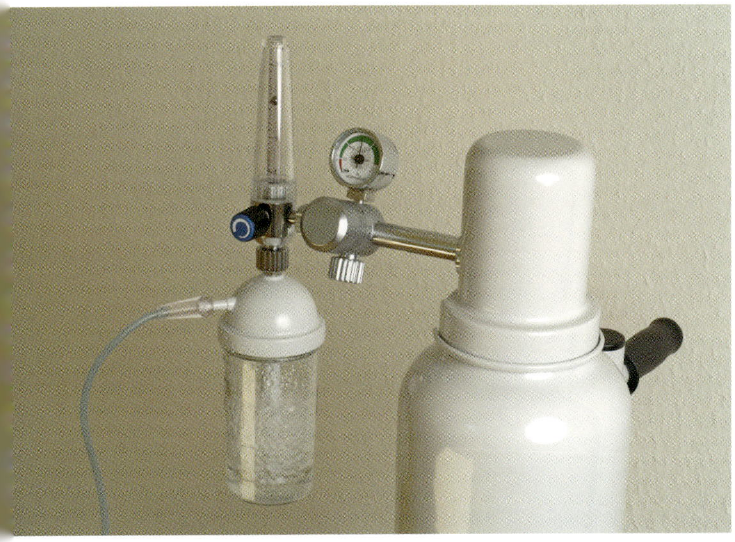

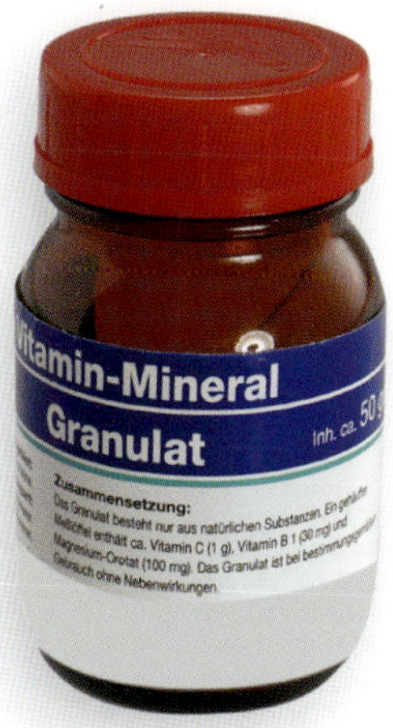

sowie ein Oxygen-Abbund-Pulver. Dieses Granulat ist eine Mischung, die Professor von Ardenne als Ergebnis seines Selbstversuchs entwickelte. Mit seiner Hilfe erfolgt die Sauerstoffaufnahme im Blut lang anhaltend, während ohne dieses Gemisch der Sauerstoffgehalt nach Absetzen der Sauerstoffmaske bald wieder abfällt.

Folgendermaßen führte ich die Therapie durch:

1. Eine halbe Stunde vor Beginn: Einnahme eines Messlöffels Pulver mit etwas Tee.
2. Maske aufsetzen und Sauerstofffluss auf 10 Liter pro Minute stellen.
3. Zu gleicher Zeit ½ Stunde unter Last (Puls 120) auf dem Ergometer treten.

Zweimal täglich erfolgte diese Prozedur.

Für mich war es wie ein Wunder! Täglich stieg meine Leistung, nach 20 Tagen fühlte ich mich wie neu und nach 30 Tagen war mein gesamtes Befinden besser als jemals zuvor. Und selbst das „Gewächs“ in meiner Achselhöhle ging stetig zurück und war nach 40 Tagen nicht mehr fühlbar.

In immer größer werdenden Abständen führte ich weiterhin diese Therapie durch. Am stärksten jedoch überraschte mich die gewonnene geistige Klarheit.

So besuchte ich 3 Jahre später wieder die Flugschule, um zu meiner seit 1971 gültigen Pilotenlizenz nach Sichtflugregeln die Ausbildung zur Instrumenten-Flug-Berechtigung anzuhängen. Im Frühjahr 1990 erhielt ich die entsprechende Lizenz vom Luftfahrtbundesamt in Braunschweig.

Das Geheimnis der „Sauerstoff-Mehrschritt-Therapie“

Prof. Manfred von Ardenne (1907 – 1997) war einer der genialsten und vielseitigsten Wissenschaftler, Forscher und Erfinder des 20. Jahrhunderts.

Seine Leistungen erstreckten sich von der maßgeblichen Mitwirkung an der Raketentechnik, des Fernsehens und des Elektronenmikroskops bis zu der weltweit bekannt gewordenen, hochtechnologisch ausgeklügelten Krebs-Mehrschritt-Therapie (KMT).

Für mich war er schlichtweg ein Universalgenie.

Von Ardennes Theorie, basiert auf der Analyse des Sauerstoff-Gehaltes des Blutes. Liegt dieser, beispielsweise aufgrund einer schweren Erkrankung, extrem niedrig, bestehen unter Umständen kaum Chancen, ohne Inanspruchnahme seiner Therapie, jemals wieder einen Normal-Status zu erreichen. Ich selbst bin das lebende Beispiel für genau diesen Vorgang.

Tumore zum Beispiel wachsen schneller, wie Prof. von Ardenne in seinen Büchern schreibt, sobald das umgebende Gewebe einen zu niedrigen Sauerstoff-Gehalt aufweist. Diese „Gewächse" bilden sich aber zurück, sobald der Sauerstoff-Status angehoben wird. Auch hier kann man annehmen, dass ich ebenso ein erfolgreiches Beispiel bin.

Zwar konnte auch Prof. von Ardenne nicht allen Krebskranken helfen – dazu ist diese Erkrankung wohl auch zu tückisch – nur schaden kann eine solche Therapie, die nur die wichtigste Voraussetzung unseres Lebens verbessert, nämlich den Sauerstoffgehalt im Blut, in keinem Fall.

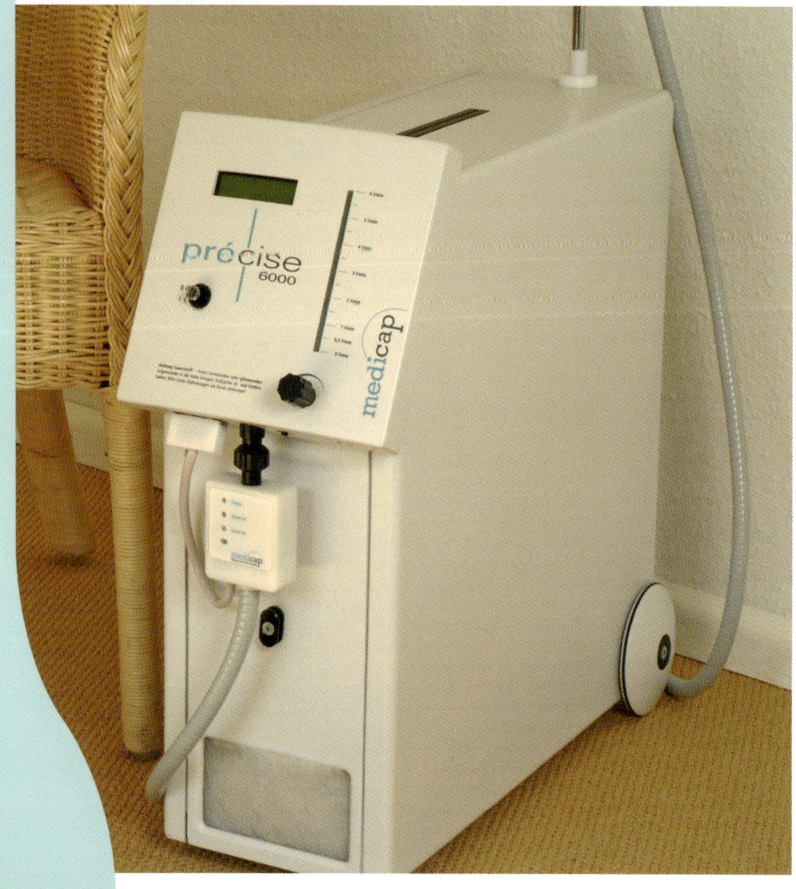

Heute besitzen wir längst Sauerstoff-Generatoren (Leistung: 5 Liter pro Minute), die uns den lebensspendenden Stoff über die 220-Volt-Steckdose liefern. Das funktioniert mit Filtern, wie sie für die Raumfahrt entwickelt wurden.

Denken Sie aber daran, das Gerät allein bringt noch nicht das nachhaltige Ergebnis. Erst das verwendete Granulat, eine halbe Stunde vor der Therapie, sorgt für die anhaltende Sauerstoffgehalt-Erhöhung.

Der Generator wird übrigens in der Regel über einen Zeitraum von zwei Stunden genutzt. Das kann durchaus auch beim Lesen oder am Schreibtisch geschehen. Eine halbe Stunde vor Beginn erfolgt die Einnahme des Granulats.

Mein zuvor angeführtes Beispiel aus dem Jahre 1984 (10 Liter, 1/2 Stunde unter Last) war in meiner schwierigen Situation die wirkungsvollere Therapie.

Meine Familie hat in den vergangenen 20 Jahren unglaubliche Erfahrungen gesammelt, vor allem bei den Erkrankungen unserer Mutter. Sie litt unter anderem an Angina Pectoris sowie Magenkrebs und konnte doch immerhin ein Alter von 80 Jahren erreichen. Ich bin überzeugt, dass sie 10 Jahre mit Hilfe des Sauerstoffs gewonnen hat.

In seinem Buch „Wo hilft Sauerstoff-Mehrschritt-Therapie" schreibt Prof. von Ardenne: „ Die doppelte Wirkung der Sauerstoff-Mehrschritt Therapie im fortgeschrittenen Lebensalter stellt eine Verlängerung des menschlichen Lebens um etwa 1 1/3 Jahrzehnte in Aussicht."

Ich hielt es für wichtig, Ihnen meine Erfahrung mit der Sauerstoff-Therapie mitzuteilen. Vielleicht kann sie gerade Ihnen einmal von Nutzen sein.

Bestellung des Granulats zur Verbesserung der Sauerstoff-Aufnahme: „Vitamin-Mineral-Granulat", St. Michael Apotheke, 93096 Köfering, Tel.: 09406 460, Fax: 09406 2779.

6. Körper, Geist und Seele

GESUNDHEIT IST DIE SUMME DER HARMONIE VON KÖRPER, GEIST UND SEELE

Die **Kraft der Gedanken** ist imstande, Gesundheit und Wohlergehen herbeizuführen, doch führt sie bei negativem Denken auch zu Krankheit und Siechtum. Man sagt nicht umsonst: „Der Gedanke ist der Vater aller Dinge."

„Lieber will ich 20 Jahre eher sterben, als meine Angewohnheiten (Rauchen, Trinken oder ungesundes Essen) aufzugeben. Dann habe ich zwar kürzer, dafür aber ‚intensiver' gelebt!"

Welche innere Einstellung führt Menschen zu einer solchen Aussage?

Abgesehen davon, dass dieser Mensch offenbar nicht weiß, um wie viel unbeschwerter und angenehmer eine gesunde Lebensweise auch für ihn wäre. Und zwar ohne all die „Nebenwirkungen" seiner Entgleisungen, die letztlich nur zu kurzen Höhepunkten führen – um anschließend von einem deutlich längeren Kater abgelöst zu werden...

Diese Aussage zeigt doch nichts anderes, als dass dieser Mensch noch nicht einmal den Gedanken einer Alternative zu seiner bisherigen Lebensweise an sich herankommen lässt. Er täuscht eine oberflächliche Stärke vor, die in Wahrheit eine tief verwurzelte Schwäche ist.

Negatives Denken überwiegt, jeder Gedanke an eine Umstellung wird mit der „Wir leben im Jetzt und Heute-Mentalität" abgeblockt oder verschoben. Stellen sich gar Krankheiten ein, gerät dieser Mensch immer tiefer ins Unglück, denn er glaubt an das Üble und Negative. Er ruft dasselbe mit seinem Denken immer mehr herbei, er verzweifelt und untergräbt seine Chancen, gesund zu werden.

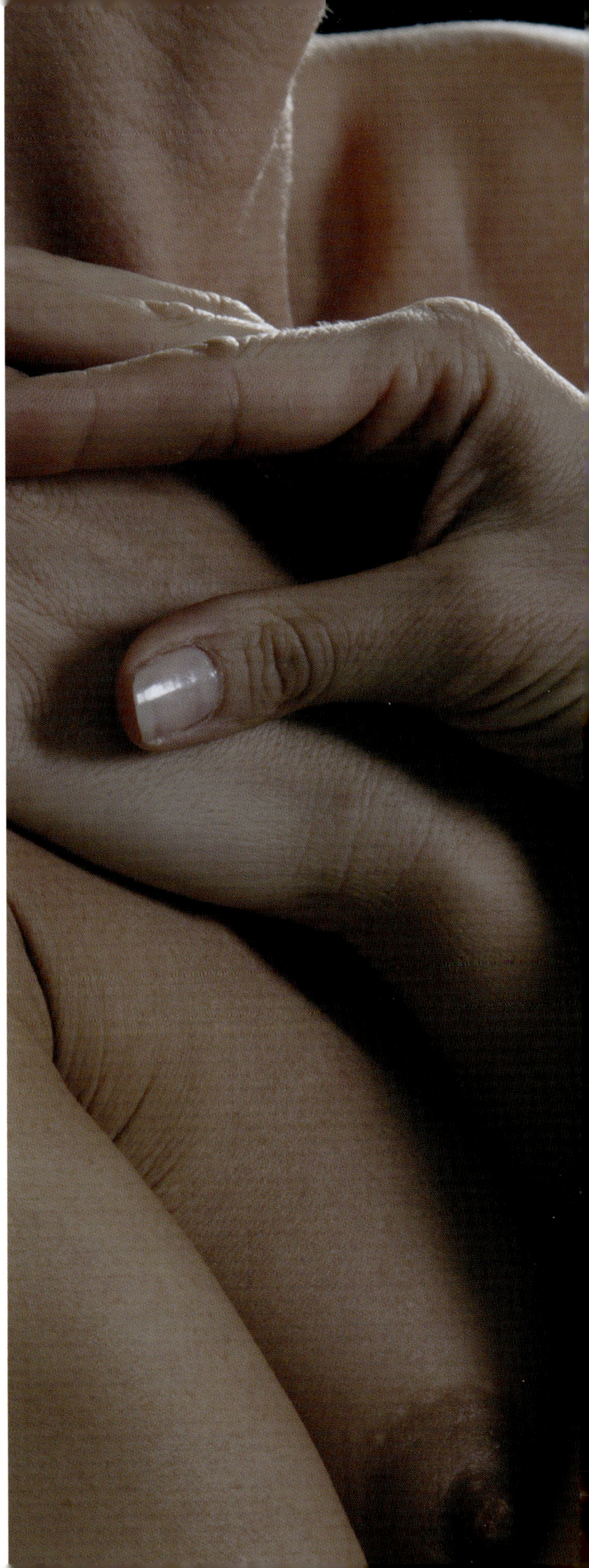

In einem gesunden Körper wohnt eine gesunde Seele

Gedanken lassen sich günstig beeinflussen und ebenso trainieren wie Muskeln. Sobald wir uns überwiegend mit positiven Gedanken befassen, wird sich auch das, was wir tun und was uns gelingt, zum Positiven wenden. Alle Erfolge, alle Fortschritte im Leben haben ihren Ursprung im richtigen, bejahenden Denken. Der Optimist lebt gesünder und wird älter.

Meditation – Entspannung

Während man entspannt, lässt es sich gut meditieren. Lauschen Sie nach innen, ordnen Sie Ihre Gedanken und sortieren Sie den negativen „Müll" aus. Gehen Sie dabei schrittweise vor:

Erst das **Besinnen**, gefolgt vom **Erkennen**, bis zum **Verstehen**.

Die gedankliche Aufarbeitung führt schließlich zur **Zufriedenheit**. Und das ist die Voraussetzung zur **Harmonie** von Körper, Geist und Seele.

Glaube

Eines der ältesten Behandlungsverfahren der Menschheitsgeschichte, stellen das Fasten sowie das Gebet dar. Hierbei ist es gleich, wie wir die über uns stehende Macht nennen wollen.

Ob Jesus, Maria, Gott, Herr oder Schöpfer – für uns ist es der immer verfügbare Ansprechpartner, ganz gleich in welcher Situation man sich befindet. Man fühlt sich niemals allein gelassen, solange man nur glaubt. Und wenn es die Naturgesetze sind, an die wir glauben, weil sie über uns stehen und uns oft zeigen, wie klein wir Menschen in Wirklichkeit sind.

Der Glaube kann Berge versetzen, wie der Volksmund sagt. Heilen kann er tatsächlich, das beweisen die vielen Placebo-Reaktionen. Es gibt sogar Placebo-Operationen, die bereits ihre Wirksamkeit in dieser Form von „geistiger Heilung" gezeigt haben.

Nutzen Sie die verborgenen Kräfte, die in Ihnen schlummern, mit positiven Gedanken und einem festen Glauben.

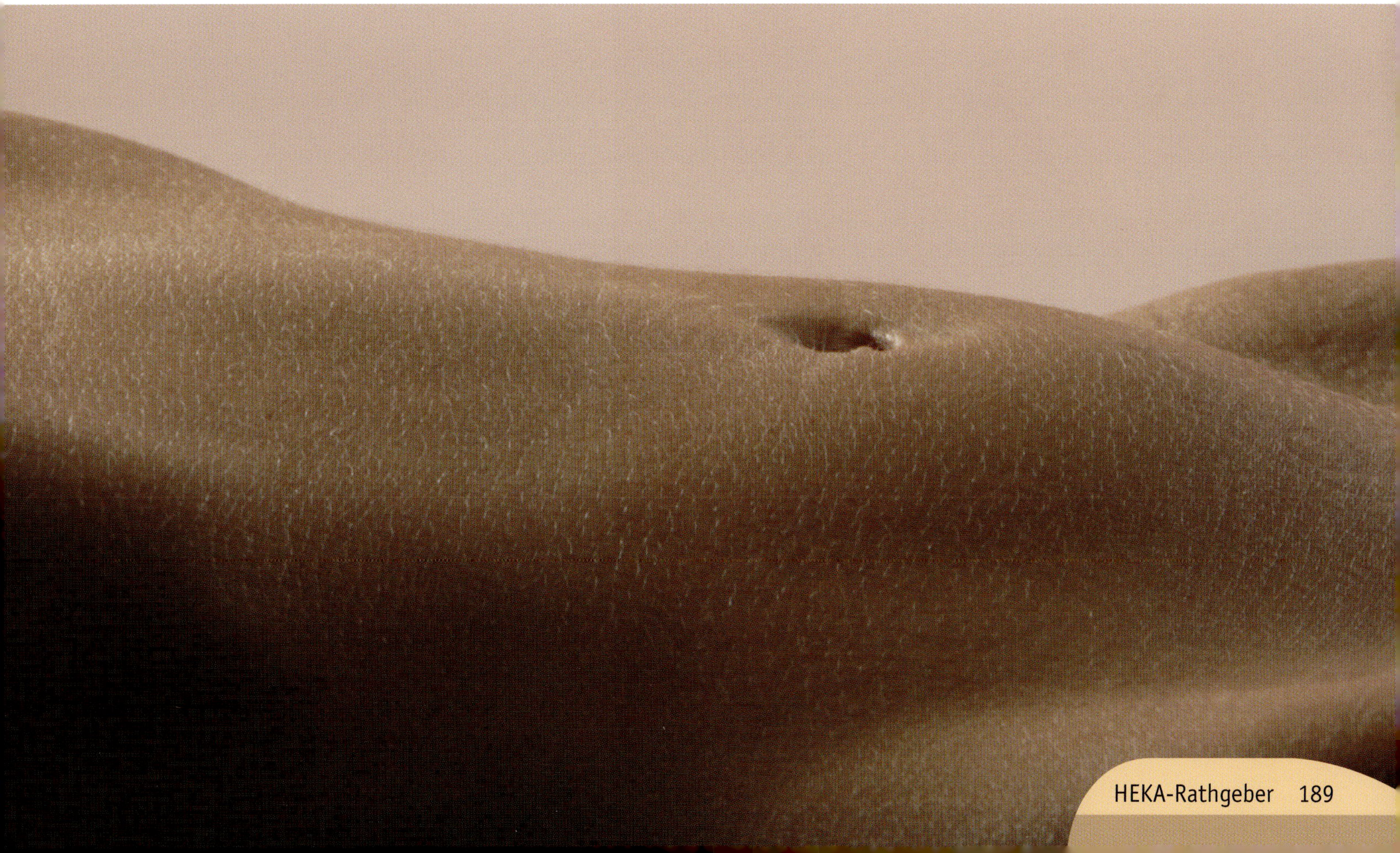

Das Unterbewustsein
Aus „Natur & Heilen" 12/2005
Auszug aus „Über die Macht der Autosuggestion"

Die Geburtsstunde einer so einfachen wie großen Idee

Nancy, Frankreich, Ende des 19. Jahrhunderts: Der junge Apotheker Emil Coué (1857 - 1926) führt das bescheidene Geschäft in gewohnter Manier. Seine Aufgabe besteht hauptsächlich darin, die von Ärzten speziell für den Patienten zusammengestellten Rezepturen penibel nach Anweisung zusammenzumischen und in kleinen Portions-Briefchen an die Adressaten weiterzureichen. Doch dann wird der berufliche Trott durch eine Episode, an die sich erstaunliche Entwicklungen anschließen sollten, abrupt unterbrochen.

1. Ein Schlüsselerlebnis: Ein Kunde von Coué wird zum Dauergast, legt stapelweise immer neue Rezepte von immer mehr Ärzten vor, darunter allen Kapazitäten der näheren und weiteren Umgebung, ohne jemals Linderung seiner Schmerzen zu erfahren. Eines Tages nun setzt der Besucher den Geschäftsinhaber mit einer ungewöhnlichen Bitte in Verlegenheit: „Stellen doch bitte Sie, Herr Coué, mir ein Medikament zusammen." Zu ihm habe er Vertrauen, und er sei fest davon überzeugt: „Der wird mir helfen!" Darauf will sich der Apotheker ganz und gar nicht einlassen. Er hat gelernt, „Erfüllungsgehilfe der Ärzte zu sein und darf ihnen keineswegs ins Handwerk pfuschen. Doch der Kunde bleibt hartnäckig und wiederholt seinen Wunsch ein ums andere Mal - bis sein Gegenüber schließlich zum Schein einlenkt. Um keinen Schaden anzurichten, stellt er eine Mischung aus völlig wirkungslosen Füllstoffen zusammen und schickt den schmerzgebeugten Besucher schlechten Gewissens mit der „Arznei" und vielen guten Genesungswünschen nach Hause.

Nun verstreicht einige Zeit, ohne dass sein Stammkunde sich sehen lässt. Sollte der Apotheker sich darüber beunruhigen? Wenn er es tat, dann war dies überflüssig. Denn als wieder einmal die Türglocke bimmelt und der Schmerzpatient hereintritt, erscheint er wie umgewandelt, „war staunenswert verändert, sah frisch, fröhlich und gesund aus, hatte keine Schmerzen mehr und bedankte sich überschwänglich für die tatsächlich eingetretene Heilung".

2. Von der aktiven Suggestion zur bewussten Selbstbemeisterung: Das Erlebnis prägte sich Coué tief ein. Dadurch hatte er eines der erwähnten Fenster zur Wahrnehmung bislang verborgener Facetten der Wirklichkeit aufgestoßen und was er dabei erfahren hatte, warf ein neuartiges Licht auf die Seelenlandschaft des Menschen überhaupt: unsere geistige Disposition - und ihre unauflösliche Verknüpfung mit rätselhaften medizinischen Phänomenen und komplexen Abläufen wie (Wunder-) Heilungen ohne erkennbare Ursache. Sichtbar geworden war dies an dem, was man ein „Medikament" nennt.

Der Zauberspruch des großen Philosophen

Um Wirkung zu entfalten, so die Konsequenz aus vielfältigen weiteren Erfahrungen mit seinen Kunden, bedarf es weit mehr als nur eines „Wirkstoffes". Zusätzliche Faktoren mussten unterstützend, oder als eine Art Katalysator an die Seite treten und das geradezu kindliche Vertrauen in die tatsächliche Wirksamkeit eines Pulvers, in Tabletten, Tropfen, Tees, Zäpfchen, bildete dabei ein ganz entscheidendes Element. Dies klang zwar überholt und passte nicht so recht in die moderne naturwissenschaftliche Sicht der Dinge.

Eine solche ganzheitliche Betrachtungsweise, war andererseits wiederum durchaus nicht neu, entsprach menschlicher Erfahrung. Sie fand sich schon in Ansätzen im Erkenntnisschatz der „magischen Medizin", wurde aber besonders schön und treffend sicher durch den Philosophen Platon vor Jahrtausenden in die Worte gefasst: „Das Heilkraut ist ein ganz bestimmtes Blatt. Aber zur Arznei gehört auch ein Zauberspruch. Wer gesund werden will, muss ihn aufsagen. Ohne Zauber ist das Blatt wirkungslos."

Emil Coué folgte der Spur des Zauberwortes: Wenn er die verordneten und oft genug auch kurios zusammengestellten Pülverchen der Mediziner in seinen Briefchen verstaut hatte, übergab er sie nunmehr stets mit einem ermunternden Kommentar. So etwa dem Hinweis, dass es sich um ein ganz vorzügliches Mittel handele, das den Patienten mit Sicherheit und im Nu wieder auf die Beine bringen würde. Oder er fügte an: „Der Doktor hätte gar nichts Besseres verordnen können. Sie werden sich nach der Einnahme wie neugeboren fühlen!" Das Ergebnis des kleinen Kunstgriffs war frappierend: Arzneien, denen er auf diese Weise seinen Segen mitgegeben hatte, zeigten eine „unvergleichlich bessere Wirkung", als wenn er sie nüchtern, sachlich, geschäftsmäßig, unkommentiert überreicht hätte.

Was steckte hinter diesem erstaunlichen Phänomen? Ein Funke war offenbar übergesprungen. Das Samenkorn, das der Apotheker im Geist der bewusst-unterbewussten Wahrnehmung ausgesät hatte, die Suggestion war beim Kranken aufgegangen, hatte sich dort als „gedankliche Selbstbeeinflussung" ohne jede Willensanstrengung entfaltet. Damit war der entscheidende Schritt getan, die innere geistig-seelische Dynamik als zentrales Wirkungsprinzip der Besserung zu identifizieren und jedermann zugänglich zu machen - zum Guten, der Heilung statt dem Negativen und der Krankheit: Die „bewusste Autosuggestion nach Emil Coué" war geboren!

„Es geht mir mit jedem Tag in jeder Hinsicht immer besser und besser".

Der bescheidene Gelehrte im Garten

Als „Guru" hat Coué sich zeitlebens trotz des späten Ruhms nicht verstanden - es hätte ihn auch nie jemand als solchen bezeichnet. Er hielt sich bescheiden im Hintergrund. Auch wenn ganze Heerscharen von Jüngern, Kranken, Beladenen und nicht selten sensationslüsterne Zeitgenossen seinen Garten - den bevorzugten Versammlungsort für seine Vorträge - bevölkerten und an seinen Lippen hingen, als erwarteten sie aus seinem Mund Heilslehren. Doch war er auch einer der großen Weisheitslehrer nicht nur seiner Zeit. Und dies gerade deshalb, weil er, ganz unprätentiös, gar nicht für sich beanspruchte, ein (Buch-) Gelehrter zu sein. Lesetipp: Es ist sehr motivierend, sich direkt „aus der Quelle der Weisheit" zu stärken, also bei Coué selbst nachzulesen, und zwar in Veröffentlichungen, aus denen auch seine Zeitgenossen schöpften. Diese an den einfach gestalteten Originalausgaben orientierten Schriften sind noch heute verfügbar, griffig, im Kleinformat, wie schon vor einem Lebensalter:

Emil Coué: Die Selbstbemeisterung durch bewusste Autosuggestion.

Schwabe Verlag, Basel 2005, ISBN 3-7965-0635-6.

„Die Erkenntnis, dass das Unterbewusstsein durch Gedanken gelenkt werden kann, ist vielleicht die größte Entdeckung aller Zeiten".

(William James, 1842-1910, Philosoph, Begründer der pragmatischen Schule)

CHEMIE IN KÖRPERPFLEGEPRODUKTEN

Wir benutzen jeden Tag – ohne es zu wissen, Zahnpasten, Shampoos, Duschgels, Badezusätze oder Cremes mit giftigen Inhaltsstoffen.

Über die Haut gelangen diese gesundheitsschädlichen Zusätze in unser Organsystem und lagern sich dort ab.

Jeder Mensch verfügt somit über ein gewisses Giftpotential, was früher oder später einmal eine Erkrankung auslösen kann. Je kleiner allerdings diese schädliche Ansammlung ist, umso geringer ist auch die Gefahr davon krank zu werden.

Generell sollten wir uns darüber im Klaren sein, dass eine vollkommene Vermeidung von Hautkontakten zu giftigen Chemikalien nicht möglich ist. Schließlich leben wir nicht auf einer sterilen Insel. Aber dennoch können wir viel tun, um die Giftmenge in unserem Körper deutlich zu verringern.

Körperpflegemittel haben einen besonders intensiven Kontakt zu unseren Schleimhäuten und unserer Haut, daher ist es besonders lohnend, hier schädliche Stoffe zu vermeiden.

Fluor

Fluor ist ein Enzymgift und wird zur Zahnhygiene eingesetzt, dass man aber damit nicht nur die schädlichen, sondern auch die nützlichen Bakterien abtötet, wird kaum beachtet. Wir wissen bereits, dass die Verdauung im Mund beginnt, wenn aber die Mundflora bereits durch Gift verändert wurde, beginnen die Verdauungsprobleme schon hier.

Zahnkariesbekämpfung mit Fluor ist die falscheste und zugleich gefährlichste Vorgehensweise um unserer Zähne zu schützen.

Raffinierter Zucker ist die Ursache für Karies. Schon 98 % aller 10 jährigen Schüler in Deutschland, sind bereits von Karies befallen. Naturvölker bei denen noch keine Zivilisationskost (mit Fabrikzucker) Einzug gehalten hat, kennen keine Zahnschäden und natürlich auch keine Zivilisationserkrankungen.

Fluor ist auch als Rattengift bekannt, sicher in anderer Dosis, aber Tatsache ist, es erhöht unser Giftpotential unnötig.

Lassen Sie sich nicht davon irritieren, dass natürliches Fluor in geringen Mengen in fast allen Lebensmitteln vorkommt.

Fluor oder Natriumfluorid in der Zahnpasta ist ein synthetisches Gift und dieses gilt sogar als Krebs erregend.

Beispiele für Gesundheitsschädliche Inhaltsstoffe

Zahnpasten:

Fluor, Sodiumfluoride, Sodium Lauryl Sulfate, Sodium Laureth Sulfate, Propylenglykol

Shampoos:

Diethanolamine, Propylenglykol, Sodium Lauryl Sulfate, Sodium Laureth Sulfate.

Duschgels, Seifen:

Diethanolamine, Sodium Lauryl Sulfate, Sodium Laureth Sulfate.

Hautcremes:

Formaldehyd.

Gehen Sie auf Nummer sicher!

Mit Körperpflegemitteln, die nach der Richtlinie des BDiH „Kontrollierte Natur-Kosmetik" hergestellt wurden, vermeiden wir eine sinnlose Giftbelastung.

Naturkostläden halten in der Regel ein gutes Angebot bereit.

www.kontrollierte-naturkosmetik.de

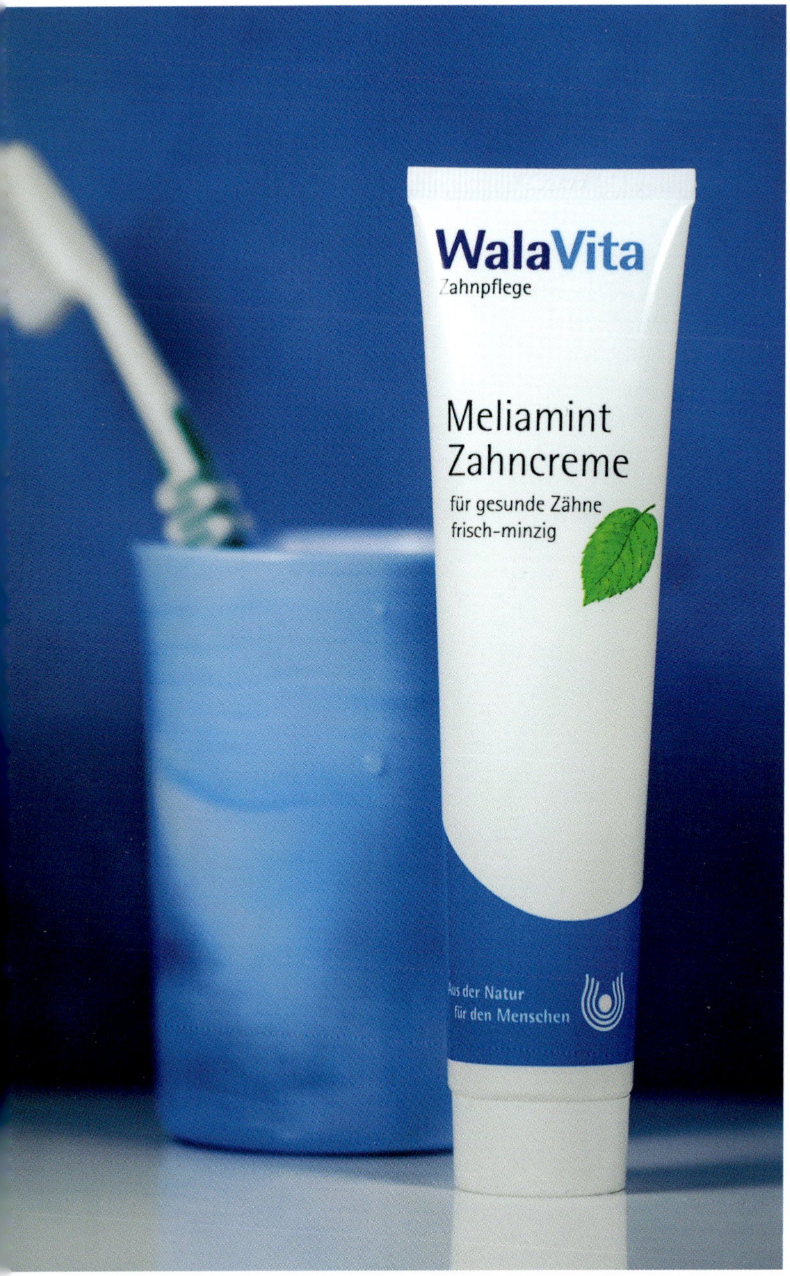

Diese Zahnpasta enthält kein Fluor!

UNBEWUSSTES (VEGETATIVES) NERVENSYSTEM

Unser Zentrales Nervensystem (ZNS) empfängt alle Signale, die es für seine Arbeit benötigt und sendet andererseits Signale für sämtliche Funktionen, jeweils über die entsprechenden Nervenfasern:

1. Herausführende Nerven für die Körpermotorik an die quergestreifte Muskulatur
2. Nerven, die alle Reize der Sinnensorgane zum ZNS führen
3. Nerven, die Impulse des ZNS an die glatte Muskulatur und die Drüsen senden
4. Nerven, die Impulse innerer Organe an das ZNS führen

Diese Signale werden elektrisch mit etwa 200 km/h übertragen, somit sind die Fasern mit Elektrokabeln vergleichbar. Von unserem Körper wird die Masseleitung (-) gebildet, und die Nervenfaser überträgt den Strom (+). Das funktioniert letztlich also wie bei einem Auto, wo ebenfalls die Karosserie die Masse (-) und das einzelne Kabel (+) den Strom überträgt.

Akupunktur

Mit diesem Bild wird verständlich, das allein mit einer Nadel (Akupunktur) Nervenfasern schlichtweg „kurzgeschlossen" werden können – einfach durch das Verbinden von Plus und Minus. Die von den Nervenzellen gesendeten, elektrischen Impulse können dann nicht mehr zum Gehirn gelangen, solange die Metallnadel den Kurzschluss verursacht. Viele Schmerzen können auf diese Weise gezielt unterbunden werden, und das ohne den Einsatz irgendwelcher Chemie. Es gibt ebenso Anwendungen bei Störungen vegetativer Regelvorgänge.

Das vegetative Nervensystem steuert alle unbewussten Vorgänge, die also auch ohne unseren Willen funktionieren. Auf diese Vorgänge haben wir keinerlei Einfluss.

Wo können vegetative Störungen auftreten?

Zunächst einmal treten diese Störungen an den schmerzempfindlichen Organen wie Magen,

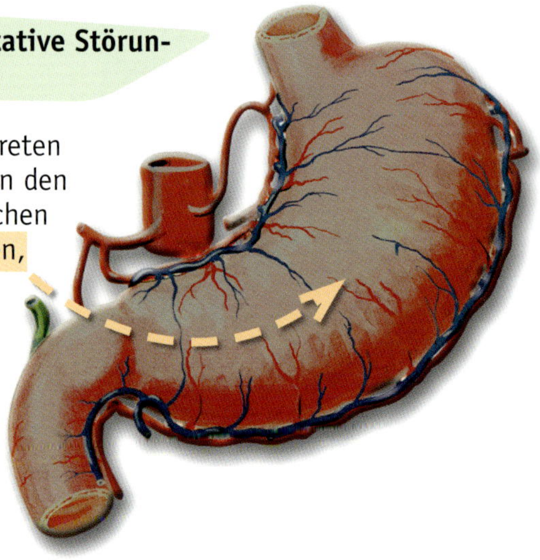

Darm, Gallenblase oder unseren Blutgefäßen (Adern) auf.

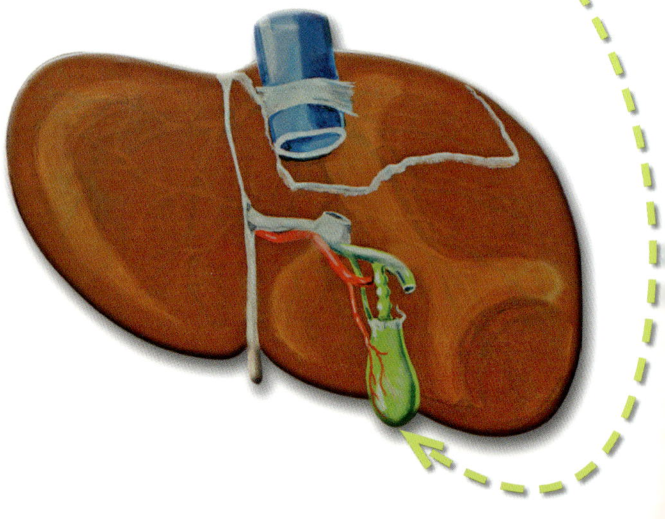

Dagegen sind Herz, Lunge, Leber und Nieren nicht mit Schmerzempfindungsnerven ausgestattet, lediglich die umgebenden Gefäße können Schmerzen verursachen. Auch am Bewegungsapparat können schmerzhafte Erscheinungen auftreten.

Organisch gesund

Werden nun bei Beschwerden die entsprechenden Organe untersucht und es zeigen sich keinerlei krankhafte Veränderungen, so kann man fast immer von einer vegetativen Störung ausgehen. Der Arzt wird keinerlei feststellbare Anhaltspunkte finden, die für die jeweiligen Schmerzen verantwortlich sind. Seine Diagnose lautet: „organisch gesund".

Ursachen für vegetative Störungen

Die Ursachen für diese Art von Erkrankungen, die manchmal als „Neurose" oder „nervös" bezeichnet werden, können äußerst vielschichtig sein.

Zunächst ist als Ursache eine fehlerhafte Ernährung oder ein übermäßiger Genussmittelkonsum möglich. Dies ist besonders wahrscheinlich, wenn der Bewegungsapparat betroffen ist.

Zweitens sind oft seelische Störungen, Ängste, Sorgen, Beziehungsprobleme, ungelöste oder gar unbewusste Konflikte jeglicher Art der Auslöser.

Im ersten Fall löst die Ernährungsumstellung das Problem.

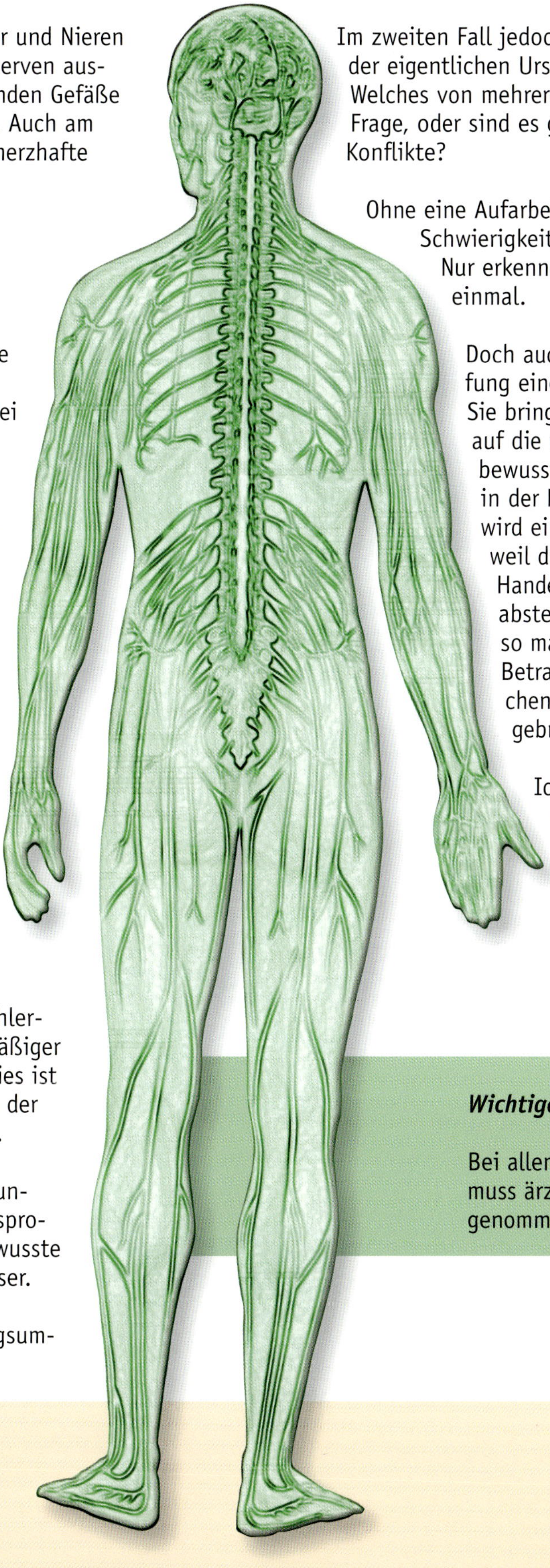

Im zweiten Fall jedoch wird die Suche nach der eigentlichen Ursache sehr schwierig sein. Welches von mehreren Problemen kommt in Frage, oder sind es gar unbewusste, verdrängte Konflikte?

Ohne eine Aufarbeitung dieser ungelösten Schwierigkeiten, gibt es keine Abhilfe. Nur erkennen muss man sie zunächst einmal.

Doch auch hier hat uns die Schöpfung eine Hilfestellung gegeben: Sie bringt uns in unseren Träumen auf die richtige Spur, sogar die unbewussten Ursachen werden uns in der Nacht offenbart. Somit wird eine Lösung eher möglich, weil die Ursachen bekannt sind. Handelt es sich aber um nicht abstellbare Probleme, hat schon so manches Mal eine andere Betrachtungsweise des gleichen Sachverhalts die Lösung gebracht.

Ich empfehle Ihnen bei vegetativen Erkrankungen das Buch von Dr. med. M. O. Bruker „Lebensbedingte Krankheiten."

Wichtiger Hinweis:

Bei allen ernsten Erkrankungen muss ärztliche Hilfe in Anspruch genommen werden!

LIEBE ALS GRÖSSTES GLÜCK

Es gibt zwei Grundhaltungen in unserem Denken, die über ein glückliches oder ein unglückliches Leben entscheiden. Dies sind die bejahende und die verneinende Einstellung. Der negativ Denkende sieht alles schwarz, er ist unentschlossen, bei ihm überwiegen die Enttäuschungen. Für den negativ Denkenden stehen Sorge, Ärger und Furcht im Vordergrund.

Besser und glücklicher eingestellt ist der positive Mensch. Bei ihm überwiegt das Heitere, sein Weg geht nach oben, er ist mutig, packt sein Schicksal tatkräftig an und ist deshalb reicher an Beglückungen. Ihre Fortschritte verdanken diese positiven Menschen ihrer bejahenden Lebenseinstellung. Diese Menschen kennen auch die richtige Einstellung ihrem Nächsten gegenüber. Sie wissen, dass das, was sie geben, zu ihnen zurückkehren wird.

Lassen Sie sich stets von diesem Sprichwort leiten:

Willst Du glücklich sein im Leben,trage bei zu anderer' Glück, denn die Liebe, die wir geben, kehrt ins eigne Herz zurück.

Das Schönste im Leben bekommt man nicht für Geld. Zuneigung, Wärme und Liebe – wer das weiterzugeben vermag, ist ein glücklicher Mensch.

Lebens-Partner

Bei der Suche nach dem richtigen Partner fürs Leben, kann es hilfreich sein, was mir meine Großmutter mit auf den Weg gab:

„Frage immer zuerst nach dem Sternzeichen".

Welche Tierkreiszeichen „passen" denn zusammen?

Es passt	Sehr gut		Gut	
Widder	Schütze	Löwe	Wassermann	Zwilling
Stier	Jungfrau	Steinbock	Krebs	Fisch
Zwilling	Waage	Wassermann	Löwe	Widder
Krebs	Skorpion	Fisch	Jungfrau	Stier
Löwe	Schütze	Widder	Waage	Zwilling
Jungfrau	Steinbock	Stier	Krebs	Skorpion
Waage	Zwilling	Wassermann	Schütze	Löwe
Skorpion	Krebs	Fisch	Steinbock	Jungfrau
Schütze	Widder	Löwe	Wassermann	Waage
Steinbock	Stier	Jungfrau	Fisch	Skorpion
Wassermann	Zwilling	Waage	Widder	Schütze
Fisch	Krebs	Skorpion	Stier	Steinbock

Diese Aufstellung ist ohne „Erfolgsgarantie".

Und natürlich gilt auch hier der Spruch: Ausnahmen bestätigen die Regel.

Kinder

Ihre Lebensweise wird sicher auf Ihre Kinder „abfärben". Auch die Veränderungen, die Sie durch die Umstellung an sich selbst erleben, werden von Ihren Kindern sehr genau registriert.

Was Besseres können Sie gar nicht erleben, als dass Ihr Vorbild nachgelebt wird. Schließlich leben wir in unseren Kindern weiter, sie sind ein Teil von uns.

Enkel

Etwas Schöneres als Enkel gibt es für die Großeltern nicht. Sind Oma und Opa dann noch fit und gesund, können sie „Nachholen", was sie mit ihren Kindern versäumt haben. Mehr Freude und Glück, als man durch seine Enkel erfahren kann, lässt sich für die ältere Generation durch nichts anderes erreichen.

Es gilt nur, **Zeit zu geben**, das ist „alles" und dafür kommt so viel zurück.

Meine Frau und ich, wir sind glücklich, dass wir das Heranwachsen unserer Enkel auf diese Weise miterleben dürfen. Die gemeinsamen Zeiten sind die schönsten.

POTENZ UND ERFÜLLTE SEXUALITÄT

Wer gesund und fit ist hat auch mehr Freude und Lust am aktiven Liebesleben.

Die schönste Sache der Welt setzt natürlich voraus, dass man von erhöhtem Blutdruck oder Gefäßverengungen und den damit verbundenen Durchblutungsstörungen, verschont wird. Die auf einem traurigen Höhepunkt angelangte, allgemein übliche Ernährungsweise ist verhängnisvoll für die erotische Fitness. Besonders wenn man in die reiferen Jahrgänge kommt.

Wir schaffen die besten Voraussetzungen für eine lustvolle und erfüllte Sexualität durch die uns bereits bekannte gesunde Ernährung, sowie mit Bewegung an frischer Luft.

Es gibt kein Alterslimit, ganz im Gegenteil, gerade in späteren Jahren können Mann und Frau ihre Sexualität frei und unbeschwert genießen.

Wir brauchen uns ebenso wenig bei der krampfhaften Suche der Zivilisationsgeschädigten nach Potenzwundermitteln beteiligen, weil unsere gesunde Ernährung bereits reich an Aphrodisiaka ist. Unsere frischen Lebensmittel fördern die Liebeskraft auf ganz natürliche Weise ohne Nebenwirkungen und ohne Arzt oder Apotheker.

Es ist der rechte Zeitpunkt, nach der erfolgreichen Lebensumstellung, **verlieben Sie sich neu** in Ihre (Ehe-) Frau oder Ihren (Ehe-) Mann.

Liebes-Speise-Plan

Schon Eva wusste um die erotische Wirkung des Apfels, als sie Adam verführte.

Früchte wie Aprikosen, Feigen oder Weintrauben, enthalten wie die Äpfel viele Vitamine und die sorgen für Ausdauer und Durchhaltevermögen oder der natürliche Traubenzucker macht Müde munter.

Auch das saftige Fruchtfleisch reifer Melonen mit frischen Minzblättern gilt als erotischer Fitmacher.

Frische Gemüse fördern ebenso die Liebeslust bei Mann und Frau. Ob Lauch, Kraut oder frische Kartoffeln, mit dem hohen Gehalt an Mineralstoffen verbessern Sie die körperlichen Voraussetzungen.

Knoblauch regelmäßig genossen, selbstverständlich mit dem Partner abgesprochen, stärkt das Herz. Sellerie gilt schon seit jeher als eine männliche Wunderwaffe. Tomaten werden nicht ohne Grund als Liebesäpfel bezeichnet. Meerrettich, frisch gerieben ist leicht bekömmlich und sorgt für die nötige Schärfe. Kürbiskerne sind ein bewährtes Potenzmittel, knabbern Sie so oft als möglich. Broccoli mit gerösteten Mandeln gelten als ideales Liebes-Menu. Hafer frisch geflockt, bringt nicht nur erotische Power sondern ist schlichtweg der Potenzförderer Erster Klasse.

Liebessteigernde Mixturen aus Honig, Zimt, Ingwer, Kardamon und Früchten sind als hervorragende Stimulatoren bekannt. Ein weiteres Liebeselixier ist Kokosmilch mit frischer Ananas. Frische Kräuter, wie Dill, Kerbel, Majoran, Melisse, Petersilie oder Rosmarin regen das intensive Sexualleben gleichermaßen an wie die Gewürze Chili, Ingwer, Muskat und Zimt.

Fisch mit den wichtigen Omega-3-Fettsäuren und Austern sowie Hummer sind ebenfalls geeignet, die Freude an der Liebe zu verstärken.

Minzblätter haben eine aphrodisierende Wirkung, besonders als Teeaufguss in einem - besser gemeinsamen – Bad, entfalten sie ihre amouröse Wirkung.

Schließlich noch ein wichtiger Hinweis für Männer!

Trinken Sie des öfteren Tee vom kleinen Weideröslein, so bleibt Ihre Prostata fit.

Entdecken Sie nun die Liebe neu

Unser Sexualverhalten in seiner Fähigkeit, Motivation und Leistung verändert sich ständig. Interessant ist nun, dass die sexuelle Fähigkeit ab ihrem Höhepunkt, mitte Zwanzig, zwar abnimmt, jedoch die Glücksfähigkeit kontinuierlich bis in das höchste Alter ansteigt.

Wer sein ganzes Leben sexuell aktiv ist, wird auch nicht durch sein Alter eingeschränkt. Es ist erwiesen, dass ein intensives Sexualleben das Leben verlängert.

„Das Alter schützt vor der Liebe nicht, aber die Liebe vor dem Alter".

In jedem von uns schlummert eine Liebessehnsucht und je nach gelebter Sexualität wird dieser Wunschtraum erfüllt, oder wir suchen noch nach unserem Glück.

Nun ist Sexualität längst kein Tabuthema mehr und wir können mit unserem Lebens- und Liebespartner über alles, auch über Gefühle sprechen.

Wer die geschlechtliche Liebe noch als „eheliche Pflicht" betrachtet, hat sicher den größten Gesprächsbedarf! Entscheidend ist die flexible Einstellung der Partner zueinander und der Wille alle sexuellen Möglichkeiten vorurteilsfrei auszuprobieren.

Nehmen Sie sich viel Zeit, sich gegenseitig zu verwöhnen. Entdecken Sie alle erogenen Zonen Ihres Partners.

Lassen Sie der gemeinsamen Phantasie freien Lauf und genießen Sie die unterschiedlichsten sexuellen Variationen.

Wo Sie die Grenzen setzen, entscheiden Sie gemeinsam.

So besteht durchaus ein Infektionsrisiko bei Analverkehr. Denn im Mastdarm befindet sich die größte und gefährlichste Anhäufung von Parasiten im menschlichen Körper. HIV – Infektionen sind bei allen sexuellen Kontakten möglich, hier ist der sicherste Schutz die Treue.

Sex und Spiritualität

Kommen Sie zur Besinnung, erleben Sie die Freude die uns der Wechsel der Jahreszeiten schenkt.

Genießen Sie den Sonnenschein mit Ihrem Partner. Die einfachen Dinge sind wichtig, sie geben uns ein Gefühl von Spiritualität, für Rhythmus, das elementare Gespür dafür, wie die Zeit vergeht.

Sex ist eines der größten natürlichen Vergnügen, eine Freude für Arm und Reich.

Sexualität vermittelt die wunderbarsten Gefühle und verleiht unserem Leben einen Sinn.

Lassen Sie sich von orientalischen Einstellungen zum Sex inspirieren, diese sind offen und lebensbejahend.

Tantra

Tantrischer Sex beruht auf der Theorie, dass uns die Freude an der Liebe eine erweiterte und gesteigerte Erfahrung unseres Seins beschert.

Im tantrischen Liebesprogramm bemüht man sich bewusst darum, ekstatisch mit dem Partner und durch ihn oder sie mit der restlichen Welt zu verschmelzen.

Im Idealfall erlebt man Sex dadurch gleichsam in der Haut des Partners.

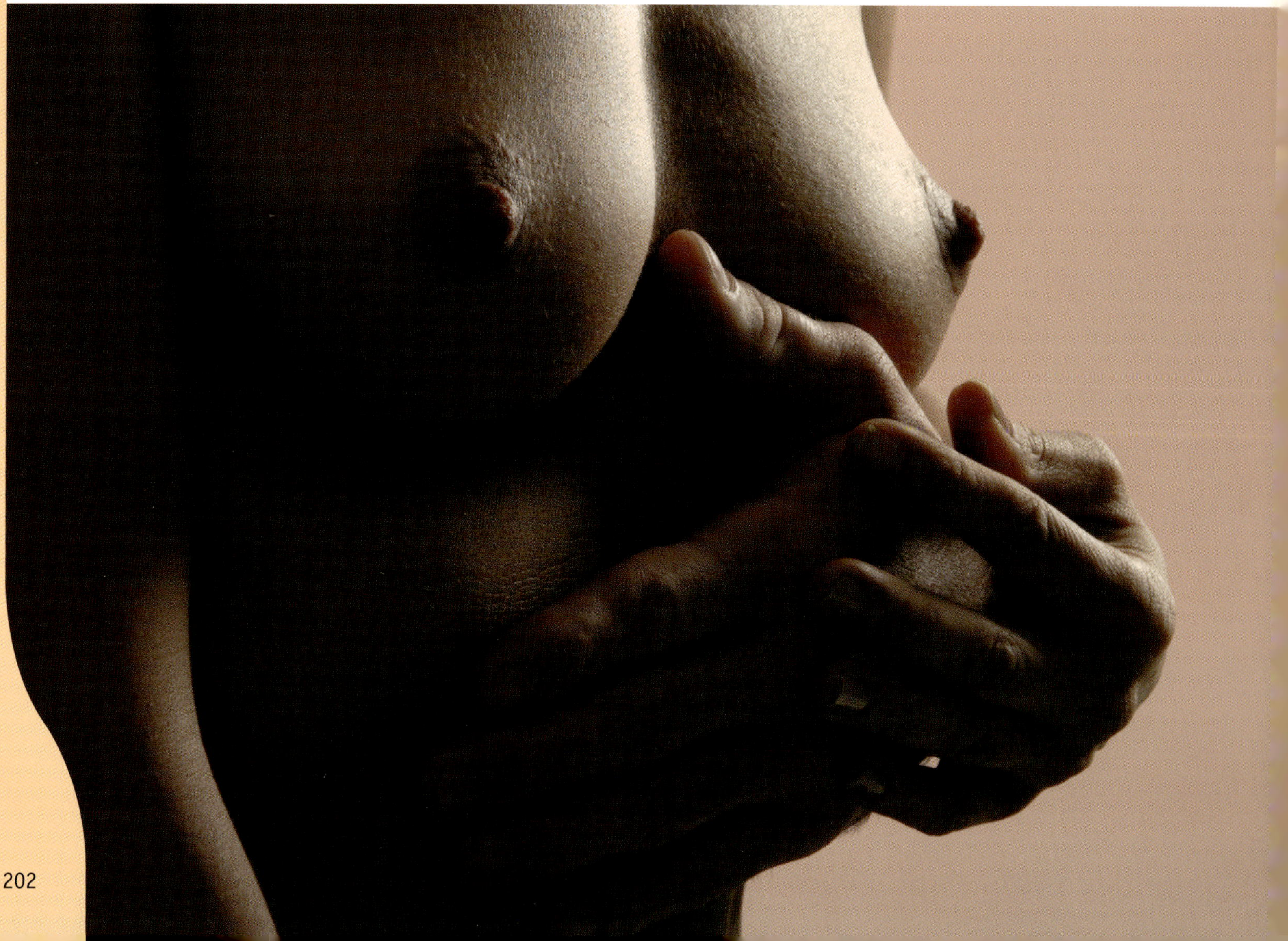

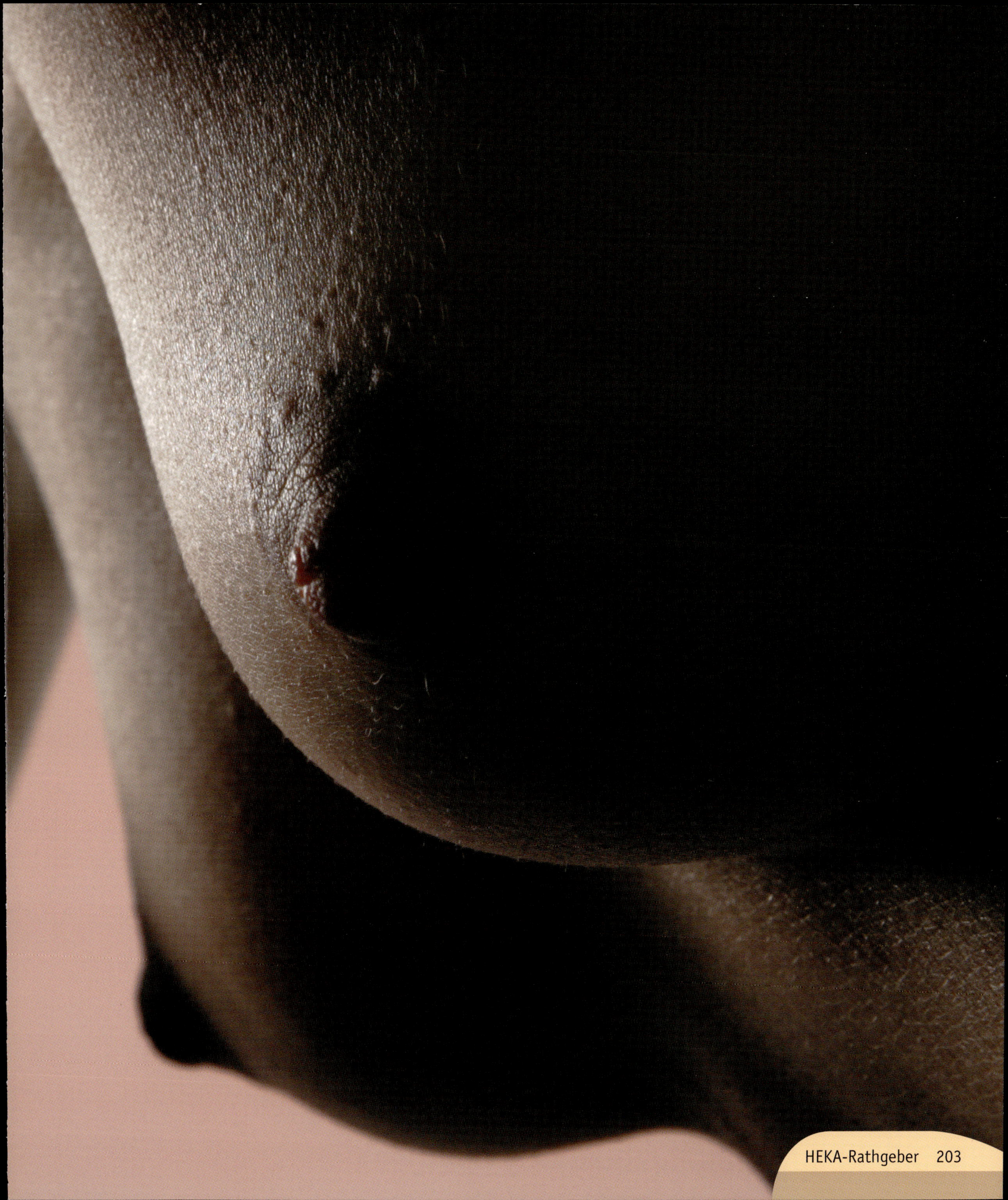

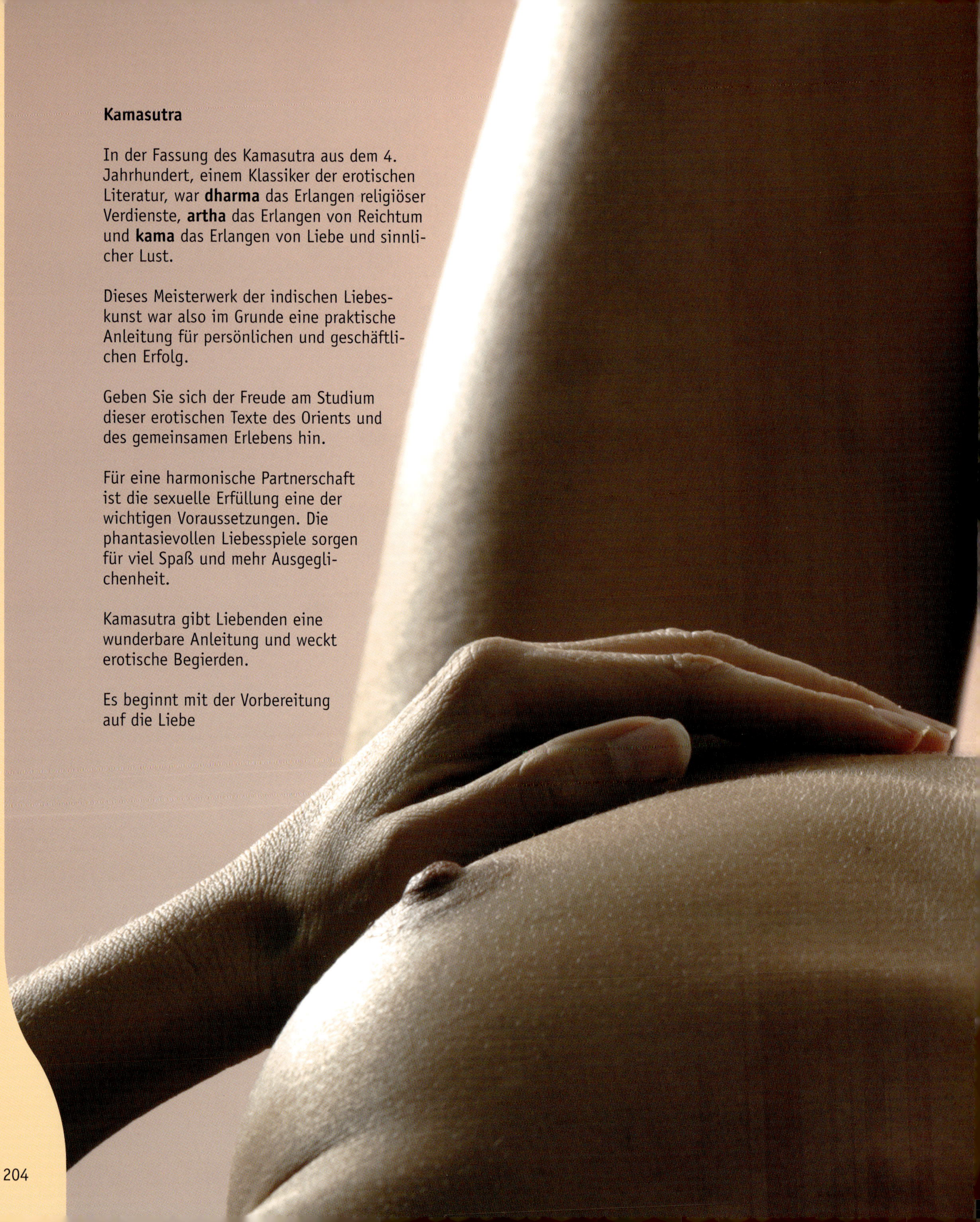

Kamasutra

In der Fassung des Kamasutra aus dem 4. Jahrhundert, einem Klassiker der erotischen Literatur, war **dharma** das Erlangen religiöser Verdienste, **artha** das Erlangen von Reichtum und **kama** das Erlangen von Liebe und sinnlicher Lust.

Dieses Meisterwerk der indischen Liebeskunst war also im Grunde eine praktische Anleitung für persönlichen und geschäftlichen Erfolg.

Geben Sie sich der Freude am Studium dieser erotischen Texte des Orients und des gemeinsamen Erlebens hin.

Für eine harmonische Partnerschaft ist die sexuelle Erfüllung eine der wichtigen Voraussetzungen. Die phantasievollen Liebesspiele sorgen für viel Spaß und mehr Ausgeglichenheit.

Kamasutra gibt Liebenden eine wunderbare Anleitung und weckt erotische Begierden.

Es beginnt mit der Vorbereitung auf die Liebe

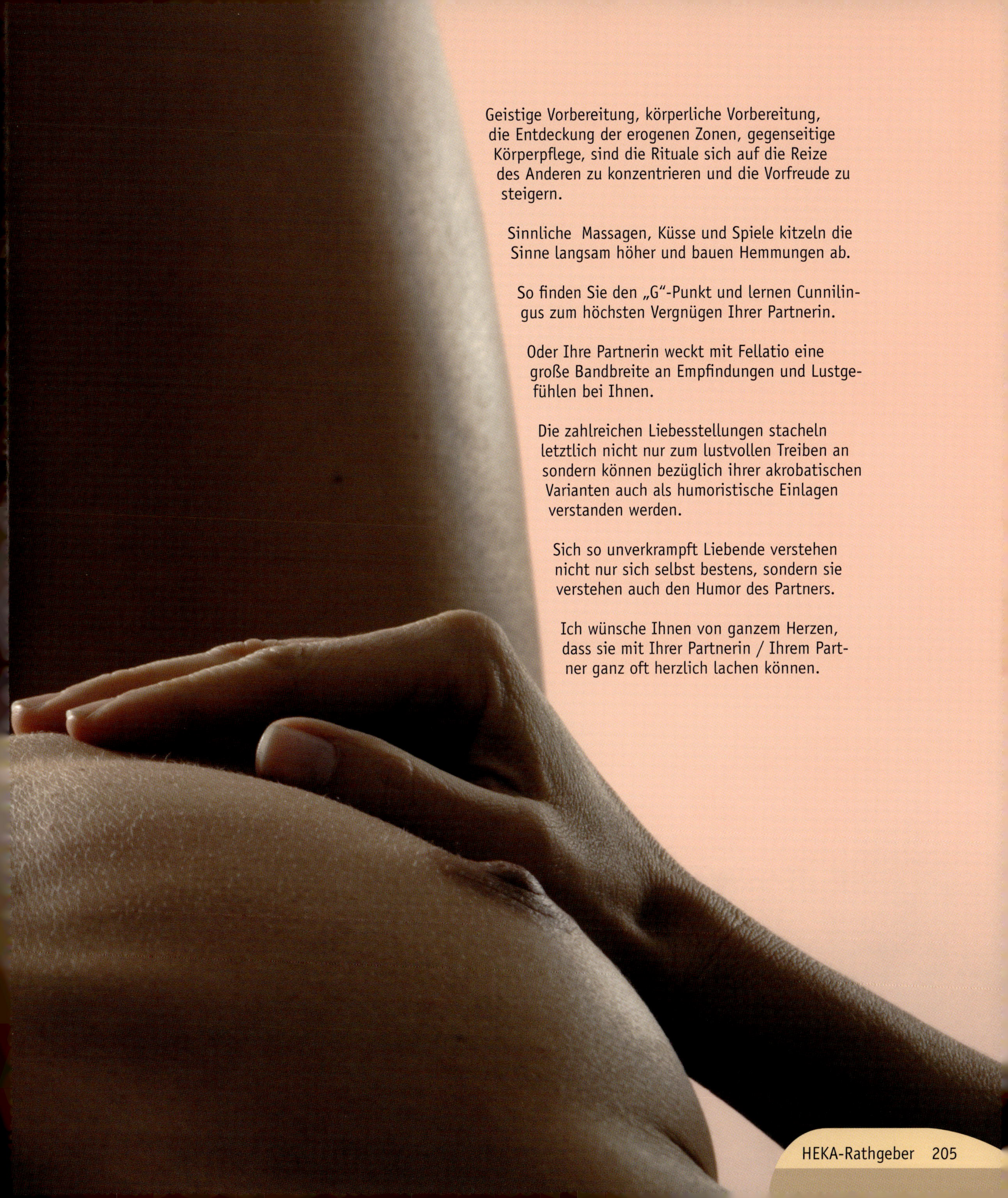

Geistige Vorbereitung, körperliche Vorbereitung, die Entdeckung der erogenen Zonen, gegenseitige Körperpflege, sind die Rituale sich auf die Reize des Anderen zu konzentrieren und die Vorfreude zu steigern.

Sinnliche Massagen, Küsse und Spiele kitzeln die Sinne langsam höher und bauen Hemmungen ab.

So finden Sie den „G"-Punkt und lernen Cunnilingus zum höchsten Vergnügen Ihrer Partnerin.

Oder Ihre Partnerin weckt mit Fellatio eine große Bandbreite an Empfindungen und Lustgefühlen bei Ihnen.

Die zahlreichen Liebesstellungen stacheln letztlich nicht nur zum lustvollen Treiben an sondern können bezüglich ihrer akrobatischen Varianten auch als humoristische Einlagen verstanden werden.

Sich so unverkrampft Liebende verstehen nicht nur sich selbst bestens, sondern sie verstehen auch den Humor des Partners.

Ich wünsche Ihnen von ganzem Herzen, dass sie mit Ihrer Partnerin / Ihrem Partner ganz oft herzlich lachen können.

DER SCHÖPFER HAT FÜR UNS 120 JAHRE VORGESEHEN

Die meisten Menschen sterben heutzutage eines unnatürlichen Todes. Im hohen Alter, gesund und ohne Krankheit ins Jenseits hinüber gleiten – das können die allerwenigsten, obwohl es das Natürlichste wäre.

Warum ist das so?

Nach der Lektüre des HEKA Rathgebers kennen Sie nunmehr die Zusammenhänge. Über Ihre Lebenserwartung sowie Ihre Leistungsfähigkeit im Alter, bestimmen nur Sie ganz allein mit Ihrer Lebensweise.

Zusammenfassend können wir die Nahrung in die drei Haupt-Gruppen einteilen:

Lebenserneuernde Nahrung

Obst, Gemüse, Salate, Keimlinge, Samen, Nüsse, Körner, Honig und Blütenpollen.

Lebenserhaltende Nahrung

Milchprodukte, Butter, Käse, alle schonend gegarten, frischen Gemüse, Kartoffeln, Vollreis, Vollkornnudeln, alle Vollkornbackwaren (wenn gesüßt, dann nur mit Honig), Eier in Maßen, 1x Fisch wöchentlich.

Lebenszerstörende Nahrung

Fleisch, Wurst, alle Konserven, alle konzentrierten Zucker, Auszugsmehle und deren Backwaren, alle industriellen, konzentrierten Kohlenhydrate (Stärken) in so genannten Fertiggerichten oder Flocken usw.

Die ideale Ernährung besteht aus:

50 % Lebenserneuernder Nahrung und

50 % Lebenserhaltender Nahrung.

Dr. Fritz Becker spricht von 120 Lebensjahren, die der Mensch unter günstigen Bedingungen erreichen kann. Und er sagt, dass ein gestecktes Ziel erreichbar wird, wenn man seine Gedanken darauf konzentriert.

„Wir werden immer so alt sein wie wir uns fühlen!"

Ich wünsche Ihnen von ganzem Herzen, dass Sie Ihre gewonnenen Erkenntnisse erfolgreich umsetzen können und dafür ein hohes Alter in körperlicher und geistiger Frische erleben dürfen.

Ihr Herbert Kallinich